水利工程项目
电子文件与电子档案管理

赵广川　仇志峰　任萌萌　赵爱国　主编

山东大学出版社
SHANDONG UNIVERSITY PRESS
·济南·

图书在版编目（CIP）数据

水利工程项目电子文件与电子档案管理 / 赵广川等主编. -- 济南 : 山东大学出版社, 2024. 10. -- ISBN 978-7-5607-8453-3

Ⅰ. G275.3

中国国家版本馆 CIP 数据核字第 2024WT4049 号

责任编辑　蒋新政
封面设计　蓝海文化

水利工程项目电子文件与电子档案管理
SHUILI GONGCHENG XIANGMU DIANZI WENJIAN YU DIANZI DANGAN GUANLI

出版发行　山东大学出版社
社　　址　山东省济南市山大南路 20 号
邮政编码　250100
发行热线　（0531）88363008
经　　销　新华书店
印　　刷　山东蓝海文化科技有限公司
规　　格　787 毫米 ×1092 毫米　1/16
　　　　　15.5 印张　287 千字
版　　次　2024 年 10 月第 1 版
印　　次　2024 年 10 月第 1 次印刷
定　　价　68.00 元

《水利工程项目
电子文件与电子档案管理》

编委会

主　编	赵广川	仇志峰	任萌萌	赵爱国
副主编	李　杨	王付容	王　蕾	高丽华
编　委	李星玥	王晓红	闫士秋	李海涛
	王东方	张博雅	郎翊辰	尹相美
	常文娟	马晓菲	汪东升	胡乾元
	李许燕	王　卓	王　宁	田雪华
	许晓彤	颜冬英	赵林林	冯恩杰

前　言

水利工程建设在国民经济和社会发展中起着重要的作用，对农业、工业、生态环境和城市发展都具有重要意义。党的十八大以来，习近平总书记站在实现中华民族永续发展的战略高度，提出了“节水优先、空间均衡、系统治理、两手发力”的治水思路，为水利事业高质量发展指明了方向、提供了遵循。作为水利工程项目建设的重要一环，水利工程项目档案既是对水利工程建设全过程的真实记录，又为工程后续运行、维护和管理提供重要的数据支撑，受到水利主管部门和水利工程项目建设管理单位的高度重视。

随着信息技术、数字技术的快速发展，电子文件和电子档案在水利工程项目档案管理中的地位愈发重要，工程建设过程中所产生的各类电子文件数量与日俱增，电子文件的收集、分类、组卷、归档、保管、利用等已经成为水利工程项目档案管理的主要工作内容。为进一步规范水利工程项目电子文件与电子档案管理工作，提升档案管理信息化、规范化水平，本书以《中华人民共和国档案法》及《中华人民共和国档案法实施条例》为基础，以水利及相关行业电子文件与电子档案管理相关制度、标准为依据，结合水利工程建设管理实际情况，从全生命周期角度对水利工程项目电子文件与电子档案管理相关概念、原则及理论进行详细阐述及说明，主要内容包括水利工程项目电子文件及电子档案概念与基本理论，水利工程项目电子文件的创建与识别、分类与组卷、归档，水利工程项目电子档案管理体系、整理、保管、利用、鉴定与销毁、移交与统计，并详细梳理了电子档案管理的法规、制度与标准。希望本书能为水利工程项目电子文件与电子档案管理提供指导，提升档案工作人员的业务能力，进一步推进水利工程电子文件与电子档案管理的标准化、规范化。

本书共分十一章：第一章水利工程项目电子文件及电子档案概念与基本

理论，由山东大学赵爱国和天津师范大学李星玥负责编写；第二章水利工程项目电子文件的创建与识别，由山东省调水工程运行维护中心任萌萌、高丽华负责编写；第三章水利工程项目电子文件的分类与组卷，由潍坊市人才服务中心李许燕和王卓及山东省调水工程运行维护中心郎翊辰负责编写；第四章水利工程项目电子文件的归档，由山东大学袁艺涵、费俊凯和王宁负责编写；第五章水利工程项目电子档案管理体系，由天津师范大学李星玥和山东省调水工程运行维护中心闫士秋负责编写；第六章水利工程项目电子档案整理，由山东大学田雪华和山东省调水工程运行维护中心尹相美负责编写；第七章水利工程项目电子档案保管，由山东大学李锐、许晓彤和马诗芮负责编写；第八章水利工程项目电子档案利用，由山东第二医科大学颜冬英和山东省调水工程运行维护中心胡乾元负责编写；第九章水利工程项目电子档案鉴定与销毁，由山东大学赵林林和山东省调水工程运行维护中心马晓菲负责编写；第十章水利工程项目电子档案移交与统计，由山东大学田雪华和山东省调水工程运行维护中心常文娟负责编写；第十一章电子档案管理的法规、制度与标准，由山东第二医科大学冯恩杰和山东省调水工程运行维护中心王晓红负责编写。

本书在编写的过程中力求内容全面、系统、实用。为提高本书的整体理论水平与实践参考价值，编委会由来自山东大学、天津师范大学和山东第二医科大学等高等学校的档案专业教师，山东省调水工程运行维护中心及相关企事业单位档案馆（室）的工作人员等组成。受编写时间和作者专业水平所限，书中不当之处在所难免，恳请读者批评指正，以便将来修订。

编　者

2024 年 6 月

目　录

第一章
水利工程项目电子文件及电子档案概念与基本理论

水利工程项目档案包括各项水利业务活动中形成的数据、信息、图表等各种形式的原始记录，是反映水利事业发展的重要凭证。水利工程项目电子文件与电子档案具有信息化程度高、专业性强、数据量大、精确度高等特点，其是否真实、完整、可用和安全至关重要。在新时代，相关部门应高度关注水利工程项目档案的规范化管理，强化创新驱动，借助先进的信息技术及时收集、整理、归档和保存重要的水利工程项目档案信息资源。在此基础上，相关部门应进一步融合数字孪生、大数据、区块链等智能技术，实现水利工程项目的档案一体化管理，为我国水利事业发展提供更快、更好、更便捷的档案技术服务。

我国高度重视水利工程项目档案的管理工作，陆续出台相关档案管理规定和办法，提高水利工程项目档案的规范化管理水平。《水利工程建设项目档案管理规定》（水办〔2005〕480号）和《重大建设项目档案验收办法》（档发〔2006〕2号）的相继颁布，明确了我国水利工程项目档案管理的重点和要点，规范了水利工程项目档案收集、管理和验收等工作的细则。随后《水利部直属单位基础设施建设项目验收管理办法》（水建管〔2008〕38号）、《建设项目电子文件归档和电子档案管理暂行办法》（档发〔2016〕11号）、《水利工程建设项目验收管理规定》（水利部令第49号，2017年修正）等文件的陆续出台，对我国水利工程项目的档案管理工作进行了更为明确的要求。2008年，专门用于规范水利基本建设项目验收工作的《水利工程建设项目档案验收管理办法》（水办〔2008〕366号）开始实行，通过统一档案验收标准来规范、监督和指导水利工程项目的档案验收工作，提升水利工程项目的档案质量。2013 年，《水利档案工作规范化管理综合评估办法》（办档〔2013〕56 号）强调实现档案信息化与单位信息化的同步发展，并指出应将档案部门建设成为其所在单位档案资料信息中心。2020 年，水利部和国家档案局共同发布《水利档案工作规定》（水办〔2020〕195 号），旨在进一步推进水利档案的科学规范管理，丰富水利档案资源，充分发挥档案在水利改革发展中的作用。2023 年 7 月 1 日正式施行的《水利工程建设项目档案验收办法》（水办〔2023〕132 号）更加重视和强调水利工程项目的电子文件归档和电子档案管理工作，通过细化和调整分项权重，便于项目法人和各参建单位对水利工程项目档案工作开展自查。[1] 上述这一系列水利工程项目档案管理的规定和办法，为规范水利工程项目档案管理提供了有力指导。

然而，随着档案信息化和智慧水利工程的发展，如何在确保水利工程项目电子文件与电子档案的真实性、完整性、可用性和安全性的基础上，促进水利工程项目电子文件与电子档案的安全保管与有效利用，加快水利工程项目档案信息化的建设与应用，提高我国档案工作质量和服务水平，推动我国档案事业高质量发展，仍需进一步探讨。

因此，本书以档案连续体理论、档案后保管理论、信息生命周期理论、数据治理和知识管理等理论为指导，围绕水利工程项目电子文件和电子档案的特点，从水利工程项目电子文件的形成与归档、收集与整理、质量控制和开发利用等方面展开论述。

第一节　水利工程项目概述

一、水利工程项目的内容

水利工程项目是指人们为了管理和调节大自然的地表水和地下水，以对水流的控制为目标，建造水工建筑物，并经过计算和设计来保证水工建筑物的安全性（强度、稳定及耐久性），以满足人们对于供水、防洪、水力发电、

[1]　参见张静、金瑞清、张丽蒙:《〈水利工程建设项目档案验收办法〉内容及要点解析》,《山东档案》2023 年第 3 期。

航运等活动的需求。[1] 水资源是人们生产与生活所需要的重要资源，但它自然存在的状态并不一定完全满足人们的生活要求。通过水利工程项目，人们才能实现对水资源的有效管理，避免洪涝灾害，从而实现对水资源的有效调控与分配，以满足人们生活与生产中对水资源的需求。

水利工程项目根据建设目的不同可以划分为多种类型，包括防洪工程、农田水利工程、水力发电工程、航道和港口工程、城镇供水和排水工程、水土保持工程、环境水利工程、渔业水利工程、海涂围垦工程等。如果一项水利工程项目同时具有多种用途，可被称为综合利用水利工程项目。此外，水利工程项目根据建设功能和作用分为公益性项目、准公益性项目和经营性项目，依据影响力分为中央项目和地方项目，按建设规模和投资额分为大中型项目和小型项目等。

水利工程项目主要包括水库、拦河闸坝、引（调、提）水工程、堤防、水电站（含航运水利枢纽工程）等在江河、湖泊上开发、利用、控制、调配和保护水资源的各类工程（包括新建、续建、改建、加固、修复）项目。此外，水利工程项目还包括水库移民安置、滩涂治理、农村饮水安全保障、水土保持、山洪灾害防治、地下水监测、水位和水资源监控能力建设、防汛防旱防风系统、自动化信息调度系统、电子政务系统、办公自动化系统、档案管理系统、水利科技创新、水利工程维修养护、设施设备采购及维护、政务信息化服务等项目。

水利工程项目建设周期长、影响因素多，具有系统性和综合性等特点。第一，单个水利工程项目是同一流域、同一区域内水利工程项目的有机组成部分，这些水利工程项目既相互补充，又相互制约；单个水利工程项目本身往往是综合性的，各服务目标密切相关，但也存在矛盾；水利工程项目和其他国家部门也密切相关。只有从全局出发，系统、全面地分析研究水利工程项目的规划设计，才能得到最经济合理的方案。第二，水利工程项目不仅会影响所在区域的经济社会发展，而且会不同程度地影响建设地区附近的自然景观和生态环境，甚至是区域气候。水利工程项目在规划设计时必须充分评估分析其所造成的影响，并努力扬长避短。第三，水利工程项目施工和运营所处的自然环境复杂，容易受到外力影响，技术人员难以准确掌握气象、水文、地质的变化。

[1] 参见李占华：《山东省海河流域生态环境恢复及生态河道建设研究》，山东大学硕士学位论文，2006 年。

二、水利工程项目的建设程序

工程项目基本建设程序是指建设项目从决策、设计、施工到竣工验收全过程中各项工作所必须遵循的先后次序。在工程项目建设过程中，遵循基本建设程序，先规划研究，后设计施工，有利于加强宏观经济计划管理，保持建设规模和生产力相适应；还有利于保证项目决策正确，又快又好又省地完成建设任务，提高建设项目的投资效果。

水利工程项目建设需要经规划、设计、施工等阶段及试运营和验收等过程，水利工程项目管理要按《水利工程建设项目管理规定（试行）》（水利部令第 48 号，2016 年修正）、《水利工程建设程序管理暂行规定》（水利部令第 50 号，2019 年修正）中明确的建设程序执行，实行全过程的管理、监督、服务。水利工程项目建设程序一般分为项目立项、施工准备、初步设计、建设实施、生产准备、竣工验收、后评价等七个阶段。

水利工程项目立项阶段包括项目建议书和可行性研究报告的编制和审批，还应包括征地、移民、环评、水保等报告的编制和审批，可行性研究报告的批准是项目立项的标志。可行性研究报告批准后，应正式组建项目法人，原则上在可行性研究报告批准后、初步设计开展之前完成项目法人组建。

水利工程项目施工准备阶段是指在水利工程项目可行性研究报告已经批准，年度水利投资计划下达后，项目法人即可开展施工准备工作。

水利工程项目初步设计阶段是指对拟建工程的实施在技术上和经济上所进行的全面而详尽的安排，是建设设计的具体化，是组织施工的依据。广义的初步设计阶段一般包括初步（扩初）设计、施工图设计。

水利工程项目建设实施阶段是指项目法人按照批准的建设文件，组织设计、监理、施工、检测、咨询等单位进行项目建设，保证建设目标的实现。采取代建、工程总承包等模式的项目，还会有代建单位、工程总承包单位等参建单位。

水利工程项目生产准备阶段是指全部或部分工程已完成、需要投入使用的项目，应进行生产准备工作，包括管理机构的组织、管理制度制定、生产管理人员的确定、技术准备（技术资料的汇总、运行技术方案的制定、岗位操作规程制定和新技术准备等）、物资准备、正常的生活福利设施准备等。

竣工验收是水利工程项目完成建设目标的标志，应在项目全部完成并满足一定运营条件［按照《水利水电建设工程验收规程》（SL 223—2008）要求］

后1年内进行。竣工验收合格的项目即从基本建设阶段转入生产或使用阶段。

水利工程项目竣工投产后，一般经过1~2年生产运营后，要进行一次系统的项目后评价，主要内容包括影响评价、经济效益评价、过程评价，旨在通过水利工程项目的后评价以达到肯定成绩、总结经验、研究问题、吸取教训、提出建议、改进工作，不断提高项目决策水平和投资效果的目的。

三、水利工程项目的归档范围与特点

水利工程项目档案是指水利工程项目在项目立项、施工准备、初步设计、建设实施、生产准备、竣工验收、后评价等阶段中形成的，具有保存价值并经过整理归档的文字、图表、音像、实物等形式的水利工程项目文件。[1] 水利工程项目档案真实反映水利工程项目建设中及竣工后的扩建等技术工作和建设全过程，为其他水利工程项目的建设、维护、改造和管理提供重要的参考依据。

（一）水利工程项目的归档范围

水利工程项目档案作为工程建设全过程的真实记录，具有追本溯源的作用，不仅是水利工程项目质量终身责任制的重要凭证及依据，还是项目运营管理、纠纷与事故判定的重要依据。根据国家档案局下发的《建设工程文件归档规范（2019年版）》（GB/T 50328—2014）、山东省《建设工程电子文件与电子档案管理标准》（DB37/T 5177—2021）等文件，结合水利工程项目建设流程和特点，水利工程项目电子文件的归档范围如表1.1所示，各阶段形成的具体文件材料内容和保管期限表详见附录。

表1.1 水利工程项目电子文件的归档范围

归档文件	文件描述
立项文件	在工程项目中，甲方为获得有关部门批准而在项目实施之前准备的文字、图表等各类文件材料
招投标、合同协议文件	在工程项目中，双方或多方就某项事宜经过充分协商达成统一意见并签订合同的过程中所产生的各类文件
勘察、设计文件	对工程的地理情况进行调查及对工程结构等进行设计所产生的文件

[1] 参见刘圣桥主编:《水利工程项目档案规范管理实务》，山东科学技术出版社2022年版，第12页。

续表

归档文件	文件描述
征地、拆迁、移民文件	在工程建设过程中涉及征用土地、拆迁、移民事项时所产生的文件
项目管理文件	对工程项目实施之前或过程中制定的关于工程项目管理制度的文件
施工文件	工程项目从施工开始到结束所产生的文件
信息系统开发文件	在工程项目中，对软件系统或硬件系统进行开发所产生的相关文件
设备文件	施工单位在工程建设过程中购买各类辅助设备所产生的文件
监理文件	监理单位对工程项目的质量、进度及资金等进行风险控制的过程中产生的文件
科研项目文件	在工程建设过程中涉及相关科学技术研究的一系列文件
生产技术准备、运行文件	新产品或改进产品从生产技术准备至投入运行的过程中产生的相关文件
竣工验收文件	在工程项目竣工阶段对工程状况进行验收所产生的文件

（二）水利工程项目电子文件的特点

随着大数据时代的到来，各类信息资源也渐渐具备大数据的特点，大数据具备种类多、总量大、价值丰富和变化迅速等特点。依赖于计算机技术的发展，随着办公自动化在各部门日常办公工作中的普及，所生成的电子文件越来越多，加之档案数字化转换生成工作以及数字档案馆建设工程的开展，各系统产生的数据变化频繁，数量急剧增长，种类越来越多，数字化、信息化程度不断提升，利用效率越来越高。水利工程项目电子文件的特点归纳起来有以下“十一性”。

1. 专业性

任何一项科技生产活动都是在一定的专业范围内进行的，水利工程项目竣工验收文件涉及的专业技术活动包括工程勘察、设计、建筑施工等，包含工程地质、水文地质、勘探、测绘、水文等方面的专业文件档案。水利工程项目竣工电子文件也涉及多个专业，包括线路、桥涵、通信、电力、土建、绿化等。每个专业的施工、竣工过程中形成的电子文件是特定专业技术活动的成果，具有鲜明的专业性特征，不同专业的技术文件不能混淆在一起。由于计算机辅助设计（CAD）软件在各专业中的使用情况不同，因此，电子文件在归档时应同时考虑各专业的特点。

2. 成套性

水利工程项目电子文件贯穿从立项、设计、施工到竣工及运营的所有专业技术活动，反映了水利工程项目调研、可行性评估、审批、计划、勘测、施工、竣工、投产运营等专业的内容，应记载反映项目活动的全部过程和成果。水利工程项目电子文件是按照独立工程项目组成的一套完整、准确、系统的电子文件。它包括水利工程项目各专业在各个过程中形成的图纸、表格、文件材料等。此种成套文件的形成，是工程项目的必然结果，其收集、整理、保管和开发利用等都受这种成套性的特点所制约，在管理上必须按照工程施工竣工项目分类整理收集，力求齐全完整。

3. 阶段性

水利工程项目施工有一定的基本程序，包括前期文件编制、设计文件编制、招投标文件编制、施工组织设计与技术方案编制、工程施工管理、工程材料质量保证、施工试验、工程质量检测与评定、竣工验收等阶段。每一阶段都形成大量的电子文件，它们之间既有密不可分的有机联系，又有明显的阶段区分。电子文件阶段性的特点要求归档时必须与纸质档案一样进行整理分类。

4. 可共享性

水利工程项目电子文件可以在满足基本条件的情况下（如数据库录入等），通过键入档案号等方式进行浏览和使用。同时，由于电子文件可以存储在云端或网络上，对其进行利用的方式和手段发生了根本变化，支持多人多地同时利用，还可实现远程共享，突破了利用的时间、空间和人数限制，提高了档案利用效率，也给档案利用者带来了极大便利。

5. 交互性

交互性是指水利工程项目电子文件利用过程中，电子文件检索系统可以根据利用者的检索需要实时响应并提交检索结果的特性。利用者可以随时调整检索需求，比如更换检索入口、在已有检索结果中进一步查检等，相关系统会实时响应新的需求，直至需求得到满足。用户友好性高的系统还通过允许用户保存检索表达式和检索结果、支持为电子文件添加标签、根据用户的行为偏好提供信息线索等方式，为用户以后的检索利用提供便利，在电子文件检索系统和用户之间实现了良好的互动。

6. 多样性

水利工程项目电子文件可以以文本文件、图形文件、表格文件、影像文件、多媒体文件等形式存在和传输。此外，数量众多的数据以及某些重要的电子邮件也属于水利工程项目电子文件的范畴。

7. 便捷性

便捷性主要表现为水利工程项目电子档案利用在时间、空间上的灵活性。传统载体文件利用通常在档案机构的特定利用场所进行，在时间、空间上受到严格的限制。水利工程项目电子文件利用既可以在档案利用场所的计算机上进行，也可以在通过局域网或互联网相连的计算机等终端上进行，在利用时间上也不再局限于档案机构工作时间。档案用户可以足不出户、随时随地利用电子文件，档案利用在时间、空间上都得到了极大扩展。

8. 非消耗性

水利工程项目电子文件在被利用过程中，无论多少次在计算机屏幕上显示或是被打印在纸上，都不会使它的信息遭到任何损失和破坏。由于利用者不直接接触其保存的主载体，只要水利工程项目电子文件的信息和载体得到有效保存和维护，水利工程项目电子文件会一直保持其真实、可信的内容和呈现方式。当然，非消耗性并不意味着电子文件信息载体不受损耗，尤其电子文件信息载体依赖于一定的硬件和软件技术，一旦这些技术出现漏洞，数字信息就无法被完全、准确地读出。因此，电子档案保护技术和措施尤为重要。

9. 易修改性

由于计算机存储器、磁带、磁盘等重写存储介质的存在，电子文件在起草过程及后续过程中很容易进行添加、删除等操作，而且改变后不留任何痕迹。在数字环境下信息可以写在任何位置，也可以直接写在指定的位置。如果添加的信息空间多于所留空间，可以自动在其他地方编写额外的部分，逻辑准确，不会引起读写混乱。然而，这种优势在某些情况下将会成为一个致命的缺陷，即它的信息很容易改变，使得水利工程项目电子文件的真实性被怀疑，同时很难识别其原始凭证。

10. 依赖性

水利工程项目电子文件的依赖关系包括两个方面：一是电子文件依赖设备和系统，另一个是电子文件依赖元数据。水利工程项目电子文件的创建、处理和归档等所有的管理活动都必须借助计算机的帮助和各种管理系统才可以实现，而不相容的计算机和应用软件生成的文件在交换、使用时会遇到阻碍。水利工程项目电子文件元数据可以用来描述电子文件之间的关系结构，电子文件没有元数据是不完整的。

11. 不稳定性

水利工程项目电子文件的存储条件和环境要求不同于纸质文件，它需要的空间更少，而对环境温度和湿度、磁性和其他条件要求更高。如果不符合特定的存储需求，可能导致水利工程项目电子文件的损坏，造成信息损失。此外，过时的技术可能会导致电子文件无法读取。技术过时的表现有两个方面：第一，技术创新，这样旧的存储技术就消失了。第二，由于商业原因，一些电子文件只能由一个制造商生产或销售的设备读取，制造商破产或不再生产某类设备，就很难找到匹配的设备。

四、水利工程项目档案管理机构与职能

水利工程项目的档案管理工作不仅需要项目法人起到组织负责作用，各参建单位也要共同参与到水利工程项目档案的管理工作中，明确水利工程项目档案管理工作的负责人，设立水利工程项目档案管理机构。应当形成以水利工程项目档案管理机构为核心，水利工程项目管理部门和参建单位共同参与的水利工程项目档案管理模式。水利工程项目法人、水利工程项目管理相关部门、各参建单位应配备专人或指定人员负责项目档案管理工作，在项目建设期间不得随意更换。

水利工程项目法人是水利工程项目档案管理工作的总负责人，应以统一制度和统一标准加强水利工程项目电子文件和电子档案管理的规范化，同时在业务上接受档案主管部门和上级主管部门对于水利工程项目档案管理的监督、检查和指导，及时整改落实，消除安全隐患。水利工程项目法人需要明确水利工程项目档案工作的分管领导，设置与水利工程项目档案管理相适应的档案管理机构，形成权责清晰的水利工程项目档案管理模式。在此基础上，水利工程项目法人需要明确水利工程项目档案管理制度和规范，在招标文件中明确水利工程项目文件管理要求，制定水利工程项目文件管理和归档考核机制。

水利工程项目档案管理机构需要组织和协调水利工程项目管理部门和参建单位落实好水利工程项目文件和档案管理的相关制度，制定水利工程项目档案工作方案，开展水利工程项目档案业务培训，监督、指导、审查水利工程项目建设管理部门及参建单位的文件形成、收集、整理、归档，开展水利工程项目档案的接收、保管、统计、编研、利用和移交等工作，管理水利工程项目管理人员和档案管理人员。

水利工程项目管理相关部门需要规范水利工程项目技术文件，审查勘察、

设计、监理、施工、总承包、检测、供货等单位的归档文件是否完整、准确、有效和规范，收发、登记、积累、收集、整理、归档本部门形成的水利工程项目文件。

参建单位需要按照水利工程项目法人的要求，建立水利工程项目档案管理制度和规范，收集、整理和归档本单位的水利工程项目的文件，接受水利工程项目法人的监督和指导。监理单位负责审查监理项目的归档文件是否完整、准确、系统、规范和有效，并形成监理审核报告。

实行总承包的水利工程项目，总承包单位需要对总承包范围内水利工程项目的文件收集、整理和归档工作进行组织和协调，履行水利工程项目档案管理的职责。各分包单位进行各自文件的收集、整理工作，交由总承包单位审核并签署审查意见。

第二节　水利工程项目电子文件的概念与基本理论

水利工程项目电子文件是指在水利工程项目申请、可行性分析、设计、施工、竣工验收和评价等过程中通过数字设备生成，以数码形式存储，依赖计算机等数字设备阅读、处理，并可在通信网络上传送的文件。文件生命周期理论是水利工程项目电子文件全过程管理的重要理论。实现水利工程项目电子文件数字化接收、归档、移交和利用的全过程管理是数字时代水利工程项目电子文件管理发展的必然趋势。同时，水利工程项目电子文件贯穿水利工程项目的立项、勘察、设计、招投标、施工、验收和运维等各个阶段，可为今后的水利工程项目建设提供参考和借鉴，具有丰富的价值。因此，水利工程项目电子文件的知识分析与知识库建设显得尤为必要。通过分词标引、自动摘要、语义关联、分类聚类和知识挖掘等技术，能有效整理水利工程项目的档案数据，实现信息资源的高效开发利用。

一、水利工程项目电子文件

《电子档案管理基本术语》（DA/T 58—2014）和《电子文件归档与电子档案管理规范》（GB/T 18894—2016）均将电子文件（Electronic document）定义为“国家机构、社会组织或个人在履行其法定职责或处理事务过程中，通过计算机等电子设备形成、办理、传输和存储的数字格式的各种信息记录”。

水利工程项目电子文件根据电子文件的生成方式分为水利工程项目原生电子文件和数字化电子文件。水利工程项目原生电子文件是指勘察、设计、监理、施工等参建单位由被认可的数字设备直接生成的、具有法律效力和凭证作用的、以电子形式使用的水利工程项目电子文件。数字化水利工程项目电子文件则是指将传统载体的水利工程项目文件通过各种数字化设备进行加工和处理，实现数码形式存储，并能被计算机识别的文件。

二、水利工程项目电子文件元数据

《电子文件归档与电子档案管理规范》（GB/T 18894—2016）将元数据（Metadata）定义为“描述电子文件和电子档案的内容、背景、结构及其管理过程的数据”。水利工程项目电子文件元数据由内容、背景、结构和管理过程四部分组成，应与水利工程项目电子文件一并收集、归档。[1] 由于水利工程项目电子文件元数据深刻揭示和记录电子文件的内容、背景、结构和管理过程，可以有效保障电子文件真实性、可靠性、完整性和可用性，在水利工程项目电子文件归档时应提交相应的元数据。值得注意的是，水利工程项目电子文件元数据的数量和元数据值在电子文件生命周期中始终处于动态增长和变化中。因此，水利工程项目电子文件元数据在归档前至归档、归档后至移交和长期保存的三个阶段对于需要采集的元数据个数和赋值有不同的要求。可以参照《文书类电子文件元数据方案》（DA/T 46—2009）、《照片类电子档案元数据方案》（DA/T 54—2014）、《录音录像类电子档案元数据方案》（DA/T 63—2017）等标准，结合水利工程项目电子文件特点设置水利工程项目电子文件元数据管理方案。

三、水利工程项目电子文件全生命周期管理

水利工程项目电子文件全生命周期管理是实现水利工程项目电子文件单套归档和水利工程项目电子档案单套管理的重要途径。水利工程项目电子文件全生命周期管理要明确水利工程项目电子文件的归档要素、流程、档案管理等制度和规范，打通数据通道，确保水利工程项目电子文件归档的准确、完整、便捷、高效，借助区块链、人工智能等技术手段进行数据监测，确保

[1] 参见陈雯、袁月、王俊淘等：《城市轨道交通工程中电子文件元数据归档的难点及对策分析》，《档案管理》2024 年第 1 期。

水利工程项目电子文件的数据安全可信。[1] 在水利工程项目电子文件全生命周期管理过程中应加强顶层设计、统筹规划，着眼于电子档案信息系统和电子档案管理活动流程，将数字化理念贯穿水利工程项目电子文件“收、管、存、用”的全生命周期，注重加强全程管理和前端控制，将水利工程项目电子文件从形成到销毁或永久保存看作是完整的过程，并将整个过程的起点提前至水利工程项目电子档案管理系统的设计，从而构建数据共享、安全可靠、制度规范的水利工程项目电子文件全生命周期管理新模式。

水利工程项目电子文件全生命周期管理首先要根据国家标准、行业标准和相关规范要求精准梳理需求，结合水利工程项目工作的实际情况，分析和研判水利工程项目电子文件全生命周期管理的现实状况，明确工作中的要点和痛点。其次，基于水利工程项目的业务需求，借助数字档案馆和水利工程项目档案管理系统构建水利工程项目电子文件归档、移交、利用的全流程业务链。最后，应利用数据保真、区块链、电子文件“四性”（即真实性、完整性、可用性、安全性）检测等技术，提高水利工程项目原始信息的安全性、完整性、真实性，保证水利工程项目电子文件与纸质档案具有同等效力。

四、水利工程项目电子文件知识分析与知识库建设

信息技术和生产力的发展使得文件数量巨大且载体多样，元数据、知识图谱、机器学习和可视化等技术的发展又催生出了文本分析、数据挖掘和时空计算等功能，各种档案信息资源被数字化并以多媒体形式进行展示，这一系列现象引发了文件形成和文件保管的深刻变革。这就不仅要求水利工程项目档案管理机构利用信息化技术实现对水利工程项目电子文件的精准统计和深度挖掘，还要求水利工程项目档案管理部门通过完善全过程、全链条的水利工程项目电子文件归档和管理流程，创新档案服务机制，借助大数据平台实现水利工程项目的数据共建、共享、共治，并对数据进行统一管理，实现数据高速检索和主动信息服务，提高水利工程项目电子文件的开发利用效率，充分挖掘和实现水利工程项目电子文件的潜在价值。[2] 随着智能信息服务应用的不断发展，电子文件知识分析和知识库建设变得愈发重要，水利工程项目电子文件知识分析和知识库建设成为水利工程项目电子文件利用服务

[1] 参见顾杰菲：《湖州水利：探索电子文件全生命周期管理路径》，《中国档案》2022 年第 4 期。

[2] 参见刘琳、王启国：《水利档案规范化管理存在的问题及优化路径分析》，《兰台内外》2023 年第 27 期。

的重要发展方向。通过大数据、元计算、区块链等数字技术对水利工程项目电子文件进行智能管理，提升对水利工程项目电子文件的数字化、信息化和智能化管理水平，提供政务查考、科技创新、教学研究和日常活动等各方面的社会服务（如科技查新、智库服务、知识咨询和可视化展示等），满足更加个性化、多样化、立体化和全面化的水利工程项目电子文件的资源利用需求[1]，多渠道为相关人员提供便捷的信息查询和知识服务是大势所趋。

在水利工程项目电子文件的信息资源跨库整合基础上，可以利用分词标引、自动摘要、语义关联、分类聚类和知识挖掘等技术，通过知识抽取、知识发现和知识组织存储及控制等步骤实现水利工程项目电子文件知识库的构建。水利工程项目电子文件知识图谱的构建可以分为数据获取、信息抽取、知识融合、知识加工四个步骤。首先，从水利工程项目电子文件管理系统获取业务数据，并从网络和其他途径获取外来数据，形成水利工程项目电子文件数据库。其次，自动化地从语料中提取出实体、关系与属性等知识要素，进行命名实体识别、关系抽取和属性抽取，形成网状的知识结构。再次，通过实体链接和知识合并消除冗余和错误信息，进行数据清理和整合，实现知识融合。最后，通过本体构建、知识推理和质量评估建立网络化的水利工程项目电子文件知识体系，并通过知识推理不断从现有的知识中发现和挖掘新的知识。

通过水利工程项目电子文件知识库的建立，可有效整合和组织水利工程项目档案资源，强化水利工程项目的业务系统、电子档案管理系统和一站式服务平台的互联互通和信息共享，对水利工程项目电子文件进行语义分析和智能处理，实现水利工程项目电子文件的内容关联；再应用专家系统挖掘水利工程项目电子文件的隐性知识，实现信息向数据和知识的转化，进而满足用户对于水利工程项目的信息获取需求乃至知识需求。

在水利工程项目电子文件知识库的基础上，通过建立用户模型，利用大数据技术进行水利工程项目的信息资源和用户信息分析，有利于丰富水利工程项目电子文件的知识服务内容和形式，提供更加专业化、特殊化、多样化和个性化的知识精准服务。此外，水利工程项目电子文件知识库将有效提高水利工程项目信息资源利用率，辅助决策服务。比如通过对海量水利工程项目电子文件的深度分析，事前对决策因素进行模拟预测，事中模拟事件进展，

[1] 参见潘玉民、何宏甲：《论电子时代档案信息资源利用的新特点——利用者的视角》，《上海大学学报》（社会科学版）2009 年第 3 期。

事后实时监测，结合水利工程项目电子文件数据反馈情况进行及时调整。[1]

第三节　水利工程项目电子档案的概念与基本理论

随着信息技术的发展，电子文件和电子档案成为水利工程项目档案管理的重要组成部分，水利工程项目档案管理工作正在从以线下为主向以线上为主转变，档案信息资源内在结构和外在结构的合理性问题在数字化环境中也更加直接地凸显出来。水利工程项目电子文件和电子档案管理应综合运用文件全生命周期理论、文件连续体理论等“大文件周期理论”，把文件管理和档案管理、电子文件管理和电子档案管理作为统一的系统工程进行考虑，全面统筹各个管理要素，实现工作制度上的协调统一，推动档案管理系统的升级、完善及其与办公自动化（OA）系统的衔接，提高管理效率和质量。水利工程项目法人领导应审时度势，高度重视电子文件与电子档案管理，把相关工作纳入水利工程项目的质量管理，着眼于电子档案信息系统和电子档案管理活动的有机融合，建立涵盖电子文件、电子档案从生成到处置的全程控制体系，实现从电子文件形成到归档管理的全程控制，确保文件与档案管理的合法性和标准化。[2]

一、水利工程项目电子档案及其类型

《电子档案管理基本术语》（DA/T 58—2014）将电子档案（Electronic record；Archival electronic record）定义为“具有凭证、查考和保存价值并归档保存的电子文件”。电子档案是指机关、团体、企事业单位和其他组织以及个人在履行其法定职责或者处理事务过程中，通过计算机等电子设备形成、办理、传输和存储的，对国家和社会具有保存价值的各种文字、图表、声像、数据等不同形式的信息记录构成的集合，是有价值的信息资源和重要的业务资产。[3]

为做好水利工程项目档案管理工作，在进行水利工程项目档案的收集

[1]　参见张斌、郝琦、魏扣:《基于档案知识库的档案知识服务研究》,《档案学通讯》2016年第3期。

[2]　参见任萌萌、李杨、王付容：《基于文件生命周期理论的调水工程档案全程管理策略——以胶东调水工程档案为例》，《浙江档案》2024年第5期。

[3]　参见丁德胜：《电子档案管理理论与实务》，中国文史出版社2023年版，第10页。

和整理过程中，要根据水利部《水利工程建设项目档案管理规定》（水办〔2021〕200号）附件“水利工程建设项目文件归档范围和档案保管期限表”，按照本单位组织结构、工程建设项目和各参建单位承揽业务的实际情况，科学制定应归档的文件材料范围和内容，将各类符合要求的文件纳入项目文件并归档整理。水利工程项目建设过程中，不仅产生竣工图、施工文件材料、监理文件等查找利用率较高的需要归档的电子文件，还有各种通知或事务性文件等，工程实施后失去效力的事务性文件和多余的重复文件可以不归档。

因此，水利工程项目电子档案是指组织机构以及个人在水利工程项目建设过程中，通过计算机等电子设备形成、办理、传输和存储的，对国家和社会具有保存价值的各种文字、图表、声像、数据等不同形式的信息记录构成的集合。考虑到水利工程项目类别及规模差异，应在遵循文件自然形成规律的基础上，结合水利工程项目本身的建设内容，制定相应的文件材料归档范围和保管期限，并划分类目。

二、水利工程项目电子档案要素

电子档案要素是构成电子档案的基本单元，是了解电子档案构成、对电子档案进行针对性管理的重要依据。1997年，国际档案理事会电子文件委员会在《基于档案视角的电子文件管理指南》（*Guide for Managing Electronic Records from an Archival Perspective*）中将档案定义为：由机构或个人在其活动的开始、进行和结束过程中产生或接收的信息记录，不管信息记录的形式和载体如何，该信息记录由足以为活动提供凭证的内容、背景和结构组成，即档案由内容、背景和结构三要素构成。该观点提出后得到广泛认可和接受，对于确定电子档案基本构成、规范电子档案管理流程具有重要指导意义，并为电子档案管理中的元数据管理提供直接理论依据。

水利工程项目电子档案由内容、背景和结构组成。水利工程项目电子档案内容是水利工程项目电子档案所包含的信息主体，即以字符、图形、图像、音频、视频等形式表示的水利工程项目电子档案的信息。通过水利工程项目电子档案内容可以了解和掌握水利工程项目的相关信息。水利工程项目电子档案背景则是能够证明水利工程项目电子档案形成过程和档案之间相互关系的信息，至少应包含该水利工程项目电子档案本身的属性信息、全宗内该水利工程项目电子档案与其他相关档案之间的有机联系、水利工程项目电子档案创建活动的背景信息三类背景信息。通过水利工程项目电子档案背景可以了解水利工程项目电子档案形成过程中的工作事项、业务活动等，把握同一业务活动电子档案之间的关联关系，为水利工程项目电子档案的真实、可靠和完整提供证明。水利工程项目电子档案结构是指水利工程项目电子档案的内容信息的组织和表达方式。水利工程项目电子档案结构描述水利工程项目电子档案内容的各信息单元之间关系、计算机文件格式、存储位置等，是实现水利工程项目电子档案长期可用、安全的重要保障。

三、水利工程项目电子档案元数据

电子档案元数据文件的名称，应与数据文件或原文件内容有关。水利工程项目电子档案元数据应由文件实体元素集、业务实体元素集、责任者实体元素集、关系实体元素集四个元素集组成。水利工程项目电子档案的文件实体元素集分为项目级、单位工程级、案卷级和文件级四个层级。

项目级、单位工程级文件实体元素集应包含文件层级、文件标识、文件名称、文件分类、主题词、存储信息、文件日期、利用权限、安全控制等元素。

案卷级文件实体元素集应包含文件层级、文件标识、文件名称、文件分类、主题词、存储信息、文件日期、利用权限、安全控制、处置信息等元素。处置是指对当前文件进行授权，并对有关文件处置行为的信息进行记录和管理，包含处置授权、处置分类、处置行为、处置实施日期等子元素。

文字类电子档案文件级文件实体元素集应包含文件层级、文件标识、文件名称、文件分类、主题词、存储信息、文件日期、利用权限、安全控制、处置信息、真实性信息等元素。真实性检查是指检查构成数字文件的比特在传输或存储过程中是否发生改变，真实性信息包含算法名称、算法值、签章时间、真实性校核等子元素。

照片类电子档案文件级文件实体元素集应包含档案馆代号、档案门类代码、文件层级、唯一标识符、档号、题名、责任者、拍摄时间、主题、全球定位信息、安全控制、附注、存储信息、生成方式、捕获设备、计算机文件名称、计算机文件大小、格式信息、图像参数、参见号、数字签名等元素。

录音录像类电子档案文件级文件实体元素集应包含档案馆代号、档案门类代码、文件层级、唯一标识符、档号、题名、责任者、录音录像时间、主题、附注、安全控制、存储信息、生成方式、捕获设备、计算机文件名称、计算机文件大小、格式信息、视频参数、音频参数、参见号、数字签名等元素。

项目级、单位工程级、案卷级和文件级的业务实体元素集应包含业务层级、业务标识、业务名称、业务分类、业务依据、业务日期等元素。项目级、单位工程级、案卷级和文件级的责任者实体元素集应包含责任者层级、责任者标识、责任者名称、责任者职能、责任者联系方式等元素。项目级、单位工程级、案卷级和文件级的关系实体元素集应包含关系标识、关系名称、关系日期等元素。

水利工程项目电子档案元数据中的元素和子元素应符合现行标准《建设电子档案元数据标准》（CJJ/T 187—2012）、《照片类电子档案元数据方案》（DA/T 54—2014）和《录音录像类电子档案元数据方案》（DA/T 63—2017）的要求。

四、水利工程项目电子档案管理流程

水利工程项目电子档案的管理广义上涉及水利工程项目电子文件的形成与归档、收集与整理等前端控制环节，水利工程项目电子档案的存储和备份、利用、统计和元数据的维护等重点管理环节，以及水利工程项目电子档案的鉴定与审查、转换与迁移、移交与销毁等处置环节。

（一）水利工程项目电子文件的形成与归档

电子档案的形成是确定电子档案与电子数据（文件）边界，区分档案工作与文书、业务工作职责的关键工作流程。按照传统档案理论，一般认为文件材料归档前为文件，归档后为档案，但在实际工作中档案管理往往会延伸到归档前。比如通过《归档文件整理规则》（DA/T 20—2015）等规范对文件材料的收集、整理工作等进行指导。

因此，水利工程项目电子文件的形成与归档实际是指通过不同方式生成水利工程项目电子档案的过程。这个过程一般从电子数据（文件）创建或接收开始，到归档流程办理完毕或达到法定条件为止。值得注意的是，需要对水利工程项目电子档案形成过程进行管理和控制。水利工程项目电子档案形成过程的管理和控制是水利工程项目电子档案管理的起点。水利工程项目电子档案的形成要求是电子档案“四性”要求在形成阶段的集中反映，要满足依法形成、数据完整、要件齐备、样式合规、格式规范和质量合格六方面要求。

应根据水利工程项目的特点和相关标准明确水利工程项目电子文件归档和电子档案编目的基本要求，在此基础上，即可把各类水利工程项目电子文件归档至水利工程项目电子档案管理系统，并基于该系统完成后续的水利工程项目电子档案管理工作。水利工程项目电子文件归档的具体途径和方法根据水利工程项目电子文件门类和形成环境的不同而有所不同。比如对于手工收集的声像类水利工程项目电子文件，需要由水利工程项目电子文件形成部门直接通过水利工程项目电子档案管理系统终端计算机归档，或者通过光盘、

U 盘等专用存储介质进行存储后移交给档案室，再由档案管理人员完成水利工程项目电子文件归档工作；对于业务系统形成的水利工程项目电子文件及其元数据的归档，要通过基于业务系统电子文件归档功能、电子文件归档接口和电子档案管理系统这三个部分形成的技术通道进行，建设并打通这一技术通道是开展业务系统电子文件及其元数据归档的必备条件。

（二）水利工程项目电子文件的收集与整理

水利工程项目电子文件形成后往往被存储在业务系统存储器、工作用台式电脑或笔记本电脑中，如果不及时进行水利工程项目电子文件的收集、整理和归档，当业务系统核心软件和硬件、台式电脑等设施设备出现故障或升级、更新等情况时，可能会使水利工程项目电子文件及其元数据损坏、丢失，这对于水利工程项目电子档案管理是巨大的潜在安全风险。因此，及时开展水利工程项目电子文件的收集、整理和归档工作是保障水利工程项目电子档案安全的必要前提。

根据全过程管理原则和文书处理部门立卷制度等，在水利工程项目电子文件形成、收集和整理过程中形成的保管期限鉴定、计算机文件格式确定、计算机文件名确定以及相关元数据赋值等一系列管理成果，都应当通过归档程序一并进入到水利工程项目电子档案管理阶段，即归档后无需重新为水利工程项目电子文件组件命名或重新为相关元数据赋值，从而保障从水利工程项目电子文件形成到水利工程项目电子档案移交的全过程均处于受控状态，有力维护管理过程中水利工程项目电子文件及其元数据的可靠性和稳定性。

（三）水利工程项目电子档案的存储和备份

水利工程项目电子档案的存储可以采用开放存储系统外挂存储，存储方式主要包括将存储设备连接至服务器并提供数据块访问功能的直接附加存储（DAS）、将存储设备联网并提供文件级数据访问功能的网络附加存储（NAS）、连接存储设备和应用服务器并提供数据块访问功能的存储区域网络（SAN）、协同网络中不同存储设备共同对外提供数据存储和业务访问功能的云存储（Cloud storage）等。通过全宗号、档案门类代码、年度、机构或问题代码等档号构成要素在计算机存储器中逐级建立文件夹，再在最低一级文件夹中集中存储相应的电子档案，可以简单、有效、可靠、合理存储水利工程项目电子档案。应结合水利工程项目文件归档和电子档案管理部门的信息化实际情况，注重顶层设计，统一规划制定水利工程项目电子档案的备份方案和策略，对水利工程项目电子档案及其元数据、电子档案管理系统及其配置数据和日志数据等实施备份管理。

（四）水利工程项目电子档案的利用

水利工程项目电子档案的利用是水利工程项目电子文件归档和电子档案管理的目的，也是实现智慧水利建设目标的重要途径。在推行水利工程项目文档一体化、数字化和智能化管理的基础上，通过建筑信息模型（BIM）、区块链、大数据、数字孪生等技术可实现各类设备系统与数据库的可靠连接，进而开展水利工程项目建设数据和影像的实时采集、传输、归档以及工程实体全息映像等工作，把静态的档案资料变成“有生命”的数据信息，实现档案管理与水利工程项目建设管理的有机融合，进行水利工程项目建设现场实时的可视化监控、变量监测、质量安全管理与溯源复真，从而大幅提升水利工程项目档案的使用价值和利用效益。与此同时，将水利工程项目建设过程中的档案数据进行数字化和结构化处理，可为不同平台数据的共享、检索调阅与溯源分析提供便利，不仅可以通过对水利工程项目建设进度、施工资源配置等进行数据分析，随时调整工期计划，实现精细化管理；还可以开展远程诊断、预判、管理、控制和辅助决策，在工程项目出现问题时，可以基于档案数据形成相应的解决方案。此外，通过水利工程项目电子档案管理系统实现水利工程项目建设、运行数据与档案资源体系的融合共享，利用数字孪生技术进行水利工程项目档案数据资料的模拟再现和安全备份，可以减少档案占用空间，降低管理成本，提高档案信息资源管理效率。

水利工程项目电子档案的利用应严格遵守国家相关保密规定，根据利用者的工作岗位、职责等要求在水利工程项目电子档案管理系统中为利用者设置相应的电子档案利用权限。利用者应在权限允许范围内检索、浏览、复制、下载电子档案、电子档案组件及其元数据。[1]

（五）水利工程项目电子档案的统计

各单位应按照国家的相关要求，结合本单位实际需要，统计各类水利工程项目电子档案的情况。可按档案门类、年度、保管期限、密级、卷数、件数、大小、格式、时长、销毁、移交等要素，开展水利工程项目电子档案的统计工作。及时掌握水利工程项目电子档案的情况，能够有效避免在验收前集中补正档案资料的情况，提高工程验收的效率，提升验收的说服力和可信度。

水利工程项目电子档案也可按年度、档案门类、保管期限、卷数、件数、利用人次、利用目的、复制次数、下载次数等要素统计利用情况。通过掌

[1] 参见庄志凤：《推进大型调水工程建设档案数字化的若干思考》，《浙江档案》2022年第8期。

握水利工程项目电子档案的利用情况，可以更好地把握水利工程项目电子档案的利用需求，再结合用户跟踪等手段，可进行精准的档案知识推送服务和个性化服务。

（六）水利工程项目电子档案元数据的维护

水利工程项目电子档案保存和管理过程中要始终注重维护和管理水利工程项目电子档案的元数据，为管理过程元数据的持续更新提供支持，尽可能避免元数据丢失、损毁、篡改等情况，从而保障水利工程项目电子档案的真实性、可靠性、完整性和可用性。水利工程项目电子档案元数据维护主要依靠水利工程项目电子档案管理系统、备份系统等设备自动完成。在水利工程项目电子档案室藏阶段，其元数据的维护工作要与水利工程项目电子档案管理活动相同步，应通过可靠存储、备份等手段确保已经形成的水利工程项目电子档案元数据安全可用，并且在水利工程项目电子档案管理过程中需采集、保存新生成的管理过程元数据和结构元数据。

（七）水利工程项目电子档案的处置

水利工程项目电子档案的处置是对室藏到期水利工程项目电子档案进行鉴定，并根据鉴定意见实施电子档案留存、转换、迁移、移交或销毁等管理活动。水利工程项目电子档案的处置主要针对那些非长期管护和保存的数据，一般情况下，处置手段包括将数据转换为其他格式，将数据转移到另一个档案库、存储库、数据中心，将数据移交给其他保管人或对数据进行安全可靠的销毁。

五、水利工程项目文档一体化

文档一体化是指将文件管理和档案管理视为一项整体的系统工程，建立涵盖从电子文件生成到电子档案处置这一整个过程的全流程控制体系。在水利工程项目电子文件和电子档案管理实践中，业务系统、电子档案管理系统、电子档案长期保存系统一般单独存在、相互衔接，但有时也可能存在交叉情况。比如在某些组织机构内部基于全程管理和文档一体化思路将电子文件管理系统和电子档案管理系统合而为一，形成电子文件和档案管理系统（EDMS/ERMS或EDRMS）；或者具有永久保存档案职责或意愿的组织机构、直接面向业务系统接收电子档案的档案馆，将电子档案管理系统与电子档案长期保存系统合并建设等。

因此，水利工程项目文档一体化主要包括以下内容：第一，水利工程项目文档生成一体化，即实现水利工程项目从电子文件生成、流转、归档形成档案，直至电子档案被销毁的整个生命周期的全程管理。第二，水利工程项目文档管理一体化，即应加强顶层设计，完善管理体制、人员配备等，为文档一体化管理提供保障。第三，水利工程项目文档信息利用一体化，即打通水利工程项目电子文件和电子档案数据共享平台，实现跨库检索。第四，水利工程项目文档规范一体化，即结合水利工程项目电子档案管理实际情况，完善文档一体化管理规范，建立文档一体化系统协调机制。

水利工程项目文档一体化管理是指将水利工程项目电子文件与电子档案视为一个整体，进行一体化管理，是符合电子档案工作规律的管理方式，有助于组织机构建立涵盖电子档案全生命周期的电子档案管理系统。然而在水利工程项目文档一体化管理实践过程中，存在工作人员理念和认识较为保守、文件和档案管理机构设置分散、水利工程项目业务系统和电子档案管理系统分离等情况，水利工程项目文档一体式管理仍有待进一步完善。

第四节　水利工程项目电子文件与电子档案管理现状

一、水利工程项目电子文件管理的现状

随着信息化脚步的加快，水利工程项目电子文件数量也与日俱增，对其进行管理的需求也日益迫切。在水利工程项目电子文件管理的技术方面，应开发电子文件捕获、登记、分类组织、鉴定、处置、统计分析、检索、利用、审计及元数据获取等核心功能，同时应开发一系列系统配置管理功能及标准对外接口等。目前来看，水利工程项目电子文件生成机构在电子文件的管理方面主要有以下问题：

（1）分散和局部的水利工程项目电子文件管理。当前，水利工程项目电子文件管理的功能主要分布在各种业务系统中，如OA系统、网站发布系统、邮件系统，缺乏统一的、能够覆盖各类型电子文件的电子文件管理系统。

（2）不完整的水利工程项目电子文件管理。目前，水利工程项目电子文件管理都是依附档案管理系统的，只涉及归档的电子文件，没有归档的电子文件大多散落在业务系统中，有些甚至在某个业务办理人员的电脑中。同时，电子文件管理中所管理的电子信息也是不完整的，其中大多数电子文件仅保存了最终版本，文件的形成过程丢失。

（3）电子文件管理系统功能缺失。目前来看，水利工程项目电子文件管理系统通常只具有电子文件的著录、检索、浏览等基本功能，没有和业务系统进行关联，难以实现水利工程项目电子文件的自动捕获和查询利用，同时也和水利工程项目电子文件长期保存系统缺乏关联，即管理系统不能覆盖水利工程项目电子文件的全生命周期。

（4）水利工程项目电子文件的真实性、完整性和安全性无法保证。目前许多单位无法对水利工程项目电子文件的真实性、完整性和安全性进行验证，仅支持数据共享。因此，迫切需要建立有效的水利工程项目电子文件管理系统，通过区块链、身份认证等数字技术保证水利工程项目电子文件的真实性、完整性和安全性。

二、水利工程项目电子档案管理的现状

水利工程项目电子文件一经产生，就发挥着重要的现实效用，其中一部分还将转化成电子档案，具有凭证、查考和保存价值。因此，做好水利工程项目电子文件归档和电子档案管理工作尤为重要。我国的水利工程项目电子文件归档和电子档案管理工作已经取得了一定成绩，但由于种种原因，目前尚未建立科学、高效的水利工程项目电子文件归档和电子档案管理体系，大量水利工程项目电子档案还没有得到妥善保管，存在失控、失存、失信、失用、失密的隐患，主要表现为以下问题：

（1）对水利工程项目电子档案管理的认识不足。档案的本质属性是原始记录性，具有重要的凭证价值。但从信息的记录形式来看，水利工程项目电子文件对计算机系统有依赖性，具有载体与信息的可分离性、信息存储的不稳定性等特点。我国目前尚未制定适用于电子文件归档和电子档案管理的专门法律法规，现有的《中华人民共和国档案法》也未将电子档案管理问题纳入其中，电子档案的凭证价值仍未得到法律法规层面的确认，这就导致水利工程项目电子档案的属性不明确。同时，传统档案管理手段和模式由来已久，在档案管理人员的头脑中已经形成了思维定式，水利工程项目电子文件的全周期管理模式（包括文件的产生、积累、归档、传输、存储、保护和利用）会使档案工作者在短时间内不适应。因此，目前仍存在着档案管理人员对水利工程项目电子档案重要性的认识不足、认为不能将电子文件直接归档、不愿接受将电子文件保存载体直接归档等现象。

（2）水利工程项目电子档案管理规范体系不健全。当前的水利工程项目电子文件归档和电子档案管理重技术、轻标准和制度配套，存在技术与管

理脱节导致的管理滞后现象。从标准和制度的系统性上看，水利工程项目电子档案管理各项制度和标准之间有待衔接和互补，规范体系结构上不完整，一些涉及电子文件归档和电子档案管理关键环节（如归档整理、长期保存）、核心技术（如电子签名、认证）和特殊格式（如网页电子邮件）的标准和制度不完备。在标准和制度的应用成效方面，现有的一些标准和制度在实际工作中并没有得到充分的推广应用，部分标准和制度的权威性和认可度不高。这些问题在一定程度上造成了水利工程项目电子档案管理刚性不足、保障缺位、监管薄弱的现象。

（3）水利工程项目电子档案管理技术方案不成熟。在电子环境中，系统控制成为管理的中心。水利工程项目电子档案管理工作对系统的依赖性较强，电子档案存在易丢失和泄密等安全风险。目前，水利工程项目电子档案管理系统建设方案存在平台异构、数据异构和流程异构等情况，导致水利工程项目电子文件和电子档案管理系统难以有效衔接、电子文件和元数据采集和归档困难、电子文件归档格式和保存技术各异、电子文件归档和电子档案管理功能缺失等现象。

（4）档案管理人才流动和紧缺问题明显。水利工程项目档案管理工作存在文档脱节、多头管理和档案管理人才配备不到位、人员流动频繁等问题。水利工程项目电子文件和电子档案分段管理的运行机制，加上各业务部门、档案部门和信息技术部门多头负责的信息化系统建设模式，影响了水利工程项目文档一体化工作的顺利开展。同时，复合型人才紧缺问题限制了水利工程项目电子文件归档和电子档案管理工作的开展，使相关工作沿袭传统手工管理的工作方法或是无法开发出高水平的管理信息系统。

三、电子文件管理系统开发的现状

电子文件管理系统是用来捕获电子文件和进行电子文件实时维护、电子文件使用和电子文件处置的专业管理系统，主要负责从不同的业务管理系统中提取、接收、整理和汇总电子文件，记录电子文件的生成、查看利用和鉴定销毁的整个生命周期。电子文件管理系统可以维护文件以及业务之间的各种联系，给利用者提供快捷的检索方式，能够有序、系统、可审计地对电子文件进行处置。

（一）电子文件管理系统开发存在的误区

目前，在进行电子文件管理系统的开发时，往往是简单应用软件工程经验和常识，采用惯常设计方法，将电子文件管理系统设计成一个普通的信息管理系统。事实上，电子文件管理系统的设计和普通的信息管理系统之间的设计不同。普通的信息管理系统更加注重文件在业务流程中的管理，不看重文件归档后的管理。而电子文件管理系统需要维护每份电子文件的背景信息，将电子文件与其证据支持联系起来。电子文件管理系统领域具有一些如全宗、组合文件、复合文件、双套制文件、混合文件、保管期限与处置计划、捕获登记等在普通的信息管理系统中很少出现的特有概念。

（二）电子文件管理系统的特殊性

电子文件管理系统中的文件数据流是单向的，并且通常是不可逆的。如果有对电子文件修改的要求，必须要有严格的控制过程，而且不能直接在电子文件上进行修改，因为电子文件管理系统中的元数据流是累积的，并且随着对电子文件的操作来逐步增加元数据的数量和类型。电子文件管理系统还有特殊的技术要求，如摘录技术，摘录是基于一份电子文件形成另一份电子文件，难点在于如何直接在电子文件中进行摘录，以及如何确保摘录的文件与原始文件在结构和展现形式上的一致性。

（三）电子文件管理系统开发的要求

为了确保电子文件管理系统开发的质量，就要深入掌握电子文件管理系统的特点和特殊性，将电子文件特殊技术需求、功能要求内置于系统功能中，将电子文件管理的相关标准性、规范性、特殊性要求融合在系统软件开发中，以特有技术保证电子文件保存质量，确保电子文件在整个生命周期内具有真实性、可信赖性、完整性及凭证价值。

（四）电子文件管理系统开发的目的

电子文件管理系统开发的目的主要是加强对电子文件的控制，提高电子文件的凭证价值，保障电子文件的查考价值。首先，电子文件相对于传统文件，更有可能面临管理失控的风险。电子文件管理系统研发的最终目的就是对电子文件进行有效的全生命周期管理。在工程项目建设过程中，勘察单位、设计单位、施工单位、监理单位、检测单位等各参建单位应将本单位形成的工程电子文件捕获、整理和归档，并向建设单位交付。对电子文件的安全控制是保障电子文件的凭证价值和查考价值的前提。其次，电子文件与电子文档的主要区别在于它具有法律证据性。因此，凭证价值保障是电子文件管理系统的主要目的之一，必须保证电子文件的法律证据、业务凭证和社会记忆作用。电子文件的凭证价值源自电子文件管理系统对电子文件的有效控制，只有有效控制下的电子文件才有凭证价值。再次，电子文件的服务能力来源于其凭证价值，决定电子文件是否有利用价值的最重要指标即是该电子文件是否具备法律证据、业务凭证和社会记忆作用。最后，电子文件管理系统研发的目的还包括实现对电子文件的查询利用和分析挖掘。电子文件的查考价值不与其生成同步，通常落后于其生成时间。因此，在电子文件的服务能力建设过程中不仅需要考虑用户当前的业务需求，还要注意用户未来的需求和操作环境的变化以及潜在风险的识别。

通过技术和管理手段的有效配合，管理电子文件的收集、存储、使用和处理等主要过程，确保电子文件的真实性、完整性、可用性和安全性，可使电子文件携带真实、全面、完整的社会活动记录，实现电子文件长期保存、统一标准化管理、安全保密、有效利用的目标，并可使电子文件成为有效的电子证据，在社会活动中发挥重要作用。

（五）电子文件管理系统开发的建议

2013 年 6 月 1 日实施的《电子文件管理系统通用功能要求》（GB/T 29194—2012）是目前我国唯一一部有关电子文件管理系统功能需求的标准。在此之前，由于我国没有统一的电子文件相关标准，各个单位自行开发出的电子文件管理系统功能都很不完善，仅是重点关注了文件的业务流程，缺少对文件后期的管理，难以对电子文件进行有效管理。此标准的出台能够给我国电子文件管理系统开发提供一个统一标准，能够提高我国电子文件的管理水平，从而保证电子文件的真实性、可靠性、完整性。《电子文件管理系统通用功能要求》（GB/T 29194—2012）中对电子文件管理系统功能要求的框架如图 1.1 所示。

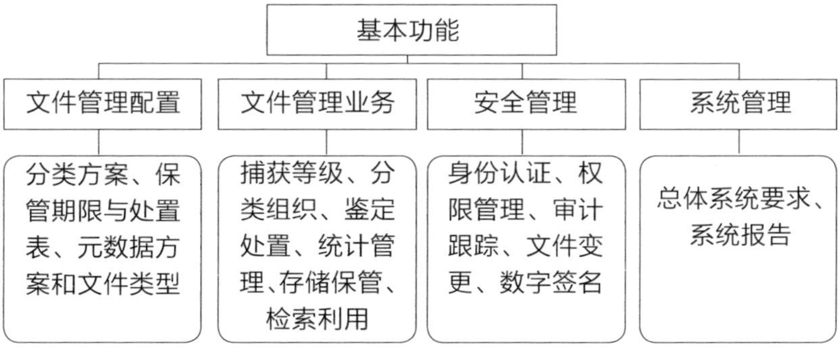

图 1.1 电子文件管理系统功能要求框架图

因此，按照《电子文件管理系统通用功能要求》（GB/T 29194—2012）开发合理合规的电子文件管理系统刻不容缓。开发水利工程项目电子文件管理系统要遵循以下要求：

（1）基于前沿，遵从规范。时代在发展，水利工程项目电子文件管理系统也要遵照最新的标准来开发。然而，由于我国标准制定具有一定的滞后性，开发水利工程项目电子文件管理系统的单位可以参考相关电子文件管理系统的国际标准并按照我国及各单位的具体情况进行相应的改变。

（2）基于业务，实用适用。水利工程项目电子文件管理系统未来的发展方向是实现具体业务和办公流程的紧密联系，开发系统时，要以使用单位的具体业务为基础，为使用单位量身定制实用、适合的系统。例如，文件的起草者是最熟悉文件的人，可将档案鉴定工作提前到文件的形成阶段，由最熟悉文件的人根据系统提供的档案保管期限表对档案进行鉴定。对文件的著录信息应该贯穿文件的整个生命周期，每对文件进行一次操作，就应该将相应操作信息存储到数据库中，当文件的业务流程结束并进行归档时，数据库中已存储了大量的著录信息，极大地方便了后期著录工作。

（3）基于元数据，确保文件真实可靠。元数据是确保文件的真实可靠与实现文件的长期保管的重要依据，元数据贯穿系统开发的每一个环节，水利工程项目电子文件管理系统应该在元数据的基础上进行开发，避免人为对元数据进行操作，元数据应该是系统自动抓取、保管、维护的。对于某些只能人为录入的描述性元数据，系统要在这方面做好权限控制和监督审核工作，尽量细化和规范对元数据管理的要求。元数据决定了开发出的电子文件管理系统是否合理合规。

（4）基于前端，全程管理。各类业务系统、电子文件管理系统和电子文件长期保存系统是紧密联系在一起的，不能将三者孤立起来，要站在全局的角度，统筹兼顾，做好这三个系统之间的连接和数据共享工作。电子文件管理系统管理的是单位业务活动中产生的文件，若生成的文件不符合要求，则这份文件的真实性和有效性不确定，之后文件的分类、归档、处置等工作将变得没有任何意义。所以，水利工程项目电子文件管理系统一定要对电子文件的生成阶段进行严格审核，必须做好前端控制，这是电子文件后续工作的基础。

第二章
水利工程项目电子文件的创建与识别

第一节　水利工程项目电子文件的来源与构成

一、水利工程项目电子文件的来源

水利工程项目电子文件的来源主要有创建、接收和数字化转换。

（一）创建

创建又称生成、产生、编制、制作等，电子文件创建是指创建者在履行其法定职责或者处理事务过程中，通过计算机等电子设备生成电子文件的过程。根据生成电子文件的电子设备的不同，水利工程项目电子文件的创建可分为三类。

第一，通过数字录音设备、数字照相设备、数字摄像设备等电子设备创建。照片类电子文件、录音电子文件、录像类电子文件分别是经数字照相设备、数字录音设备、数字摄像设备形成的依赖计算机等数字设备阅读、视听、处理，可在通信网络上传送的静态图像文件、数字音频文件、数字音视频文件。

第二，通过文字处理软件、绘图软件、图像处理软件、音视频编辑软件、计算机辅助系统等应用程序创建。如生产、科研活动中形成的技术性电子文件，包括 CAD 文件、计算机辅助制造（CAM）文件。在水利工程项目建设过程中，CAD 和 CAM 等技术产生的文件是水利工程项目电子文件的重要组成部分，这些文件可能包括设计图纸、模型数据等。

第三，通过由数据库系统支撑的业务系统创建。业务系统包括水利工程项目电子文件形成单位在开展各种业务工作时，用于处理业务工作、管理业务信息的专业信息系统以及电子文件形成单位用来对电子文件的捕获、登记、分类、存储、利用、处置和维护等进行管理和控制的信息系统等。

水利工程项目电子文件形成单位应建立电子文件管理系统，并应按现行行业标准《建设电子档案元数据标准》（CJJ/T 187—2012）的规定，对业务系统以及其他应用软件、操作系统环境中形成的电子文件及其元数据进行登记。电子文件管理系统应自动捕获电子文件的层级、标识、题名、责任者、分类、日期、数量或大小等元数据。在水利工程项目建设过程中，勘察、设计、施工、监理、检测等各参建单位应将本单位形成的水利工程项目电子文件捕获、整理和归档，并向建设单位交付。建设单位应将电子文件和元数据进行固化、封装后进行在线归档或离线归档。

（二）接收

电子文件接收是指组织机构从其他单位或个人接收电子文件的活动。电子文件接收一般通过网络进行，比如通过电子邮件系统、微信等即时通信工具接收等。电子文件接收也可以介质传递方式进行，比如采用光盘、移动硬盘等面向单位或个人接收或征集电子文件等。大量的电子文件可以刻录成光盘来保存，也可以通过移动硬盘存放或一次性传递给相关人员。

（三）数字化转换

对水利工程项目纸质文件做数字化转换，形成双层 OFD 或双层 PDF 格式，可存储在磁带、磁盘、光盘等载体上并能被计算机识别的文件。经过数字化的文件基本是以图像文件为主，即使一部分文件内容是采用光学字符识别（OCR）技术识别的文本信息，也基本是以文件夹的非结构化的电子文件的形式进行存储。对纸质文件做数字化转换的主要方式有三种。第一种是通过扫描仪将纸质信息转换成数字信息，便于用计算机进行信息处理，扫描仪能将纸质文件、照片、胶片等载体中的各类图纸、图形、文稿信息都输入到计算机中转换成数字信息，在计算机上可利用各种图像处理软件对扫描的图像进行技术处理；第二种是采用数码设备对纸质文件进行数字化加工，将其转换为存储在磁带、磁盘、光盘等载体上并可被计算机识别的数字图像或数字文本；第三种是用缩微影像扫描器等设备将缩微胶片上的影像转换成存储在磁带、磁盘、光盘等载体上并可被计算机识别的数字图像或数字文本。

二、水利工程项目电子文件的构成

《电子文件管理系统通用功能要求》（GB/T 29194—2012）中认为电子文件是在处理公务过程中，机关、团体、企事业单位和其他组织等通过相关电子设备（包括计算机等）产生、处理、传送和保存的多媒体信息（包括文字、图表、图像、音频等）的信息记录。按电子文件存储形式，主要有以下类型：

（1）文本文件（Text），或称为字（表）处理文件，是指使用文字处理软件生成的，由字、词、数字或符号组成的文件。

（2）图形文件（Graphic），是指根据一定算法绘制的图表、曲线图，包括几何图形和把物理量（如应力、强度等）用图标表示的图形等。

（3）图像文件（Image），是指使用数字设备采集或制作的静态画面，如用扫描仪扫描的各种原件画面、用数码相机拍摄的照片等。

（4）视频（影像）文件（Video），是指使用视频捕获设备录入的数字影像或使用动画软件生成的二维、三维动画等各种动态画面，如数字影视片、动画片等。

（5）音频（声音）文件（Audio），是指用音频设备录入或用编曲软件生成的文件。

（6）数据文件（Data），又称为数据库文件，是指在事务处理系统中单独承担文件职责，或者作为文件的重要组成部分出现的数据库数据对象。

（7）命令文件，亦称计算机程序（Program），是指为处理各种事务而用计算机语言编写的程序，属于计算机软件的范畴。它一般是由程序员编写“源程序”输入计算机，通过相应的编译程序编译后执行，有些还要经过连接程序才能执行。

（8）多媒体文件（Multimedia），包含上述两种及以上信息形式的文件为“多媒体文件”。这种文件使用多媒体技术制作，具有较复杂的结构，必须使用多媒体计算机复现。

水利工程项目电子文件类别及其格式如表 2.1 所示。

表 2.1　水利工程项目电子文件类别及其格式 [1]

文件类别	格式
文本（表格）文件	OFD、DOC、DOCX、XLS、XLSX、PDF/A、XML、TXT、RTF
图像文件	JPEG、TIFF

[1]　参见中华人民共和国住房和城乡建设部：《建设电子文件与电子档案管理规范》（CJJ/T 117—2017），2017 年 4 月 11 日。

续表

文件类别	格式
图形文件	DWG、PDF/A、SVG
视频文件	AVS、AVI、MPEG2、MPEG4
音频文件	AVS、WAV、AIF、MID、MP3
数据库文件	SQL、DDL、DBF、MDB、ORA
虚拟现实 /3D 图像文件	WRL、3DS、VRML、X3D、IFC、RVT、DGN
地理信息数据文件	DXF、SHP、SDB

水利工程项目一般建设周期长，且涉及建设单位、勘察单位、设计单位、施工单位和监理单位等多个部门，文件多为纸质与电子文件混掺，有时纸质文件材料占比较大，具有明显的双轨制特征。水利工程项目电子文件总结起来可分为以下三种：水利工程项目建设各阶段的数字化电子文件、原生电子文件、声像电子文件。

（一）水利工程项目建设各阶段的数字化电子文件

原文件为纸质文件时，建设单位或其委托的第三方机构应负责采用数码设备对水利工程项目的纸质文件进行数字化加工，将其转换为存储在磁带、磁盘、光盘等载体上并可被计算机识别的数字图像或数字文本，形成 PDF 或 OFD 格式的数字化电子文件。基于纸质档案形成的数字化电子文件应符合现行行业标准《纸质档案数字化规范》（DA/T 31—2017）的有关规定。

（二）水利工程项目建设各阶段的原生电子文件

水利工程项目的原生电子文件应由建设单位、监理单位、勘察单位、设计单位、施工单位和检测单位编制，原生电子文件上应包含具有法律效力的电子签名或电子印章，所载内容应真实、可靠。各参建单位要确保电子文件来源可靠、程序规范、要素合规。

建设单位、监理单位、勘察单位、设计单位、施工单位和检测单位在编制原生电子文件时应遵守下列规定：第一，应采用符合《中华人民共和国电子签名法》《中华人民共和国密码法》规定的电子签名（章）。第二，应采用符合现行国家标准《信息安全技术　安全电子签章密码技术规范》

（GB/T 38540—2020）规定的电子签名（章）。第三，应向电子认证及签章服务机构提供真实、完整和准确的信息。第四，应在线添加电子签名（章）。第五，应按规定记录水利工程项目原生电子文件的日志信息。第六，移交BIM档案时，应注明水利工程项目信息模型文件的软件名称及版本等信息；水利工程项目信息模型中含有参建单位特有的插件、自研样板的，参建单位应注明插件及样板的名称、所属单位名称及联系方式；BIM档案应包含建筑信息模型文件及其转化的IFC格式的轻量化建筑信息模型文件。

（三）水利工程项目建设各阶段的声像电子文件

各参建单位应负责水利工程项目建设各阶段的声像电子文件编制，声像电子文件应全面反映水利工程项目建设过程的实际情况，并在水利工程项目建设过程中同步形成，不得事后修整、编造、篡改。声像档案要能真实、完整地反映工程建设的全过程，尤其对隐蔽工程和关键环节的记录要全面、详细。可采用数字化转换设备对录音、录像文件进行数字化转换，将声音、影像的模拟信息转换成可被计算机存储和处理的数字信息。可采用缩微影像扫描器等设备将缩微胶片上的影像转换成存储在磁带、磁盘、光盘等载体上并可被计算机识别的数字图像。

基于录音录像档案形成的水利工程项目声像档案的数字化文件应符合现行行业标准《录音录像档案数字化规范》（DA/T 62—2017）的有关规定，基于缩微胶片形成的水利工程项目声像档案的数字化文件应符合现行行业标准《缩微胶片数字化技术规范》（DA/T 43—2009）的有关规定。各单位应根据水利工程项目建设各阶段的电子文件的业务范围和工作性质，参照《电子文件归档与电子档案管理规范》（GB/T 18894—2016）和“水利工程项目文件归档范围和档案保管期限表”（见附录）制定本单位电子文件归档范围和保管期限。

三、水利工程项目电子文件的形成

水利工程项目电子文件应随水利工程项目建设进度同步形成，并真实反映水利工程项目建设情况和实体质量等信息，各参建单位应及时进行水利工程项目电子文件的审核、审批、签认。

建设单位应采用下列方式之一形成工程准备阶段的电子文件（A类）：

（1）对于由建设领域相关业务系统形成的水利工程项目准备阶段的原生电子文件，通过计算机网络向工程建设项目管理系统迁移。

（2）在水利工程项目电子文件管理系统中编制后按指定流程审核、签批形成原生电子文件。

（3）对于纸质文件等传统载体文件扫描后形成的电子文件，上传至水利工程项目电子文件管理系统，加盖相关负责人电子印章。

各参建单位应利用水利工程项目电子文件管理系统编制文件、按指定流程在线流转审批文件并在线添加电子印章，进而形成原生电子文件。各参建单位不能直接编制、只能在水利工程项目建设过程中获取纸质等传统载体的水利工程项目文件，并应按归档要求扫描形成电子文件，上传至水利工程项目管理系统，在线加盖相关负责人电子印章。

第二节　水利工程项目电子文件的识别

电子文件收集对象的确定即为识别，是在数字环境中将电子文件与其他信息相区别的过程，也就是确定收集对象的过程。电子文件收集对象是在划定电子文件收集范围的基础上，从微观层面界定的、需要纳入收集范围的文档、元数据、电子签名等数字对象。为从根源上说明电子文件的识别，下面将数字对象区分成结构化数据、非结构化数据来进行介绍。

一、结构化数据的识别与收集

水利工程项目结构化数据的识别相对复杂，需要根据不同情况分别确定收集对象和收集方法。结构化数据管理在实践中有三种比较典型的情况。

第一种情况：数据库存在多个数据表，但不需要形成固定的报表样式，比如电子档案元数据表、针对某项工作形成的统计数据表等。这种情况下的收集对象就是这些数据表以及相应的元数据信息，要按照《档案关系型数据库转换为 XML 文件的技术规范》(DA/T 57—2014) 要求，将关系型数据库转换为一组 XML 文件以及 XML Schema 文件，将数据库的用户、角色、权限、数据表结构、数据表关系、视图、存储过程、约束、索引、触发器等元数据信息存储在一个 XML 文件中，各个数据表的数据也分别存储在不同的 XML 文件中。

第二种情况：数据库存在多个数据表，需要形成固定的报表样式，比如电子证照、电子发票等。这种情况下的收集对象分两部分：一部分是数据库中存在的多个数据表，可以按照第一种情况中的做法进行识别和收集；另一部分是规定的报表样式，可以根据数据库的不同进行收集。这样将两部分内容收集起来并导入电子档案管理系统后，可以根据需要形成规定的报表。当然，如果需要将报表内容和样式都固定下来，也可以将生成的报表转成 OFD 等格式的文件后再进行收集。

第三种情况：数据库存在多个数据表，但只有其中特定部分的数据需要纳入收集范围。在这种情况下，电子档案是由来自不同数据表的数据元素，以及连接这些元素并对该档案的必要结构及背景提供支撑所需的相关元数据组成，要分析数据结构、数据模型和分类模型，识别并提取出具体数据元素和结构及背景元数据。

二、非结构化数据的识别

在非结构化数据管理系统中，系统的主要管理对象为非结构化数据，有关业务活动或事项处理的数据已经汇集为一个个具有逻辑结构的 OFD 格式的文件。在这种情况下，电子档案识别相对容易，需按照《归档文件整理规则》（DA/T 22—2015）和其他门类档案整理规则及管理规范要求，明确需要收集的文档范围。

需要说明的是，在业务系统中一般都会同时存在结构化数据和非结构化数据，需要分别按照前述结构化数据、非结构化数据的识别与收集要求，将两方面内容都收集起来。比如在办公自动化系统中，既存在以非结构化数据形式呈现的各类文档，又存在以结构化数据形式存在的元数据、以结构化数据加固定报表样式呈现的文件处理单和发文稿纸，一方面需要将各类文档收集起来，另一方面将元数据、发文稿纸分别按照前述第一种情况、第二种情况收集起来。当然，如果需要将文件处理单和发文稿纸中的内容和样式都固定下来，文件处理单和发文稿纸也可以转成 OFD 等格式的文件进行收集。

在此以办公自动化系统为例加以说明。办公自动化系统是数据库型应用系统，从数据库系统资源构成的角度来说，除硬件外，它是由应用程序、数据库管理系统和数据库组成的。在应用程序和数据库之间由数据库管理系统负责数据的存取，通过数据库管理系统把应用程序需要使用的数据以及数据间的联系汇集在一起，供人们在应用程序中查询和使用。对于办公自动化系统来说，应用程序、数据库管理系统和数据库是一个整体，三者密不可分。应用程序、数据库管理系统和数据库之间的关系如图 2.1 所示。

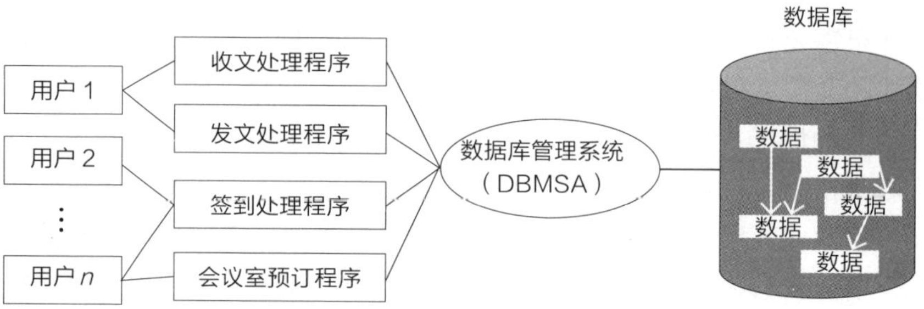

图 2.1 应用程序、数据库管理系统和数据库之间的关系

鉴于上述系统构成原理，要对办公自动化系统中的电子文件进行梳理。先是对办公自动化系统中的工作流程进行分析，然后识别系统中开展公文处理业务所需的凭证和构成凭证的信息，并识别凭证信息之间的关联和依从关系，最后确定应输出归档的电子文件。

（一）分析工作流程

办公自动化系统储存了大量频繁更新的数据，因此需要判断系统中究竟哪些信息需要作为文件予以管理，以期为业务流程提供数据。办公自动化系统中包括结构化数据，如数据库条目；也包括非结构化数据，如电子文档。办公自动化系统将结构化数据和非结构化数据相结合，进行电子公文流转业务处理。在工作流程分析中，需先跳出系统本身，依据相关的规章制度和业务需求来确定需要保存哪些凭证，然后再识别形成这些凭证的信息。

一般企事业单位应按照《机关文件材料归档范围和文书档案保管期限规定》（国家档案局令第 8 号，2006 年发布）、《企业文件材料归档范围和档案保管期限规定》（国家档案局令第 10 号，2012 年发布）要求，根据各单位实际情况，编制“文件材料归档范围和档案保管期限表”，并报请上级主管部门审查同意后执行，办公自动化系统哪些凭证信息需要保存就是按照此表确定的。

（二）识别系统中开展公文处理业务所需的凭证

参考公文流转业务的文档说明、系统输入与输出、公文处理制度与业务流程等，分析在办公自动化系统中进行电子公文流转业务事项的具体处理过程，以获得对该业务流程活动的完整认识。公文处理分为发文处理、收文处理、签报处理和工作联系单处理四类，以业务流程相对复杂的发文处理为例，涉及拟稿、审核、会签、签发、排版编号、盖章、印发等环节。其中，除盖章以外的其他环节均由办公自动化系统直接处理，盖章环节由办公自动化系统通过调用电子印章系统实现。可能有些单位的办公自动化系统不具备电子盖章功能，则其形成的电子文件流转至排版编号环节后，打印输出纸质文件再手工盖章，这些情况在分析发文处理活动时需要加以注意。

对于由办公自动化系统实施的公文流转业务，应考虑哪些凭证信息需要保存。按照国家档案行业标准《归档文件整理规则》（DA/T 22—2015）关于电子文件中“件”的构成规定：正文和附件组成一件；文件的正本和定稿组成一件；收文过程中形成文件处理单的，文件处理单、正文、附件组成一件；发文过程中形成发文稿纸的，正本、发文稿纸、定稿组成一件。因此，办公自动化系统中开展公文流转业务所需的凭证就应当包括正文、附件、正本、定稿、文件处理单或发文稿纸等。

（三）识别凭证的内容及其相关管理信息

针对办公自动化系统需要保存的每一个凭证，识别构成该凭证的内容或信息。由于办公自动化系统以数据库系统为基础，因此需要分析系统中的数据结构、数据模型、分类模型等，识别出共同构成凭证信息的具体数据元素，以提供所需的凭证。通过对凭证进行识别，发现构成凭证的信息并不仅仅存在于办公自动化系统中，也存在于电子印章系统中，也就是说，部分凭证信息并不是只在办公自动化系统中，而是跨了多个系统保存的。

对于由办公自动化系统控制的数据库来说，文件由一组来自许多不同字段的相关数据元素构成。每份文件都是依据数据库中已识别的数据元素，连同连接这些元素并对必要结构和背景提供支撑所需的元数据组成。数据库中某一电子文件信息的识别如图 2.2 所示。

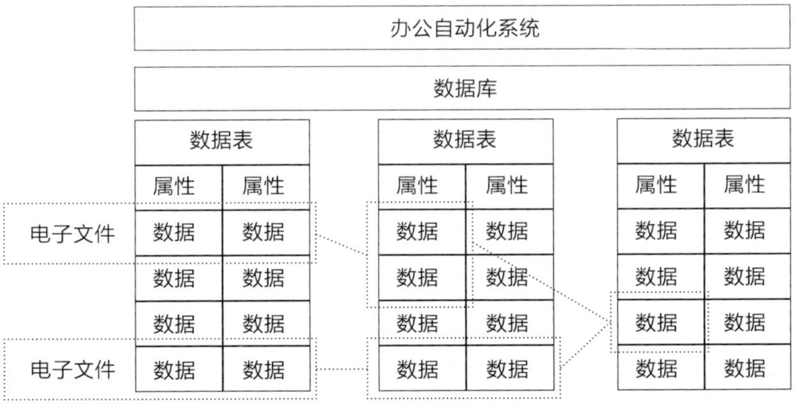

图 2.2 数据库中某一电子文件信息的识别

数据库中的每个数据表是数据库的一部分，表与表之间有密切联系。每一个数据表由行和列构成，“列”代表包含数据元素的字段，而“行”建立起不同字段中数据元素之间的联系。因此，数据表中有许多潜在的电子文件。这些电子文件由大量相互关联的数据元素予以表达，并由来自一个或多个字段的数据元素构成，这些数据元素可跨越一个或多个数据库连接在一起。并且，在关系型数据库中，构成一份文件的部分数据元素也可能构成由同一数据库中生成的其他文件。

公文流转业务将文件题名、文件编号、主送单位、责任者等凭证信息（即档案业务中的文件实体元数据）及其处理环节、处理部门、处理人、处理时间、处理结果等凭证信息（即档案业务中的业务实体元数据和机构人员元数据）以字段及数据元素的形式存储于数据库的不同数据表中；将非结构化的被处理对象以计算机文件形式存储于文件服务器中，并将被处理对象所在文件服务器上的存储路径作为数据库属性（字段）下的值而记录于数据表中。由此，被处理对象即成为档案领域中一件电子文件或电子档案概念下的“子件”或“电子文档”，也就是互联网技术（IT）领域中数据库一条记录下的“附件”。

（四）识别凭证信息之间的关联及依从关系

为了提供文件的背景，需要了解有关工作流程或业务系统的附加信息。因此，除了识别文件关键数据要素外，还需要识别文件所需附加信息等相关管理信息。为实现相关信息的识别，可采取下列具体管理措施：

一是为了保证文件能够得以理解，验证其作为证据的可靠性，并为文件从办公自动化系统移至电子档案管理信息系统提供来源标识依据，而对系统名称、位置、文件格式等系统信息进行记录。

二是由于公文处理业务流程不只处于办公自动化系统中，流程中的盖章环节已延伸到电子印章系统中。因此，在制定办公自动化系统电子文件管理策略时，采用通过数据库记录印章系统所在的服务器路径的方式来解决办公自动化系统与印章系统之间的连接性问题。

三是由于凭证信息之间相互依存的关键在于文件需要保存多久，而有关文件保管期限已在各企事业单位制定的“文件材料归档范围和档案保管期限表”内予以说明，可直接按照此表的保管期限执行。

四是通过元数据控制电子档案保存时间的长短、设定访问权限，进而对电子档案进行检索等。因此，试点工作应按照办公自动化系统电子文件元数据方案对元数据进行捕获和管理，并应符合国家档案行业标准《文书类电子文件元数据方案》（DA/T 46—2009）的要求。

需注意的是，元数据并不一定要与文件内容一起保存，只将它们以某种形式相连接或关联也可以。元数据可考虑保存在业务系统以外的系统中，或者保存在文档或工具（如 XML 模型及数据）之中，以使文件易于理解并能长期有效保存。在办公自动化系统中，很难区分文件的内容及其元数据。例如，正文同样包含题名、文号、责任者等，发文稿纸也包含拟稿人、签发人、签发日期等，而包含这些元数据的正文、发文稿纸等，本身就是一份文件。在办公自动化系统内的元数据是一个整体，从属于这个系统，它们驻留在系统规则或系统文档中，而非应用于单份文件。

第三节　水利工程项目电子文件的捕获

一、水利工程项目电子文件捕获的概念

水利工程项目电子文件管理系统中的捕获，是指将水利工程项目业务活动中生成或接收到的数据对象及其元数据一起保存到水利工程项目电子文件管理系统中的过程。水利工程项目电子文件捕获时，构成文件的所有元素，包括内容、结构和背景，都必须作为一个整体紧密相连，在水利工程项目电子文件管理系统中始终作为一个对象进行管理、查询和处置。水利工程项目电子文件的内容被捕获后就会被固定，任何用户都不得修改、删除和销毁，除非得到授权。任何修改、删除或销毁文件的尝试都将作为审计日志被记录。捕获时，一般要明确文件分类方案、上层类目、所属案卷及与其他文件之间的联系，揭示文件间的相互关系，把文件作为有机整体的一部分存储在一个系统中，而非独立存在。这也是电子文件捕获与一般信息捕获的最重要区别点，是电子文件管理系统比传统档案辅助管理系统更为严格的地方。

二、水利工程项目电子文件捕获与归档的区别

捕获和归档常常被视为同义词，但从档案管理实践来看，二者存在明显不同，主要包括以下四个方面。

（一）产生的背景不同

捕获是面向软件应用系统的概念，是指通过电子文件管理系统对业务系统或其他应用软件中电子文件及元数据进行抓取，使其进入电子文件管理系统的过程。所以，捕获是不能离开电子文件管理系统的。而归档的概念源自

纸质档案管理，是一个面向部门的概念，指的是将办理完毕且具有保存价值的文件经系统整理交档案室或档案馆保存的过程[1]，需要注意的是，将电子文件的管理权限由各相关部门向档案部门转移的过程，通常也叫作归档，所以说归档也可以用在系统环境中。

（二）适用的范围不同

电子文件的捕获主要应用在立档单位，即文件形成单位，是立档单位内部通过电子文件管理系统进行的一种操作。归档除了指立档单位的业务部门（即文件形成部门）按相关规定向档案室移交符合要求且具有保存价值的文件外，还包括单位档案室向地方档案馆移交档案的情况，虽然这种情况严格意义上讲属于“移交”，但有些人还是习惯将这种“移交”称为“归档”。

（三）管理的视角不同

捕获是在数字环境下的主动获取，是系统操作者通过电子文件管理系统接口主动出击、主动捕获目标对象。归档是档案部门接收业务部门主动交付的文件的过程。

（四）操作的对象不同

操作对象不同是捕获和归档最为重要的区别，主要有以下两方面的表现：

第一，捕获的对象不仅包括具有保存和利用价值的电子文件，还包括其他电子文件；归档的对象则仅是具有保存和利用价值的文件，前者包含的范围明显大于后者。在一些国家的档案管理过程中，会将那些保存时间短、一段时间以后或业务结束以后就基本失去保存价值的文件称为“临时文件”。对于这些临时文件，在实际应用过程中，不同的国家、不同的地区、不同的单位可能都会有不同的做法。有些单位会根据自身实际情况，酌情降低对临时文件的管理要求后，将其纳入电子文件管理系统一并管理。如易安信（EMC）公司就是对这些临时文件的管理要求降低，尤其是对临时文件元数据等方面的要求降到很低以后，将临时文件纳入电子文件管理系统中的。这种做法类似于将一些没有长久保存价值的文件当作资料来对待。不可否认，需要归档的具有保存价值的电子文件是电子文件管理系统的重中之重，很大一部分单位的档案管理都是以归档电子文件作为起点，电子文件管理系统就是档案室档案管理的辅助升级版，从这一层面说，捕获与归档大体一致。也有些单位

[1] 参见国家档案局：《档案工作基本术语》（DA/T 1—2000），2000 年 12 月 6 日。

本着节约成本的目的，不将临时文件纳入电子文件管理系统，只是将需要归档的文件纳入电子文件管理系统，此时捕获就等于归档。

第二，捕获的对象不仅包括文件，还包括此文件的元数据信息，电子文件管理系统捕获还有一个极为普遍的用法就是在电子文件管理系统里可以输入和存储元数据，将文件的目录等元数据信息作为归档对象进行保存，传统的归档虽然也要求有归档目录等，却不会将其作为归档对象进行保存。

三、水利工程项目电子文件的捕获对象

（一）水利工程项目电子文件的捕获客体及其类型

水利工程项目电子文件管理系统允许的捕获客体包括水利工程项目电子文件、实体文件、混合文件及其元数据。然而，由于水利工程项目电子文件构成的复杂性、构成要素的相对分散性（无法像纸质文件一样将所有信息都集中在一个载体上），因而在捕获之前，必须先对捕获对象进行判别归类，确定出哪些数字对象构成一份文件，才能在捕获时将这些对象定义为一份文件。在计算机管理系统中，将需要采取特定保存措施的一个信息单元称为组件，根据构成文件的组件情况的不同，将电子文件分为以下三种类型：

（1）单组件文件。单组件文件是指将一个组件作为一份文件来捕获，这是文件捕获最简单的情况，一般非结构化文档会按照单组件文件进行捕获，如一份合同定稿、一份票据扫描件、一段录音、一张照片等。

（2）组合文件。组合文件是指在管理活动中将多份在业务活动中有紧密联系、互不可分的单组件文件作为一个整体来捕获，组合文件里的每个单组件文件原本都是可单独捕获的，只是因为它们联系紧密而组合在一起，形成组合文件，方便管理和利用。电子文件管理系统可根据实际情况，随时对多份单组件文件进行捕获并组成一份需要的组合文件，如开工申请文件和开工批复文件、转发文件与被转发文件、正文与附件等。对于双套制文件管理，可将电子文件及相应纸质文件作为组合文件，共用一个文件编号进行捕获登记。

（3）复合文件。复合文件是指因多份组件之间存在技术上的天然联系而将其作为一份文件来捕获。例如，嵌入了一个音频和一个视频的年度总结报告，由超文本标记语言（HTML）、层叠样式表（CSS）、图片构成的网页等。鉴于捕获时需明确一份电子文件由哪些组件构成，国外形象化地称捕获为“声明”（Declare），“声明”的说法也得到了美国《电子文件管理软件应用系统设计标准》（DoD 5015.2–STD）和欧盟《文件系统模块化需求体系》

（MoReq 2010）的认同。传统档案辅助管理系统一般没有组件的概念，在电子环境中，文件由组件组成的客观情况要求管理人员细化管理“颗粒度”，元数据需在组件而非文件层次上加以捕获和管理。[1]

（二）水利工程项目电子文件的捕获主体

水利工程项目电子文件管理系统中文件捕获的主体包括以下三类：文件的形成人员、文件的管理员以及系统。

水利工程项目文件的形成人员指的是创建文件、接收文件或者办理文件的人。很多水利工程项目电子文件由多人、多单位协同生成，比如，“单位工程施工质量评定表”就需要施工单位、监理单位、项目法人和工程质量监督机构共同生成。像这种情况，就有必要明确文件的形成人员就是文件捕获的主体。对于数码照片、演示文稿等由软件生成的零散电子文件，也应由文件的形成人员作为捕获主体将其捕获进入电子文件管理系统，在系统内完成必要的登记及元数据著录等工作。

水利工程项目文件的管理员是制定并维护文件管理规则的人，主要承担着水利工程项目文件管理的工作，比如各部门的项目经理、文秘人员、专兼职档案员等，其中专兼职档案员是文件管理的主体，主要负责对捕获过程进行审核把关，不符合规定的一律退回，必要时，需对文件形成人员进行培训指导。

系统包括水利工程项目文件形成系统和水利工程项目电子文件管理系统。针对自动化水平高、比较成熟的业务系统文件，可由文件所属的业务系统进行自动推送和（或）电子文件管理系统自动接收。

四、水利工程项目电子文件的捕获要素

水利工程项目电子文件捕获要素包括文件的内容、结构、背景及整个管理过程数据等信息。文件的内容可以传达数字、符号、文字、视频、声音等多种信息；结构是内容的存储方式和外在展示，是对文件选用的语言、字体、样式排版和段落结构等信息进行展示；背景及整个管理过程数据信息包括文件起始根源和生成技术以及文件与其他文件的关联关系等有助于了解文件形成环境的背景信息。

以邮件性开工通知为例，捕获过程中获取到三方面内容：邮件的文字内

[1] 参见刘越男:《电子文件的捕获——基于电子文件管理系统的分析》,《中国档案》2013年第7期。

容，邮件的字体、段落结构、生成软件和背景等信息，邮件的生成时间、各相关部门的接收办理情况（接收时间、接收人员、是否接收正常、是否已传阅办理等）。捕获完成后，对于一些相对复杂的文件，还需要对数据进行重组和管理。

此外，随着信息化的发展，很多企事业单位都拥有用于起草文件、审核文件、签发文件、流转文件、自动归档文件及具有信息资源决策辅助功能的自动化办公系统。有些组织机构还拥有自身互联网网站，此网站不仅可作为对外发布信息的平台，同时还是对外办事的窗口。但由于水利工程项目参与方众多，施工现场情况比较复杂，各项目部条件不一，一个项目的文件材料需要通过多个渠道才能收集齐全，档案管理部门可能还需要有一个能够实现数据检索利用的检索系统，一个用于管理数据的数据管理系统。水利工程项目建设单位可以通过计算机实现业务的流程化、信息化。面对参建方众多的水利工程项目，档案工作的首要任务是如何完整、准确地获取电子文件。

五、水利工程项目电子文件的捕获方式

水利工程项目电子文件管理系统应支持多种捕获方式，方便各单位根据各自情况选定适用的捕获方式。按照捕获主体划分，捕获分为手动捕获和自动捕获。按照捕获后的存储位置划分，捕获分为逻辑捕获和物理捕获。按照捕获的时间划分，捕获分为定期捕获和实时捕获。按照捕获文件的数量划分，捕获分为批量捕获和逐份捕获。

（一）手动捕获和自动捕获

手动捕获是文件管理员或文件形成者采用手工捕获的方式来得到目标文件及元数据的过程，根据用户的不同操作方式，手动捕获可以分为以下三类：

第一类主要依托业务管理系统，用户通过业务管理系统手动提交文件。需要注意的是此种方式要求电子文件管理系统与业务系统要能够结合。

第二类主要依托电子文件管理系统，由用户在电子文件管理系统中手动捕获电子文件。运用此种方式的前提是，电子文件管理系统既支持通过浏览传统目录的方式来选择捕获对象，也兼容文件拖拽等新型操作方式。

第三类主要依托离线客户端，指在电子文件管理系统存在网络无法访问的情况下，可以通过离线客户端将电子文件捕获登记进入电子文件管理系统，等待能够进行网络连接时，再将已捕获的文件批量导入系统特定位置。

自动捕获是更便捷、更符合预期的一种捕获方式，具体说来就是电子文件管理系统通过应用程序编程接口（API）从业务系统自动捕获文件和对应

元数据的过程。需要注意的是，自动捕获需要事先在业务系统中定义好文件捕获的范围和捕获规则，并能够实现自动提交。

（二）逻辑捕获和物理捕获

逻辑捕获也称为部分捕获，是指电子文件管理系统只存储文件的部分元数据，目标文件的内容依然存在于原业务系统中的情况。

物理捕获也称为全部捕获，是指电子文件管理系统不仅存储目标文件的内容，还将其元数据信息一并保存的情况。按照文件从原存储渠道迁移至电子文件管理系统的传输方式差异，物理捕获又分为离线捕获和在线捕获。

逻辑捕获可以认为是对传统档案管理的辅助升级，是电子文件管理系统在处理一些跨部门利用较少的文件、阅读环境较为特殊的文件时使用的一种捕获手段。但从长远看，对于需要永久保存的、具有长久保存价值的电子文件，应以物理捕获作为最终的捕获方式。作为文件管理责任部门，档案部门不仅要保证电子文件管理系统的安全稳定，还要定期对逻辑捕获后保存文件的业务系统进行检查，保证所有被捕获的电子文件都得到安全可靠的管理。

（三）定期捕获和实时捕获

定期捕获指的是文件在产生或办理完毕一段时间后进行的捕获行为，这种行为一般有固定的频率，比如一周一次、一月一次等。实时捕获指的是在文件产生或办理完毕后即进行捕获的行为，这种行为没有固定的频率，随时产生随时捕获。一份文件应该采用实时捕获还是定期捕获，并没有严格的限定，可以根据该文件的特点及自身需要去选择合适的捕获方式。对于具体的水利工程建设项目，因各阶段开工、完工的时间各不相同，各个单位的工程进度也不相同，这就导致了所需材料的完成时间不同，所以实时捕获更为常用。

（四）批量捕获和逐份捕获

批量捕获指的是一次捕获得到多份文件，逐份捕获指的是一次捕获只得到一份文件。无论是手动捕获还是自动捕获，是逻辑捕获还是物理捕获，都既可以采用批量捕获，也可以采用逐份捕获。一般来说，实时捕获一般逐份进行，定期捕获一般批量进行。通过对电子文件管理的实践可以得出电子文件管理系统的规范化、合理化是电子文件真实性、完整性、可用性和安全性的关键。捕获虽然不同于归档，是比归档内涵更广的存在，但其仍以归档为核心，所以需要将归档的业务要求内化、细化并转化为电子文件管理系统对文件捕获的功能性要求。只有这样，才能提高电子文件的管理水平，使电子文件管理系统更精密准确、更经得起考验。

六、水利工程项目电子文件的登记与捕获过程

捕获与登记是分不开的，登记是电子文件管理系统根据既定规则分配给文件唯一标识符的过程。登记是捕获的一个动作，是捕获操作成功的标志，也是一份电子文件成为电子文件管理系统的管理对象的标志。捕获包含登记过程，登记信息不仅包含唯一标识符，还包含标题、作者、日期及其他元数据的著录信息。

捕获过程一般包括文件进入系统、检验文件是否符合捕获要求、文件登记并判断文件所属类目及案卷、补充相关元数据等步骤，系统应支持对整个捕获过程的跟踪记录，并在出错时发出警告。电子文件捕获过程如图 2.3 所示。

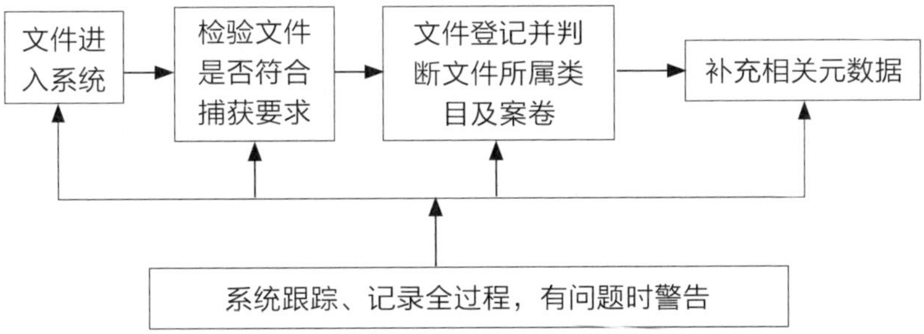

图 2.3　电子文件捕获过程

文件可以经过手动捕获或自动捕获进入电子文件管理系统，不论经过哪种方式进入系统都要经过检验，只有经过检验并确认内容完整、形式规范、符合捕获要求的电子文件才能获得唯一的文件标识符，正式登记进入电子文件管理系统。检验可以拆分为多个步骤，检验前后的电子文件也可以分别存储于不同的地方。

电子文件管理系统在按照要求完成文件检验并登记文件后，还应为文件提前设置包含文件整理、文件鉴定、文件处置和文件利用等的管理规则。这些规则在文件的案卷号、分类号、保管期限、文件关联、文件安全级别等元数据中体现。只有将这些规则都设置好，文件捕获才能和其他管理活动实现有效集成，捕获才算有效完成。这也是电子文件管理系统区别于传统档案辅助管理系统的特点，传统档案辅助管理一般与整理和鉴定没有集成关系。电子文件管理系统可对整个捕获过程进行跟踪，记录捕获结果，对一些可能出错的操作（如文件要素不完整、文件标题重复、修改或删除自动生成的元数据等）提出警告并记入日志。

第三章
水利工程项目电子文件的分类与组卷

第一节　电子文件分类与组卷

一、电子文件的分类

（一）电子文件分类的概念

电子文件的分类是指根据文件分类方案（也称分类体系）规定的逻辑结构、方法、程序规则，对电子文件进行系统的识别和整理，将其归入相应的类别。[1]电子文件分类在整个电子文件管理活动中处于基础性、核心性的地位，不只是工作中的一个环节，而是一种覆盖整个流程的管理工具，对文件管理活动后续的检索、鉴定、处置等都有重要的影响，一个单位所有电子文件都应该纳入分类体系。科学合理的电子文件分类，不仅可以有效地揭示文件与文件之间的有机联系，方便进行“族性检索”，而且一个覆盖全面的电子文件分类体系还可以有效地帮助机构把控全面的信息资源。

（二）电子文件分类方法

电子文件可按业务子系统、文件类型、年度等实施多级分类。电子文件分类方法的主要方法是职能分类法，该方法是基于文件的业务背景，对文件进行分类，同一业务背景的文件为一类文件。职能分类法虽早已有之，但一直没有引起足够的重视，直到 20 世纪 90 年代国外对基于职能的文件分类法展开了研究和实践，才逐渐成为国际电子文件管理领域公认的分类方法。

[1] 参见冯惠玲主编：《电子文件管理 100 问》，中国人民大学出版社 2014 年版，第 69 页。

国内对职能分类法的研究起步较晚，该领域的代表团队为冯惠玲教授带领的中国人民大学电子文件管理研究中心团队。他们认为：“相比其他分类法而言，职能（即业务背景）最能反映文件之间的本质联系，最为稳定。职能分类法可以和职能鉴定法相结合，有助于系统根据文件的类别自动判断文件的保管期限。”[1]

国内文件管理现仍处在“双轨制”阶段，电子文件“单轨制”正处于试点探索阶段，这意味着纸质文件与电子文件在过去相当长一段时间内维持并存的状态。根据国家标准《电子文件归档与电子档案管理规范》（GB/T 18894—2016）要求：电子文件的分类按照电子档案分类方案执行，不同门类的电子文件参照的分类方案不同。目前不同门类的电子文件可执行的标准或分类方案如表 3.1 所示。

表 3.1 不同门类的电子文件可执行的标准或分类方案

门类	可执行的标准或分类方案
文书类电子文件	《归档文件整理规则》（DA/T 22—2015）
科技类电子文件	《科学技术档案案卷构成的一般要求》（GB/T 11822—2008）、《建设项目档案管理规范》（DA/T 28—2018）、《企业文件材料归档范围和档案保管期限规定》（国家档案局令第 10 号，2012 年发布）等
专业、邮件、网页、社交媒体等各类电子文件	《归档文件整理规则》（DA/T 22—2015）、《政府网站网页归档指南》（DA/T 80—2019）等
声像类电子文件	按照年度—保管期限—业务活动或保管期限—年度—业务活动等复式分类法

（三）分类的原则和要求

制定电子文件分类方案是一项复杂且细致的工作，涉及文件的识别、整理、归档等多个环节，需遵循一定的原则才能保证分类方案的定位准确、设计合理。马林青提出电子文件分类方案应当遵循如表 3.2 所示的八项原则[2]。

[1] 冯惠玲主编：《电子文件管理 100 问》，中国人民大学出版社 2014 年版，第 76 页。

[2] 参见马林青：《电子文件分类方案的建立原则与方法研究》，《档案学研究》2015 年第 3 期。

表 3.2　电子文件分类方案应当遵循的八项原则

序号	电子文件分类方案应遵循的原则	具体要求
1	业务驱动	从形成文件的业务活动、业务背景出发进行分类
2	统管全局	将所有文件作为一个有机整体，从全局角度来看待
3	全程统一	分类方案在文件整个生命周期（从文件形成到保存）中需统一
4	法规遵从	制定方案需遵从与业务相关的法律法规、标准规范、制度方法、程序流程等方面的要求
5	载体、格式中立	分类方案能够涵盖各种载体、各种格式的文件
6	精细化	对具体的业务活动进行细致分析、层层分解
7	用户友好	分类方案结构应清晰，符合用户使用习惯
8	集成	分类分案应与文件保管期限、安全和存取权限相集成

国家标准《电子文件管理系统通用功能要求》（GB/T 29194—2012）基本功能要求规定了电子文件分类方案的配置与管理功能要求，强调分类方案是电子文件管理业务的基础以及电子文件管理系统需要支持机构创建和维护适合其特定需求的分类方案。该标准提出了以下具体要求：

（1）电子文件分类方案应采用层级结构，且不限制层级的数量。

（2）每个分类应包含相关的描述性元数据，例如分类代码、名称和说明。

（3）明确类目代码的编码规则。

（4）系统应能够对分类方案的类目进行增加、删除、合并、拆分、复制等操作。

二、电子文件的组卷

（一）概念

案卷是文件保管的基本单位，组卷、立卷工作是纸质文件归档的一个环节。在电子文件时代，案卷的概念产生了变化，被赋予了新的意义，在电子文件时代，不仅全宗形态将出现异化，案卷也将继续存在并率先出现异化[1]，案卷的物理形态不再是卷、盒、册，而是存储介质中的某一区间，即文件夹；从逻辑上看，案卷则表现为一组标识，即通过分类标引、用一组相同标识将具有共同来源、关联性较强的电子文件集中起来，组成逻辑案卷。

可见，电子案卷是指具有密切关联的若干文件的组合体，既可以是物理形态，也可以是逻辑形态。电子文件组卷，是指按照一定规则和方法（即电子文件分类方案）将具有特定联系的电子文件进行逻辑组合的过程。当然，它并不是组成案卷实体，而是虚拟立卷，并且采用统一的标识来解释具有有机联系的一组电子文件。[2]

（二）组卷的原则

（1）核心理念——维护文件间的内在联系。文件间的内在联系分为背景联系和内容联系。背景联系涉及文件的创建者、相关职能活动、创建时间和形式等方面；内容联系则通常指的是文件主题和事由之间的关联。组卷时，应基于业务活动分析，将具有内在关联的电子文件合理组合，即将反映相同职能活动的电子文件归为一个案卷。

（2）基本要求——确保文件的完整性与安全性。电子文件的完整性与安全性指的是文件在内容、结构和背景信息上的完整性，以及文件未遭受破坏、变异或丢失。在组卷过程中，必须充分考虑文件的完整性，正确评估文件的价值和管理的安全风险，并采取适当的措施和方法来应对。

（3）目标导向——便于文件的保管和利用。在组卷过程中，应采用前端控制和全程管理的理念，根据文件保管利用的不同需求，有针对地选择保管方法和条件。一个电子案卷里，应保持适当的文件数量，以免影响后续数据迁移、鉴定和维护工作的效率。在对电子文件进行离线存储时，应尽量将同一案卷中的文件放在同一个文件夹中，以保持电子案卷的物理和逻辑一致性，便于提供及时、准确、有效的利用服务，从而充分发挥电子文件信息资源的价值。

（三）组卷的程序

电子文件组卷包括逻辑组卷和物理组卷。前者是指电子文件形成之初，就根据计算机系统内置的规则进行分类标引，自动实现组卷；后者是指电子

[1] 参见何嘉荪、楸峰：《保存电子文件背景信息的重要手段——再论全宗、案卷形态的异化》，《档案学通讯》2001 年第 5 期。

[2] 参见黄世哲、奚春玲：《论电子文件立卷的必要性》，《档案管理》2000 年第 5 期。

文件在离线存储、迁移、移交时，需要归入存储介质相应的文件夹中。电子文件组卷的基础是电子文件分类方案，随后通过一系列步骤（如初步鉴定、自动处理、案卷建立、文件组卷和案卷审查等）来实施。

（1）制定电子文件分类方案。梳理业务活动产生的文件，并预测电子文件的发展趋势，以制定分类方案。根据文件数量确定分类的详细程度，并设置清晰易懂的类别标识。用适当的语言描述分类方案，并将其整合到电子文件管理系统中。

（2）建立案卷、文件组卷。电子案卷的设置与电子文件分类方案相对应，通常在文件分类方案的最低层级设置案卷。[1] 业务部门人员根据职能活动需求筛选文件，而电子文件管理系统则根据分类方案捕获文件和元数据，并根据系统的保管期限表进行初步鉴定和处理。系统随后创建以案卷编号（即类别标识）命名的文件夹，自动将电子文件及其元数据归入相应的文件夹，即案卷。每个文件在案卷中都有唯一的编号，并根据“职能活动与时间相结合”的标准进行排序。案卷的标题、目录和备考表都由系统根据规则自动生成，目录与文件之间建立超链接。电子文件组卷的常见形式包括光盘存储、文件夹管理、Excel 排序、关键字索引、数据库管理等。

（3）电子案卷审查。为了保证电子文件归档和初步鉴定的正确性，必须对电子案卷进行审核。审核的重点是检查是否有电子文件处理不当，特别是要确认已捕获的电子文件和已列入销毁计划的文件的处理是否适当，同时检查是否有因特定事件而改变保管期限的电子文件。

随着物联网、5G 技术、大数据、人工智能、区块链等技术的快速发展，未来的电子文件分类与组卷会更加智能化、自动化。文档一体化管理要求电子文件在形成之初就能实现对其归档价值和文件类别的判定，因此建立能被计算机识别的电子文件分类方案，让计算机自动对电子文件进行分类势在必行。在电子文件时代，案卷已被赋予新的意义。例如，可以通过机器学习等技术，根据用户习惯和需求，自动推荐适合的组卷方案。随着云计算、移动互联网等技术的普及，电子文件组卷会更加便捷、灵活，满足用户随时随地进行文件组卷的需求。

[1] 参见中华人民共和国国家质量监督检验检疫总局、中国国家标准化管理委员会：《电子文件管理系统通用功能要求》（GB/T 29194—2012），2012 年 12 月 31 日。

第二节 水利工程项目电子文件分类与组卷的概念及要求

一、基本概念

随着社会经济的高速发展和信息科技的不断进步，大批工程项目建设、落实的同时，形成了数量众多的电子工程文件，带有凭证意义的技术资料文档与电子建设工程档案也越来越受到社会各界所关注。

在工程项目中，五方主体部门即建设单位、勘察单位、设计单位、施工单位、监理单位，是工程文件的形成部门。根据工程项目档案的逻辑顺序，从收集分类到整理归档需归档项目的文件是由包括建设单位在内的参与工程项目建设的各单位共同完成的，这些文件通常由建设单位汇总成工程项目档案后再移交档案馆，从立项、征地、勘察、设计、招投标、施工至最后的竣工验收、交付使用这一整个工程生命流程生成的文件都是由五方主体部门直接负责的。[1]

电子文件主体和各环节所涉及的工程部门密切相关，工程项目在形成时采用全程管理理论尤其是前端控制理论思想作为指导，并对各部门在不同环节生成的文件进行准确分类，才能有效推动工程质量的提升与加强对工程电子文件凭证价值的保障。

水利工程项目电子文件分类与组卷是指建设单位、设计单位、勘察单位、施工单位和监理单位等参建单位根据文件内容和性质对电子文件进行分类，并将具有特定联系的电子文件按特定的方式联系在一起的过程。组卷并不是指组成案卷实体，而是虚拟立卷，并采用统一标识来解释具有有机联系的一组电子文件。

二、水利工程项目电子文件分类与组卷的基本现状

为满足工程项目文件管理的实际需求，并切实保障工程建设质量，国务院及其住房和城乡建设部、国家档案局、国家发展和改革委员会、水利部、国家能源局等国家机关和部门起草了关于规范工程项目管理和建设的规章

[1] 参见肖臣涵:《建筑工程电子文件真实性保障问题研究》，福建师范大学硕士学位论文，2022年。

和规范性文件，应用较为广泛的国家标准有《城市建设档案著录规范》（GB/T 50323—2001）、《建设工程文件归档规范（2019 年版）》（GB/T 50328—2014）等，行业标准有《建设电子文件与电子档案管理规范》（CJJ/T 117—2017）、《城建档案业务管理规范》（CJJ/T 158—2011）、《建设项目档案管理规范》（DA/T 28—2018）等。这些文件中也有对于建设工程电子文件分类的具体要求，可以作为水利工程项目电子文件分类的参考。

《建设工程文件归档规范（2019 年版）》（GB/T 50328—2014）规定要加强建设工程文件归档工作，统一建设工程档案的验收标准，并对工程文件的归档范围进行了分类，将建设工程文件分为建筑工程文件和城市市政工程文件两个类别，其中城市市政工程又细分为道路工程、桥梁工程和地下管线工程三个类别，并分别对分类的工程文件进行了进一步细分。

《建设项目电子文件归档和电子档案管理暂行办法》（档发〔2016〕11 号）进一步规范了建设项目电子文件归档和电子档案管理，使档案工作更好地服务国家建设项目的建设、运行和管理。

《电子文件归档与电子档案管理规范》（GB/T 18894—2016）针对在公务活动中产生的具有保存价值的电子文件的收集、整理、归档以及电子档案的编目、管理等做出了相关规定和要求。

《建设项目档案管理规范》（DA/T 28—2018）对项目文件管理和项目电子文件归档提出了更加明确具体的要求，将建设项目文件分为十二类，包括立项文件，招标投标、合同协议文件，勘察、设计文件，征地、拆迁、移民文件，项目管理文件，施工文件，信息系统开发文件，设备文件，监理文件，科研项目文件，生产技术准备、试运行文件，竣工验收文件。

《建设工程电子文件与电子档案管理标准》（DB37/T 5177—2021）对建设工程电子文件的编制与形成、分类与组卷进行了详细介绍，将所有建设工程电子文件分为建筑工程电子文件和市政基础设施工程电子文件，建筑工程电子文件组卷包括下列 6 个一类目录：工程准备阶段电子文件，建筑工程监理电子文件，建筑工程施工电子文件，单位工程竣工电子文件，竣工图电子文件，工程竣工验收电子文件。市政基础设施工程电子文件组卷包括下列 5 个一类目录：工程准备阶段电子文件，市政基础设施工程监理电子文件，施工电子文件，竣工图电子文件，工程竣工验收电子文件。

水利部对水利工程项目档案工作一直高度重视。2005 年《水利工程建设项目档案管理规定》（水办〔2005〕480 号）颁布，2006 年《重大建设项目档案验收办法》（档发〔2006〕2号）颁布，有力指导了水利工程项目档案工作开展。此外，《水利部直属单位基础设施建设项目验收管理办法》（水建管〔2008〕38号）、《建设项目电子文件归档和电子档案管理暂行办法》（档发〔2016〕11号）、《水利工程建设项目验收管理规定》（水利部令第49号，2017年修正）等也从不同角度对工程档案管理工作提出了要求。[1]水利部《水利工程建设项目档案管理规定》（水办〔2021〕200号）附件"水利工程项目文件归档范围和档案保管期限表"中亦将水利工程项目文件分为十二类，包括立项文件，招标投标、合同协议文件，勘察、设计文件，征地、拆迁、移民文件，工程建设管理文件，施工文件，信息系统开发文件，设备制造、采购文件，监理文件，科研项目文件，生产技术准备、试运行文件，竣工验收文件。2023年7月1日正式施行的《水利工程建设项目档案验收办法》（水办〔2023〕132号）更加重视和强调水利工程项目的电子文件归档和电子档案管理工作。

三、水利工程项目电子文件分类与组卷的基本要求

（一）工程项目电子文件分类与组卷的基本要求

工程项目电子文件分类与组卷要遵循工程项目文件的形成规律和工程项目的专业特点，按不同的形成、整理单位及建设程序，保持案卷内电子文件材料的有机联系；文件目录与文件关系应清晰，各级类目设置应清楚，能反映工程项目的特征和实况，便于相关单位保管和利用，做到组卷规范、合理，符合国家或行业标准要求。[2]工程项目电子文件分类与组卷必须执行国家标准和行业有关要求，例如《电子文件归档与电子档案管理规范》（GB/T 18894—2016）、《建设工程电子文件与电子档案管理标准》（DB37/T 5177—2021）等，同时，也要结合水利工程项目的具体情况，形成一套上下兼顾、行之有效、审慎严谨的电子文件分类与组卷体系。

工程项目电子文件根据电子文件的生成方式分为数字化电子文件和建设工程原生电子文件。

工程项目数字化电子文件应与对应的纸质文件保存结构保持一致，建设单位应负责工程项目数字化电子文件的编制与形成。工程项目数字化电子文

[1] 参见张静、金瑞清、张丽蒙:《〈水利工程建设项目档案验收办法〉内容及要点解析》,《山东档案》2023年第3期。

[2] 参见刘圣桥主编:《水利工程项目档案规范管理实务》,山东科学技术出版社2022年版,第56页。

件主要包括下列内容：

（1）采用数码设备对纸质工程文件进行数字化加工，将其转换为存储在磁带、磁盘、光盘等载体上并可被计算机识别的数字图像或数字文本。

（2）采用数字化转换设备对录音、录像文件进行数字化转换，将声音、影像的模拟信息转换成可被计算机存储和处理的数字信息。

（3）用缩微影像扫描器等设备将缩微胶片上的影像转换成存储在磁带、磁盘、光盘等载体上并可被计算机识别的数字图像或数字。[1]

工程项目原生电子文件应由建设单位、监理单位、勘察单位、设计单位、施工单位和检测单位编制与形成，建设单位应确保电子文件来源可靠、程序规范、要素合规，工程项目原生电子文件上应带有具有法律效力的电子签名或电子印章，所载内容应真实、可靠，工程项目原生电子文件实施电子文件单套制管理。

工程项目文件的形成本身就具有多源性，包括项目主体多源性和工程种类多源性，从工程项目主体出发可以分为国有、民营、个人和外资工程项目，从本身的属性出发可以分为新建、改建、扩建、装修、复建工程项目。根据建筑工程项目文件的运行周期，可将建筑工程项目文件分为项目前期文件、项目竣工文件和项目竣工验收文件三大类，分别对应工程前期准备阶段、工程实施阶段和项目竣工验收阶段三个主要阶段。按照《建设工程电子文件与电子档案管理标准》（DB37/T 5177—2021），工程项目电子文件主要分为建筑工程电子文件和市政基础设施工程电子文件。

1. 建筑工程电子文件分类与组卷

建筑工程电子文件按照不同的形成、整理单位及建设程序，宜分类组卷为以下 6 个一类目录：

（1）工程准备阶段电子文件，主要指工程开工以前，在立项、审批、征地、勘察、设计、招投标等工程准备阶段形成的文件。工程准备阶段电子文件二类目录分为立项文件，建设用地、拆迁文件，勘察、设计文件，招投标文件，开工审批文件，工程造价文件，工程建设基本信息七大类。

（2）建筑工程监理电子文件，主要指监理单位在工程设计、施工等过程中形成的文件。工程项目监理电子文件二类目录分为监理管理文件、进度控制文件、质量控制文件、造价控制文件、合同管理文件五大类。

---

[1] 参见山东省住房和城乡建设厅、山东省市场监督管理局：《建设工程电子文件与电子档案管理标准》（DB37/T 5177—2021），2021 年 1 月 26 日。

（3）建筑工程施工电子文件，主要指施工单位在工程施工过程中形成的文件。工程项目施工电子文件二类目录分为建筑结构工程施工技术资料及施工质量验收资料、桩基工程施工技术资料及施工质量验收资料、钢结构工程施工技术资料及施工质量验收资料、建筑装饰装修工程施工技术资料及施工质量验收资料、屋面工程施工技术资料及施工质量验收资料、建筑给水排水及供暖工程施工技术资料及施工质量验收资料、通风与空调工程施工技术资料及施工质量验收资料、建筑电气工程施工技术资料及施工质量验收资料、智能建筑工程施工技术资料及施工质量验收资料、建筑节能工程施工技术资料及施工质量验收资料、电梯工程施工技术资料及施工质量验收资料十一大类。

（4）单位工程竣工电子文件，主要指工程项目竣工资料。

（5）竣工图电子文件，主要指工程竣工验收后，真实反映建设工程项目施工结果的图样。

（6）工程竣工验收电子文件，主要指工程项目竣工验收活动中形成的文件。工程竣工验收电子文件二类目录分为竣工验收与备案文件和竣工决算文件两大类。

建筑工程电子文件的三类目录和四类目录可以参照《建设工程电子文件与电子档案管理标准》（DB37/T 5177—2021）执行。

2. 市政基础设施工程电子文件分类与组卷

市政基础设施工程电子文件分为道路工程、桥梁工程、地下管线工程和轨道交通工程四大类，按照不同的形成、整理单位及建设程序，宜分类组卷为以下 5 个一类目录：

（1）工程准备阶段电子文件，主要指工程开工以前，在立项、审批、征地、勘察、设计、招投标等工程准备阶段形成的文件。工程准备阶段电子文件二类目录分为立项文件，建设用地、拆迁文件，勘察、设计文件，招投标文件，开工审批文件，工程造价文件，工程建设基本信息七大类。

（2）市政基础设施工程监理电子文件，主要指监理单位在工程设计、施工等过程中形成的文件。市政基础设施工程监理电子文件二类目录分为监理管理文件、进度控制文件、质量控制文件、造价控制文件、竣工验收文件五大类。

（3）施工电子文件，主要指施工单位在工程施工过程中形成的文件，包括以下几类：

①城镇道路工程施工电子文件，二类目录分为施工管理资料，施工技术资料，工程材料、构配件、设备检测试验资料，施工测量、监测记录，施工

记录，施工检测试验资料，施工质量验收资料七大类。

②城市桥梁工程施工电子文件，二类目录分为施工管理资料，施工技术资料，工程材料、构配件、设备检测试验资料，施工测量、监测记录，施工记录，施工检测试验资料，施工质量验收资料七大类。

③地下管线工程施工电子文件，二类目录分为施工管理资料，施工技术资料，工程材料、构配件、设备检测试验资料，施工测量、监测记录，施工记录，施工检测试验资料，施工质量验收资料七大类。

④轨道交通工程施工电子文件，二类目录分为施工管理资料，施工技术资料，工程材料、构配件、设备检测试验资料，施工测量、监测记录，施工记录，施工检测试验资料，施工质量验收资料七大类。

（4）竣工图电子文件，主要指工程竣工验收后，真实反映建设工程项目施工结果的图样，主要包括城镇道路工程竣工图、城市桥梁工程竣工图、地下管线工程竣工图、轨道交通工程竣工图四大类。

（5）工程竣工验收电子文件，主要指建设工程项目竣工验收活动中形成的文件。工程竣工验收电子文件二类目录分为单位工程竣工验收报验表，单位工程质量竣工验收记录，工程质量控制资料核查记录，工程结构安全和使用功能核查、抽查记录，工程观感质量验收记录，工程竣工验收证书，工程竣工资料移交表，竣工验收方案，竣工报告（施工单位），竣工质量评估报告（监理单位），竣工质量检查报告（设计单位），竣工质量检查报告（勘察单位），竣工验收条件审查表，竣工验收报告（建设单位），竣工验收组成员名单，工程质量保修书，竣工测量资料，测绘合同书（委托任务书），测绘技术设计书，测绘总结报告（测绘报告），质量检查报告，明显点调查检查记录表，隐蔽点探查检查记录表，开挖点检查记录表，管线点测量检查记录表，综合管线竣工图（PDF 格式），地下管线数据库二十七大类。

（二）水利工程项目电子文件的分类与组卷

水利工程项目电子文件分类与组卷应当遵循水利工程项目建设和信息系统运行的规律，坚持统一管理、全程管理、规范标准、便于利用、安全保密的管理原则，并采用符合国家标准或能够转换成国家标准规定格式的文件格式，以确保信息能够共享和长期保存。

水利工程项目电子文件根据电子文件的生成方式分为水利工程项目原生电子文件和数字化电子文件。水利工程项目原生电子文件是指勘察单位、设计单位、监理单位、施工单位等参建单位采用被认可的数字设备直接生成的、具有法律效力和凭证作用的、以电子形式使用的电子文件。数字化水利工程项目电子文件则是指将传统载体上的水利工程项目文件通过各种数字化设备进行加工和处理后形成的，采用数码形式存储并能被计算机识别的文件。

数字化水利工程项目电子文件应与对应的纸质文件保存结构保持一致，建设单位负责水利工程项目数字化电子文件的编制与形成，其文件夹应按照项目名称+数字化电子文件（文件夹命名规则），项目名称+单位工程名称+数字化电子文件（文件夹命名规则），案卷题名（与纸质文件案卷一致），文件 1（文件）、文件 2（文件）逐级设置。

水利工程项目原生电子文件实施电子文件单套制管理，由建设单位、监理单位、勘察单位、设计单位、施工单位和检测单位编制与形成，其文件夹应按照项目名称+建筑工程原生电子文件（文件夹命名规则），项目名称+单位工程名称+建筑工程原生电子文件（文件夹命名规则），工程准备阶段电子文件（一类目录文件夹），立项文件（二类目录文件夹），项目建议书批复文件及项目建议书（三类目录文件夹），项目建议书（文件）、项目建议书批复文件（文件）逐级设置。

水利工程项目电子文件按照不同的形成、整理单位及建设程序，宜分类组卷为以下 6 个一类目录：

（1）水利工程项目准备阶段电子文件，主要指水利工程项目开工以前，在立项、审批、征地、勘察、设计、招投标等工程准备阶段形成的文件。水利工程项目准备阶段电子文件二类目录分为立项文件，建设用地、拆迁文件，勘察、设计文件，招投标文件，开工审批文件，工程造价文件，工程建设基本信息七大类。

（2）水利工程项目监理电子文件，主要指监理单位在工程设计、施工等过程中形成的文件。水利工程项目监理电子文件二类目录分为监理管理文件、进度控制文件、质量控制文件、造价控制文件、合同管理文件五大类。

（3）水利工程项目施工电子文件，主要指施工单位在工程施工过程中形成的文件。水利工程项目施工电子文件二类目录分为建筑结构工程施工技术资料及施工质量验收资料、桩基工程施工技术资料及施工质量验收资料、钢结构工程施工技术资料及施工质量验收资料、建筑装饰装修工程施工技术资料及施工质量验收资料、屋面工程施工技术资料及施工质量验收资料、建筑给水排水及供暖工程施工技术资料及施工质量验收资料、通风与空调工程施工技术资料及施工质量验收资料、建筑电气工程施工技术资料及施工质量验收资料、智能建筑工程施工技术资料及施工质量验收资料、建筑节能工程施工技术资料及施工质量验收资料、电梯工程施工技术资料及施工质量验收资料十一大类。

（4）水利工程项目竣工电子文件，主要指工程项目竣工资料。

（5）水利工程项目竣工图电子文件，主要指工程竣工验收后，真实反映建设工程项目施工结果的图样。

（6）水利工程项目竣工验收电子文件，主要指工程项目竣工验收活动中形成的文件。水利工程竣工验收电子文件二类目录分为竣工验收与备案文件和竣工决算文件两大类。

水利工程项目电子文件的三类目录和四类目录可以参照《水利工程建设项目档案管理规定》（水办〔2021〕200号）执行。

第三节　声像电子文件的分类与组卷

一、声像电子文件分类与组卷的基本概念

声像文件在人们的工作和生活中有非常重要的作用和不可取代性。声像文件具有真实、直观、生动的特点，它能将事情发生时的原声原貌情况鲜活地记录下来，并真实地呈现给文件使用者，不受文字、语言限制，这个特点是其他类型的文件不具有的。随着大数据时代的到来，生成声像文件的方式逐渐发生了变化，声像文件逐渐脱离了传统载体（如纸质照片、胶卷底片、录像带、光盘等）。通过数字技术将其转存，或者通过电脑直接生成视频、音频等文件，可实现对声像文件的数字化管理和利用。所以，探讨声像电子文件的管理是必要且重要的，而进行管理首先要做的是解决分类问题，科学合理的分类与组卷是声像电子文件科学管理的重要基础。

声像电子文件指国家机构、社会组织以及个人在社会实践活动中形成的以数码形式存储于光盘、硬盘等载体，依赖计算机等数字设备展现、阅读、处理，并可在网络上传送的文件，其主要包括电子照片、电子音像、电子图纸、电子文件、电子报表数据等。[1]声像电子文件的形成主要有两种形式：一种是通过数字化设备直接形成的，另一种是经过后期数字化处理后转换而成的。

[1]　参见高利娟：《城建电子声像档案的发展困惑与对策探析》，《城建档案》2020年第7期。

声像电子文件分类与组卷是指将声像电子文件根据文件内容和性质进行分类，将具有特定联系的电子文件进行联系的过程。

二、声像电子文件分类与组卷的基本现状

随着数字化技术的飞速发展，数字声像文件的形成相比于传统声像文件具有较大的随意性，这要求对数字声像文件的质量实行程序化、系统化、科学化的管理，对新产生的声像电子文件进行严格的质量控制。国家档案局关于数字化声像文件的标准规范发布时间并不早，是在大量数字化声像文件相关标准发布后，才开始关注声像文化数字化过程的标准化工作，这也主要与声像文件数字化实践的复杂性有关，相比于直接生成的数字声像文件，由模拟声像文件转换而来的数字信息在技术以及管理上更加复杂，由于模拟声像文件的载体类型多样，包括盒式录音带、钢丝录音带、录像带、唱片等，各类型文件的读取设备又有所不同，因此数字化标准的统一工作受到了一定程度的影响。面对数字化趋势，数字声像文件成为声像文件的主流，此方面的标准也较多。[1]

关于数字化声像文件的规范主要有《纸质档案数字化规范》（DA/T 31—2017）和《录音录像档案数字化规范》（DA/T 62—2017）。关于数字声像文件的规范主要有《基于文件的电子信息的长期保存》（GB/Z 23283—2009）、《电子文件管理系统通用功能要求》（GB/T 29194—2012）、《电子文件管理系统建设指南》（GB/T 31914—2015）、《电子文件归档与电子档案管理规范》（GB/T 18894—2016）、《数码照片归档与管理规范》（DA/T 50—2014）、《照片类电子档案元数据方案》（DA/T 54—2014）、《录音录像类电子档案元数据方案》（DA/T 63—2017）、《档案级可录类光盘 CD-R、DVD-R、DVD+R 技术要求和应用规范》（DA/T 38—2021）、《电子档案存储用可录类蓝光光盘（BD-R）技术要求和应用规范》（DA/T 74—2019）等。

《建设工程电子文件与电子档案管理标准》（DB37/T 5177—2021）对建设工程声像电子文件的编制与形成以及建设工程声像电子文件分类与组卷都有较为细致的介绍。由刘圣桥主编的《水利工程项目档案规范管理实务》从声像文件采集范围、声像文件采集设备要求、声像文件采集的技术要求及

[1] 参见刘金月：《我国声像档案长期保存相关标准的研究》，辽宁大学硕士学位论文，2022 年。

声像档案整理和归档四个方面对水利工程项目声像档案管理做了详细规范。

三、声像电子文件分类与组卷的基本要求

在如今的信息化时代，声像电子文件形式多样且内容丰富，如果按照数字化载体来进行分类，则不能穷尽所有的载体；如果按照主题内容来进行分类，则在主题划分上主观因素较多，不同的理解会划分出不同的结果，低效且耗时。因此，按照声像电子文件的内容和载体形式可以将其具体细分为图像电子文件、音频电子文件和视频电子文件三大类。这种划分方式简单、高效而全面，且不受主观因素影响，方便软件的开发利用。

（1）图像电子文件。这类文件主要包括数码照片档案、数字化照片档案、纸质文本图像扫描件，以 JPG、TIFF 等格式归档。

（2）音频电子文件。这类文件以 WAV、MP3 等格式归档；目前国家档案局发布的行业标准中规定的录音录像档案存储格式类型多样、较为全面，并且能够适应当前各单位的长期保存需求。

（3）视频电子文件。这类文件以 MPG、MP4、FLV、AVI 等格式归档，珍贵且需永久保存的文件可以 MXF 格式归档。

《电子文件归档与电子档案管理规范》（GB/T 18894—2016）中明确规定声像类电子文件应按照年度—保管期限—业务活动或保管期限—年度—业务活动等分类方案进行分类。其中，年度为声像文件的形成年份，业务活动指可以用相应的编码来表示某一类业务活动形成的声像档案，保管期限为声像文件的保管期限。此分类方案便于声像档案管理软件的开发，也有利于现有档案管理软件功能的扩展，并且引入了成熟的文书档案分类理念，可以快速获取文件的关键线索。

四、水利工程项目声像电子文件的分类与组卷

水利工程项目声像电子文件是指在水利工程项目建设活动中直接形成的，记录工程准备阶段、工程施工阶段、工程竣工阶段和重要活动的数码照片、音频、视频文件。

水利工程项目声像电子文件能够从声音、图像等多个角度记录与分析水利工程项目建设中的实际情况与实施细节，对水利工程项目建设起到“照相机”般的记录作用，利用大量、真实照片、视频、音频等资料精准记录每一

项水利工程项目的设计、施工活动。[1] 水利工程项目声像电子文件在记录水利工程项目建设过程，提供规划、勘察、设计等参考数据，展示城市面貌、宣传城市规划等方面均具有独一无二的重要作用。[2] 声像电子文件的建设与管理对水利工程项目管理与维护具有重要的现实意义。随着当前我国对水利工程项目建设的要求不断提升，对声像电子文件管理的要求也相应提升，要求利用信息技术不断优化声像档案的收集与归档工作。

水利工程项目声像电子文件应全面反映水利工程项目建设过程的实体情况，并在水利工程项目建设过程中同步形成，不得事后修整、编造、篡改。建设单位应负责工程准备阶段、竣工验收阶段声像电子文件的编制与形成。施工单位应负责施工阶段声像电子文件的编制与形成。

根据《建设项目档案管理规范》（DA/T 28—2018）和水利工程项目的特点，声像文件的采集范围如下：

（1）建设单位。建设单位采集的声像文件应包括以下内容：反映本工程项目主要职能活动和基本历史面貌的场面；上级单位来项目视察工作或从事其他活动所形成的与本项目工程有关的重要公务活动的场面；召开重要会议和重大纪念活动的场面；重要的前期影像文件，如立项、规划审批、施工图审查会议的场面；工程项目的招投标活动，包括勘察单位、设计单位、施工单位、监理单位等招标场面；记录本单位重大事件、重大事故、自然灾害及异常现象的场面；重要施工过程的场面。

（2）监理单位。监理单位采集的声像文件应包括以下内容：所监理工地、设备的整体形貌，质量、安全、设计变更等协调会、座谈会现场，主要工序施工现场质量检查、检测及旁站现场，监造工程师到制造现场和合同规定的地方进行检查和查阅的场面，设备出厂、进场开箱验收现场，各级领导、专家、工程人员现场检查工程质量、进度的场面等。

（3）施工单位。施工单位采集的声像文件应包括以下内容：地基与基础工程施工阶段的相关资料，主体工程施工阶段的相关资料，竣工验收阶段的相关资料。

（4）设备采购单位。设备采购单位采集的声像文件应包括以下内容：设备生产过程及关键部件质量检测现场，建设单位代表及监造工程师到制造

[1] 参见李盼妮：《水利工程中关于声像档案的收集与归档工作探究》，《办公室业务》2023 年第 22 期。

[2] 参见张雪迪：《建设工程声像档案接收工作机制探析》，《北京档案》2023 年第 9 期。

现场检查和查阅的场面，设备出厂、到货开箱验收现场，设备安装、调试与运行现场。

根据《建设工程电子文件与电子档案管理标准》（DB37/T 5177—2021）和水利工程项目的特点，声像电子文件宜分为下列 4 个一类目录：工程准备阶段声像电子文件、施工阶段声像电子文件、竣工验收阶段声像电子文件、其他声像电子文件。具体分类标准可参考表 3.3。

表 3.3　声像电子文件分类标准

	一类目录	二类目录
声像电子文件	工程准备阶段	立项、可行性研究相关会议
		重要的勘测设计、方案评审会
		选址、规划方案论证及评审活动
		工程原址、原貌和周边状况
		原重要建（构）筑物、古建古迹
		拆迁、移民情况
	施工阶段	工程奠基典礼
		主体结构、布局、隐蔽工程施工情况
		施工中重点部位、重要施工工艺、四新技术应用
		施工中主要的质量检查、验收
		重要试验、测试
		工程事故和处理情况
		施工中文物保护
		设备开箱检验、随机声像资料
		各设备系统的安装与调试

续表

	一类目录	二类目录
声像电子文件	竣工验收阶段	工程竣工验收活动
		工程竣工全貌及周边环境
		绿化、雕塑等景观工程
	其他	重要参观、视察、检查等活动
		省部级以上重大奖项评选活动
		工程建设有关重要会议、重大事宜
		施工安全教育、消防演练等活动

第四节 建筑信息模型（BIM）电子文件分类与组卷

在建筑行业，建筑信息模型（BIM）因其在可视化、模拟、协作、优化和绘图方面的优势，正逐渐成为工程项目的主流应用。BIM 技术被集成到智能工地、项目管理、电子文档、运维和资产管理等多个信息系统中，显著提高了这些信息化工具的易用性和实用性。它不仅记录了建筑模型的基础数据，还包括施工设计等相关数据，支持设计变更和流程优化，促进了项目各方的有效合作和决策。通过 BIM 系统，建筑项目的电子文档可以更有效地被记录、管理和利用，实现更高效、精确和可靠的全周期管理。

一、建筑信息模型的基本概念

建筑信息模型是建设工程及设施全生命周期内，对其物理和功能特性进行数字化表达，并依此设计、施工、运营的过程和结果的总称，简称模型。[1]它通过集成各种建筑数据和信息，以三维模型为核心，实现对建筑项目全生

[1] 参见中华人民共和国住房和城乡建设部：《建筑信息模型应用统一标准》（GB/T 51212—2016），2016 年 12 月 2 日。

命周期的可视化和协同管理。

建筑信息模型电子文件是在建筑和设施的整个生命周期中创建的，包括BIM文件本身以及与之关联的图像、表格、文档和多媒体文件等，通常简称为BIM电子文件，其特征主要有以下几点：

（1）它是一种基于三维模型的数字化表达。BIM电子文件以三维形式直观地展示建筑项目的所有相关信息，提供详尽的数据，为项目各方的决策提供依据，同时加强项目各方的协作。

（2）支持多种专业软件和文件格式的集成。BIM系统能够整合不同专业的模型，如建筑设计、结构设计、机电设计等，以及支持多种文件格式，如IFC、DXF、DWG等，便于文件在不同软件间的转换、分析和共享。

（3）包括几何信息和非几何信息。BIM电子文件不仅记录建筑或构件的空间位置和形状等几何信息，还记录材料、成本和专业参数等非几何信息，这些信息有助于全面评估建筑项目，支持科学决策。

（4）具有可追溯性和可维护性。BIM系统能够追踪项目从设计到施工再到运营的全周期信息，并允许对这些信息进行维护和更新，确保信息的准确性和完整性。

二、建筑信息模型的现行有关标准

近年来，国家有关部门积极推动BIM的应用，水利部《关于推进水利工程建设数字孪生的指导意见》（水建设〔2024〕93号）中要求重点推进BIM等技术应用，强化数据技术支撑，构建可视化模型。住房和城乡建设部积极推进智能建造相关标准编制工作。BIM方面，住房和城乡建设部编制发布了《建筑信息模型应用统一标准》（GB/T 51212—2016）、《建筑信息模型分类和编码标准》（GB/T 51269—2017）、《建筑信息模型施工应用标准》（GB/T 51235—2017）、《建筑信息模型设计交付标准》（GB/T 51301—2018）、《建筑工程设计信息模型制图标准》（JGJ/T 448—2018）、《建筑信息模型存储标准》（GB/T 51447—2021）等一系列标准。

《建筑信息模型应用统一标准》（GB/T 51212—2016）是我国在建筑信息模型应用领域的首个工程建设规范，它明确了建筑信息模型应用的核心要求。该规范为我国建筑信息模型的应用实践以及相关标准的研究和制定提供了重要的参考和指导。

《建筑信息模型分类和编码标准》(GB/T 51269—2017）旨在规范建筑信息模型的信息分类和编码工作，以促进建筑工程全周期信息的交互与共享，进而推动建筑信息模型技术的广泛应用和进步。该标准的分类对象主要包括建筑信息模型中的元素、工作成果、工程建设项目阶段、行为、专业领域、建筑产品、组织角色、工具、信息、材料、属性、归档等内容。在建筑信息模型的分类编码体系中，应包含表格代码和分类项目代码，它们之间通过一个短横线“-”来分隔。分类项目代码进一步细分为大类代码、中类代码和子类代码，每个类别都有相应的编码规则。

《建筑信息模型施工应用标准》（GB/T 51235—2017）规定了建筑信息模型施工应用的基本要求、模型精细度、模型交付物、模型协同流程、模型数据管理、模型应用环境以及模型应用等内容。《建筑工程设计信息模型制图标准》（JGJ/T 448—2018）规定了模型单元表达、交付物表达等内容。《建筑信息模型存储标准》（GB/T 51447—2021）规定了建筑信息模型数据在建筑全生命期各个阶段的存储要求，以确保数据的准确性和一致性。

三、建筑信息模型电子文件的分类与组卷

BIM 电子文件分类与组卷要充分考虑电子文件成套性和数据完整性，宜分为以下 4 个一类目录：

（1）建筑信息模型文件。建筑信息模型文件通常包含详细的建筑设计信息，包括几何形状、材料属性、构件关系等。为了提高文件的传输效率和处理速度，常常需要对 BIM 文件进行轻量化处理。

（2）轻量化建筑信息模型文件。在构建 BIM 模型后，通过采用面片化模型、云端信息存储、简化逻辑等技术策略，对模型的几何形状、附加信息和构造逻辑进行优化、转换和减少，使得 BIM 模型能够在各种网络浏览器和移动应用程序中使用。国际上广泛认可的 BIM 数据格式为 IFC。模型轻量化通常包括移除非必要数据、降低几何复杂度、文件压缩和数据结构优化等步骤。

（3）外部挂接文件。外部挂接文件是指与主 BIM 模型相关联但存储在外部的文件。文件可能包含特殊的设计元素、详细的构件信息或者其他专业工程师提供的数据。外部挂接可以帮助维护模型的模块化，使得不同团队可以独立工作，并在需要时集成到主模型中，真正实现 BIM 与工程管理的有机结合。

（4）文件版本信息说明文件。文件版本信息说明文件是记录 BIM 模型各个版本变化的文档，包括每次修改的日期、修改内容的描述、修改者信息以及修改前后模型的对比等。通过该文件，可以了解正在使用的文件的最新

状态，并在必要时追溯历史版本。

一类目录下可根据文件内容、文件用途设置二类目录，在最后一类目录下存放对应的电子文件，并应按形成时间顺序进行排列。

建筑信息模型的分类对象、参数、文件及文件夹的命名、拆分原则等执行现行国家标准《建筑信息模型应用统一标准》（GB/T 51212—2016）、《建筑信息模型分类和编码标准》（GB/T 51269—2017）、《建筑信息模型施工应用标准》（GB/T 51235—2017）的有关规定。

四、建筑信息模型电子文件归档工作

国家在工程项目领域大力普及和推广 BIM 技术，不少大型工程项目中建立了基于 BIM 技术的信息化管理平台，生成了大量相互关联的 BIM 模型、业务数据和电子文件。建立 BIM 电子文件归档制度，实现数字化转型是当前建筑行业和其他相关领域发展的重要趋势。一些研究人员对建立 BIM 电子文件归档管理制度规范也进行了一些探索。张宁、孙少杰、鲁毅在《工程项目 BIM 三维电子文件归档问题研究》一文中从明确归档范围、建立归档规范、信息系统建设三个方面，提出了 BIM 三维电子文件归档的对策。[1]

（1）界定 BIM 三维电子文档的归档范畴。BIM 技术依托于 IFC 信息交换标准、IDM 模型信息交付标准以及 IFD 国际字典框架标准这三大标准体系。在归档过程中，应收集依据这些标准产生的模型文档、管理文档和数据字典文档。此外，应依据不同行业的 BIM 交付规范来设定归档的具体范围。例如，根据《建筑信息模型设计交付标准》（GB/T 51301—2018），交付内容需涵盖建筑信息模型、属性信息表、工程图纸、项目需求说明、建筑信息模型实施计划、建筑性能指标表及模型工程量清单。而《水电工程信息模型设计交付规范》（NB/T 10508—2021）则额外要求提交工程特性表等其他相关工程文件。

（2）制定 BIM 档案管理标准。在电子文档的组合、命名规则和格式要求方面，应建立一套统一的准则和标准，确立归档文档的命名规范和文件类型；依据项目实际情况进行恰当的分类和编码，如基于项目阶段、专业类别等进行划分。同时，确保归档资料的完整性和详尽性，涵盖项目概述、项目规划、应用需求、协作方法、数据存储与访问机制、分类编码策略、模型细

[1] 参见张宁、孙少杰、鲁毅：《工程项目 BIM 三维电子文件归档问题研究》，《档案学研究》2023 年第 6 期。

节等级等关键要素。

（3）构建 BIM 档案信息平台。设计开发用于在线传输电子文档的接口，实现在线进行四性验证和数据质量检查，对原始模型文件和长期存档格式文件进行非结构化数据的模型存储；开发轻量化的三维模型查看器，允许用户在浏览器中预览模型；提供搜索和利用功能，支持模型和数据的检索。

综上，BIM 电子文件的归档管理应采用数据化的管理理念，依据 BIM 电子文档数据的特性和属性，采取恰当的技术方法和管理策略来确保数据的安全性和稳定性。此外，应促进建筑领域与其他相关领域的沟通与协作，共同推进 BIM 三维电子文档的数字化管理进程，最大化 BIM 电子文档的效用，助力建筑行业的数字化升级。

第四章
水利工程项目电子文件的归档

第一节 水利工程项目电子文件的归档概述

电子文件归档是指将具有查考和利用价值的电子文件作为档案进行保存，使其可被档案部门或档案管理系统管理，是电子文件转换为“档案”身份的业务环节。国家标准《电子文件归档与电子档案管理规范》（GB/T 18894—2016）中将“归档”定义为“将具有凭证、查考和保存价值且办理完毕、经系统整理的电子文件及其元数据管理权限向档案部门提交的过程”[1]。虽然电子文件的归档与实体文件的归档在本质上并无差别，但在技术操作、归档时间和归档方法上存在一定差异，尤其是电子文件具有技术特征的多样性、格式形态的复杂性等特性，使得电子文件的归档无法像实体档案一样“搬”到档案部门，而需要基于系统对接、载体转移、格式迁移等完成归档工作。随着电子文件归档环节的完成，对电子文件的管理方式、管理权限和管理责任均将发生改变。

水利工程项目电子文件的归档是水利工程项目电子档案管理的关键环节。从文件管理生命周期的角度来看，归档是电子文件管理前端形成阶段的最后一个环节，是业务活动和档案管理活动交接的环节。归档环节须重点关注以下内容：确立水利工程项目电子文件的归档原则；基于对水利工程项目和业务活动的梳理，制定明确的电子文件归档范围；结合国家和行业标准建立规范、合理的电子文件元数据方案和元数据归档标准；规范电子文件归档

[1] 中华人民共和国国家质量监督检验检疫总局、中国国家标准化管理委员会：《电子文件归档与电子档案管理规范》（GB/T 18894—2016），2016 年 8 月 29 日。

时间，构建物理与逻辑相结合、线上与线下相结合的多元归档模式；基于四性检测、封装、预归档等技术和方法的应用，确保电子文件归档的安全可靠；通过与业务同步管理、监理归档、验收审核等形式建立水利工程项目电子文件归档的有效保障措施。

第二节　水利工程项目电子文件的归档原则

一、来源可靠原则

来源可靠原则是指水利工程项目电子文件在既定的业务活动和特定的时间中，由经过授权和确认的法定形成者通过安全可信的系统或电子设备形成。[1]“来源可靠”中的“来源”是一个综合性概念，电子文件的来源包括责任者、活动、时间、系统等多个方面，其中责任者指的是电子文件的法定形成者，包括机构和个人，活动指的是产生电子文件的职能活动，时间指电子文件的形成时间，是对责任者和职能活动的重要补充，系统是指创建、处理、传输电子文件的软硬件系统，是电子文件特有的新来源，责任者、活动、时间等来源都需要通过系统来授权、确认、记录和证明。[2]

水利工程项目电子文件的可靠来源是其内容完整、准确反映事务、活动或事实的前提，确保后续其可作为可靠依据。确保电子文件来源可靠，要不断提高相关人员在技术系统中的档案处理能力，特别是在业务数据的文件化固化、归档文件的档案化处置、档案入库的凭证化保护、系统迁移的格式化封装、档案利用的审核性授权等业务问题方面，要持续精进，提升专业能力。[3]

二、程序规范原则

程序规范原则是指水利工程项目电子文件的管理应明确管理和技术要求，加强电子文件形成、归档和电子档案保存、利用、鉴定、销毁全过程规

[1]　参见国家档案局：《电子档案单套管理一般要求》（DA/T 92—2022），2022 年 4 月 7 日。

[2]　参见刘越男：《新档案法中电子档案的法定要求》，《中国档案报》2020 年 8 月 6 日。

[3]　参见薛四新：《单轨制模式下电子档案高质量管理的方法体系》，《浙江档案》2021 年第 2 期。

范化控制，确保各环节程序规范，符合标准规范要求。[1] 水利工程项目电子文件因其信息与载体之间的易分离性、信息本身的易变性以及信息具有较高的可操作性等问题，在项目电子文件从形成到归档、保存的过程中，不可能强求其不发生任何变化，在这种情况下，不能强制性要求电子档案的“不变”，而是将对象控制转换为过程控制，通过对管理过程的规范化控制实现对管理对象的控制 [2]。

程序规范原则主要是从“管理运作”角度来判定电子档案业务活动的制度遵从性，旨在保障电子档案全生命周期管理的科学性、有序性、有效性与安全性。[3] 应从制度遵循、技术规范、业务流程规范、系统部署规范等方面对项目电子文件提出相应要求，并严格遵循。项目电子文件的背景元数据以及过程元数据是体现项目电子文件在其整个生命周期程序合规的重要凭证，在归档过程中要切实保障其完整、准确并满足能通过元数据对项目电子文件从产生到归档的过程进行记录和解释。

三、要素合规原则

要素合规原则指的是电子档案的内容数据、元数据均应符合相关标准要求，各组成要素齐全、完整、规范、可读。[4] 国际档案理事会电子文件委员会在《电子文件管理指南》中提出“三要素观”，指明电子文件由内容、结构、背景构成，而美国、欧盟等国家和国际组织在一些电子文件的管理规定中增加了外观这个新要素。水利工程项目电子文件在其整个生命周期过程中，呈现方式、物理结构等方面会发生变化，但其背景、内容以及逻辑结构不可改变。项目电子文件的要素合规原则针对不同的电子文件，其具体要素范围要求也有不同，“要素合规”并不强求所有要素都完整，而是允许管理者根据规范要求和实际情况进行取舍。[5]

要素合规原则主要是从系统的“数据存储”角度来判定电子文件的主要组成部分、存储结构、技术格式及其所存储的内容、信息与数据，是否能够真实、完整地反映电子文件相关业务活动的来龙去脉，电子文件的内容信息

[1] 参见国家档案局：《电子档案单套管理一般要求》（DA/T 92—2022），2022 年 4 月 7 日。

[2] 参见刘越男：《新档案法中电子档案的法定要求》，《中国档案报》2020 年 8 月 6 日。

[3] 参见薛四新：《单轨制模式下电子档案高质量管理的方法体系》，《浙江档案》2021 年第 2 期。

[4] 参见国家档案局：《电子档案单套管理一般要求》（DA/T 92—2022），2022 年 4 月 7 日。

[5] 参见刘越男：《新档案法中电子档案的法定要求》，《中国档案报》2020 年 8 月 6 日。

可再现或还原历史面貌，保障电子文件法律有效性和数据正确性。[1]

四、安全管理原则

安全管理原则指的是水利工程项目电子文件的管理应建立健全安全管理体系，采取措施保证电子文件在安全可信的环境下生成和归档，确保电子文件管理安全、过程可溯、长期可用和风险可控。[2] 项目电子文件归档安全管理的内涵包括两个方面：一是保证项目电子文件实体安全，即电子文件在产生、传输、使用等过程中的载体未被破坏，保证其管理过程可控、数据存储可靠；二是保证电子文件的信息安全，也就是保证没有恶意或无意的违规使用，保证项目电子文件的内容、结构、背景信息等未被非法访问、非法获得、非法操作。[3]

安全管理原则是立足于项目电子档案自身的特性，在其产生到归档的整个阶段对其进行管理，以保障电子文件实体安全以及信息安全，对项目电子文件的安全管理应综合考虑档案管理的环境、档案载体、档案管理操作过程等相关因素。对电子文件的安全管理，是其成为电子档案后具备法律效力、能够切实提供利用的前提条件，“安全管理”原则要求按照国家有关法律法规和规范标准的要求，采取有效技术手段和管理措施，确保电子档案信息内容长期有效可读，确保电子档案管理信息系统及其网络安全，确保电子档案管理过程可溯、风险可控，为电子档案及其支撑的各种信息系统提供可靠的保障。[4]

五、一体化原则

一体化原则指的是建设必要的水利工程项目业务系统、电子档案管理信息系统、电子档案长期保管系统等应用系统，系统之间相互衔接，实现电子文件处理、归档和电子档案管理的一体化。水利工程项目的业务系统形成及管理组织机构相应的活动数据，是电子档案的主要来源；电子档案管理信息系统覆盖捕获、保存、利用、处置电子文件的全流程，以维护元数据联系，强化电子档案证据价值。业务系统和电子档案管理系统的先后衔接，共同实

[1] 参见薛四新：《单轨制模式下电子档案高质量管理的方法体系》，《浙江档案》2021 年第 2 期。

[2] 参见国家档案局：《电子档案单套管理一般要求》（DA/T 92—2022），2022 年 4 月 7 日。

[3] 参见冯惠玲、刘越男：《电子文件管理教程》，中国人民大学出版社 2017 年版，第 37 页。

[4] 参见丁德胜：《电子档案管理理论与实务》，中国文史出版社 2023 年版，第 52~53 页。

现对电子文件从形成到归档的整个前端阶段的规范性管理。

“一体化”原则是从全过程管理的角度对电子文件的归档提出相关要求，在项目电子文件系统建设的初期就要从机构全局对建设工作进行统一规划，保证业务系统、电子档案管理系统以及电子档案长期保管系统之间的有效、便捷衔接，贯彻前端控制和全过程管理的思想，进而提高项目电子文件归档的效率以及归档电子文件的质量。

第三节　水利工程项目电子文件的归档范围

一、电子文件归档范围的制定原则

电子文件有其特殊性，在划定其归档范围时既要对传统文件归档范围有一定的借鉴，在此基础上，还应考虑电子文件其本身的特性。确定水利工程项目电子文件的归档范围需要综合考虑项目电子文件在业务活动中所起的作用及其所具备的法律效力、电子文件的管理模式、电子文件的真实性及长期可用性要求等。《水利工程建设项目档案管理规定》（水办〔2021〕200号）指出项目法人应按照《水利工程建设项目文件归档范围和档案保管期限表》，结合水利工程项目的实际情况，制定本项目文件归档范围和档案保管期限表。具体项目电子文件归档范围的制定应遵从以下原则。

（一）一致性原则

水利工程项目电子文件归档范围制定的一致性原则就是与纸质文件内容完全相同的电子文件，其归档范围的确定应与纸质文件归档范围保持一致。[1]由纸质文件转化而来的水利工程项目电子文件归档范围的确定应与原纸质文件保持一致，避免破坏原有档案之间的联系，更不能制定一套与纸质文件毫无关系的归档范围。

（二）价值决定原则

判断水利工程项目电子文件是否需要归档，应着重考虑该电子文件自身的价值，而文件价值主要由其来源、内容、职能、形式等因素决定。《机关文件材料归档范围和文书档案保管期限规定》（国家档案局8号令，2006年

[1]　参见冯惠玲、刘越男：《电子文件管理教程》，中国人民大学出版社2017年版，第138页。

发布）提到“在编制本机关或本系统文件材料归档范围和文书档案保管期限表时，应全面分析和鉴别本机关或本系统文件材料的现实作用和历史作用，准确界定文件材料的归档范围和划分档案保管期限”，《电子文件归档与电子档案管理规范》（GB/T 18894—2016）规定“反映单位职能活动、具有查考和保存价值的各门类电子文件及其元数据应收集、归档”。20 世纪末以来，职能因素越来越引起人们的重视，特别是对电子文件的鉴定，更需要着重考虑其所反映的职能，项目电子文件归档范围的划定往往是借助职能分类的方法进行描述。[1]

（三）适度放宽原则

水利工程项目电子文件的适度放宽原则是在传统的项目纸质文件归档范围的基础上可以适当扩展。一方面，由于电子文件存储的高密度性，对于归档与否界限模糊的纸质文件，在电子文件归档时可以适当放宽要求并加以归档。例如，过程性材料等在纸质环境下被忽略的部分。另一方面，由于电子文件的真实性、长期保管要求以及电子文件具有对计算机软硬件系统的较强依赖性，对于保证电子文件长期真实、完整、可用、安全的其他相关材料，如水利工程项目相关电子公文的收发登记表、机读目录、相关软件、其他说明等，应与电子文件一同归档保存。

（四）避免重复原则

水利工程项目电子文件的归档应主次明确，避免重复归档。[2] 由于水利工程项目电子文件的特性，同一份电子文件可能由多个部门参与形成，在同一网络平台或者同一个服务器上，各单位可能重复归档同一份电子文件，而且难以确定何为正本。针对此类问题，应实行“谁形成，谁归档”的电子文件归档方法，以减少重复。

二、水利工程项目电子文件归档范围的制定思路

确定电子文件的归档范围首先应遵从《电子文件归档与电子档案管理规范》（GB/T 18894—2016）的规定，同时以《机关文件材料归档范围和文书档案保管期限规定》（国家档案局令第 8 号，2006 年发布）为参照，将反映水利工程项目主要活动、具有查考利用价值的电子文件纳入归档范围，具体应当从以下角度予以综合考虑。

---

[1] 参见冯惠玲、刘越男：《电子文件管理教程》，中国人民大学出版社 2017 年版，第 138 页。

[2] 参见周洁：《电子文件归档问题研究》，苏州大学硕士学位论文，2013 年。

（一）稿本完整，归档多版本电子文件

对于水利工程项目电子文件的归档，尤其是文书类或科研管理类电子文件的归档，若不对正本之前的稿本采取相应的保护措施，这些稿本在归档以后会被正式文件完全覆盖，不利于保障电子文件的真实、完整、可用、安全。需要保存草稿或历次修改稿的电子文件，应采用版本保护措施和版本留痕技术，将重要的草稿、定稿与正式文件一并归档。凡是记录了重要业务办理情况，有查考价值的过程稿和定稿，均应被妥善保留归档；记录了主要修改过程的元数据应与电子文件一同归档。[1]

（二）齐全收集电子文件背景 + 结构 + 内容信息

除了电子文件本身之外，还应对电子文件归档登记表进行归档。针对特殊格式的电子文件，应在存储载体中同时存有相应的各种支持软件。电子文件在形成、处理等过程中生成的各类元数据是描述电子文件活动全过程的重要依据，可保障电子文件的凭证价值。

（三）处理好双套制归档范围的一致性问题

确定水利工程项目电子文件的归档范围应该处理好电子文件与传统实体文件同步归档的问题。双套制指的是对同一文件的电子和纸质两个版本进行归档，这一做法确保了档案信息的完整性与可追溯性，提升了档案管理的效率与灵活性，仍是当前项目电子档案管理的主流模式。针对双套制归档的项目电子文件，在界定其归档范围时，需确保电子文件内容、相关说明以及描述与纸质文件一致、完整且相关，强化内容一致性核查。与此同时，在条件许可的条件下，下列文件可仅保留电子文件：规范化单轨运行的电子文件、在纸质条件下不便归档的微观文件、已实现计算机辅助生产的 CAD 文件、某些数据量大且保存年限较短的数据文件、多媒体文件、电子邮件文件、网站文件、超文本文件、社交媒体文件等。项目电子文件采用单套制归档管理的模式需要建立在科学管理的基础之上，采用必要的手段保证电子文件的真实、完整、安全、可用。[2]

三、水利工程项目电子文件归档范围的具体要求

水利工程项目负责人和参与者在行使项目职能活动中形成的各种文本、

[1] 参见中华人民共和国国家质量监督检验检疫总局、中国国家标准化管理委员会：《电子文件归档与电子档案管理规范》（GB/T 18894—2016），2016 年 8 月 29 日。

[2] 参见冯惠玲、刘越男：《电子文件管理教程》，中国人民大学出版社 2017 年版，第 139 页。

图形、图像、音视频、数据库、程序文件、网页以及其他专门格式的文件均在归档范围之内。[1] 此部分可以参照执行传统实体文件归档的相关规定，针对水利工程项目档案的归档范围可参照“水利工程建设项目文件归档范围和档案保管期限表”（见附录）的规定。对于需要保存草稿以及过程稿的电子文件，需要按照版本管理的要求添加版本号，并同最终正本一并归档。

对于新型电子化业务中形成的电子文件，如机构网站、邮件系统等生成的电子文件，应根据其内容价值判定这些活动中生成的电子文件的归档范围，制定独立归档范围，或者纳入机构整体文件归档范围之中。[2]

第四节　水利工程项目电子文件的元数据归档

一、元数据定义

《电子文件归档与电子档案管理规范》（GB/T 18894—2016）中将元数据定义为“描述电子文件和电子档案的内容、背景、结构及其管理过程的数据”[3]。信息技术广泛应用后出现了“元数据”这一概念，其一般解释为“数据的数据”（Data about data），即数据的本质，其基本功能为描述和定义数据，用于记录数据的产生、数据的定义以及数据之间关系的种种属性，包括数据描述、数据结构等，元数据的内容包括了数据字典、逻辑与物理模型、符号图和其他系统与软件的详细资料。水利工程项目电子文件的内容信息及其元数据构成完整的电子文件，元数据揭示电子文件的形成、内容、排版、格式及系统环境等，便于有效地记录电子文件的内容、背景和结构，方便对电子文件进行标识、鉴别、描述、管理和长久利用，对项目电子文件元数据进行归档是实现对电子文件进行科学、有效、动态、集成管理的关键与基础，电子文件元数据被国外学者比喻为电子文件管理系统中的“血液（blood）”。[4]

[1] 参见冯惠玲、刘越男：《电子文件管理教程》，中国人民大学出版社 2017 年版，第 140 页。

[2] 参见冯惠玲、刘越男：《电子文件管理教程》，中国人民大学出版社 2017 年版，第 140 页。

[3] 参见中华人民共和国国家质量监督检验检疫总局、中国国家标准化管理委员会：《电子文件归档与电子档案管理规范》（GB/T 18894—2016），2016 年 8 月 29 日。

[4] 参见徐维：《元数据：电子文件管理的关键所在》，《山西档案》2000 年第 4 期。

二、元数据实体以及实体关系

实体指的是“任何已经存在的、将要存在的或可能存在的具体的或抽象的事物，包括事物间的联系”[1]，多实体模式将电子档案元数据精简为文件实体、业务实体、责任者实体、关系实体四类元数据实体，元数据实体类型及描述如表 4.1[2] 所示。电子档案元数据实体间的关系如图 4.1[3] 所示。

表 4.1　元数据实体类型及描述

中文名称	英文名称	描述
文件实体	Records Entity	描述任一聚合层次的电子档案本身的元数据集合
业务实体	Business Entity	描述电子档案得以形成以及管理的职能业务活动的元数据集合，包括电子档案的创建、收集、归档、转换、迁移、处置等管理活动
责任者实体	Agent Entity	描述对电子档案形成、管理负有直接责任的个人或组织的元数据集合
关系实体	Relation Entity	描述实体间及实体内部关系的元数据集合

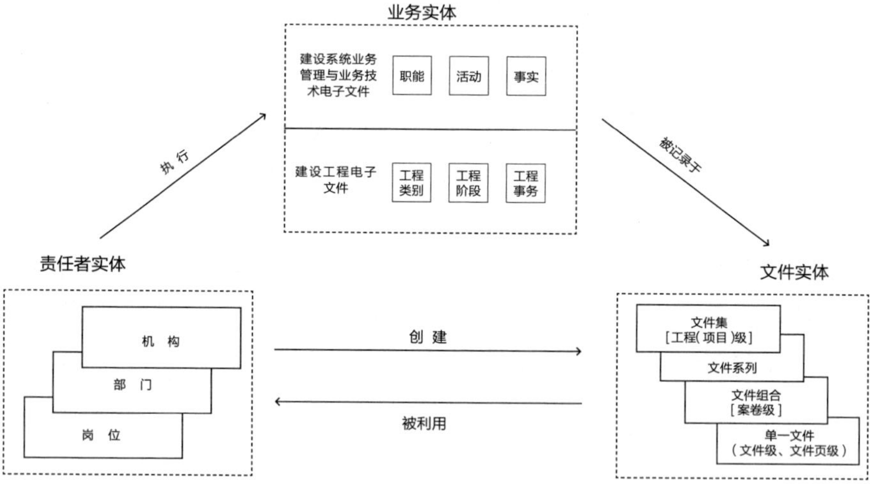

图 4.1　元数据实体关系图

[1] 苏州市市场监督管理局:《建设电子档案元数据规范》(DB3205/T 1071—2023),2023年4月13日。

[2] 苏州市市场监督管理局:《建设电子档案元数据规范》(DB3205/T 1071—2023),2023年4月13日。

[3] 苏州市市场监督管理局:《建设电子档案元数据规范》(DB3205/T 1071—2023),2023年4月13日。

三、元数据的归档范围

《电子文件归档与电子档案管理规范》（GB/T 18894—2016）对电子文件元数据的归档范围进行了规定。

（1）文书类电子文件应归档元数据至少包括题名、文件编号、责任者、日期、机构或问题、保管期限、密级、格式信息、计算机文件名、计算机文件大小、文档创建程序等文件实体元数据；记录有关电子文件拟制、办理活动的业务行为、行为时间和机构人员名称等元数据，应记录的拟制、办理活动包括发文的起草、审核、签发、复核、登记、用印、核发等，收文的签收、登记、初审、承办、传阅、催办、答复等。

（2）科技、专业、邮件、网页、社交媒体类电子文件应归档元数据可参照文书类电子文件元数据归档范围给出的要求执行。

（3）声像类电子文件应归档元数据包括题名、摄影者、录音者、摄像者、人物、地点、业务活动描述、密级、计算机文件名等。

《建设电子档案元数据标准》（CJJ/T 187—2012）中规定："建设电子档案形成单位按规定向建设档案管理机构移交建设电子文件时，应同时移交相应文件的元数据，移交的建设电子文件应真实、完整、有效。"

四、电子文件的著录

在电子文件管理过程中，可以将元数据理解成著录信息，元数据工作与著录工作基本同义，电子文件著录指的就是通过获取、核对、分析、组织和记录关于文件内容、结构、背景和管理过程的信息，准确描述电子文件的过程及成果。[1]《档案著录规则》（DA/T 18—2022）规定，著录是指"为检索和管理档案资源，对档案内容、结构、背景或管理活动进行分析、选择、组织和记录的过程"。对项目电子文件进行著录时应结合实际情况，对水利工程项目电子文件的内容和形式特征进行分析、选择和记录，依据著录信息不同，可将项目电子文件著录划分为项目级、单位工程级、案卷级、文件级四级，可将声像档案著录划分为声像组级和声像电子文件级两级，不同层级的著录基本信息可参考相关标准[2]执行。

---

[1] 参见冯惠玲、刘越男：《电子文件管理教程》，中国人民大学出版社 2017 年版，第 367 页。

[2] 参见山东省住房和城乡建设厅、山东省市场监督管理局：《建设工程电子文件与电子档案管理标准》（DB37/T 5177—2021），2021 年 1 月 26 日。

第五节 水利工程项目电子文件的归档时间与归档方法

一、归档时间与流程

水利工程项目电子文件应当在业务活动办理完毕后实时或定期归档。实时归档是指在电子文件生成或处理完毕之后立即执行归档操作；而定期归档则遵循机构内部既定规定，于电子文件形成并经过特定时间周期后，统一向档案部门进行移交。[1] 在实际工作中，应根据不同的业务需要和电子文件管理要求确定具体电子文件的归档时间。

水利工程项目一般由多个单位参与，建设周期长，涉及内容复杂多样，因此在工程建设过程中形成的项目电子文件往往具有来源复杂、种类多样、类型丰富的特点。从项目电子文件来源上来看，建设单位、设计单位、施工单位、监理单位等多个单位在工程建设过程中通过数字设备及环境生成的文件均属于水利工程项目电子文件应归档的范畴；从项目电子文件内容种类上来看，工程建设项目的全过程会产生不同内容类型的电子文件；从项目电子文件格式类型上来看，项目电子文件包括文本、图像（3D 图像）、图形、视频、音频、数据库、地理信息数据等多种不同格式和类别的文件。对于不同来源、种类、类型的项目电子文件来说，业务需要和电子文件管理要求也不同，不同文件的归档时间也存在一定的差异。

《水利工程建设项目文件收集与归档规范》（SL/T 824—2024）规定："规划、项目建议书、可行性研究、初步设计等阶段文件应在工作结束后归档；招标设计阶段文件应在相关工作结束后归档，施工详图阶段文件应在工程完工（合同）验收后归档；综合管理、计划、财务管理、技术管理等文件宜按年度归档，在每年 6 月底前由文件形成部门将上一年度办结的文件归档；同一事由产生的跨年度文件宜在办结年度归档；征地拆迁与移民安置文件宜在工作结束后归档；招投标与合同管理文件宜在合同签订后归档；第三方检测文件应在检测工作验收后归档；科学研究文件应在项目验收后归档；生产技术准备、试运行文件应在试运行结束后归档；阶段验收、专项验收及竣工验

[1] 参见冯惠玲、刘越男：《电子文件管理教程》，中国人民大学出版社 2017 年版，第 142 页。

收等文件宜在工作结束后归档；土建施工文件应在工程完工（合同）验收后归档，建设周期长的项目可分阶段或按单位工程、分部工程归档；机电设备与金属结构安装文件应在工程完工（合同）验收后归档，建设周期长的项目可分阶段或按单位工程、分部工程归档；设备（仪器）采购与制造文件应在设备最后一批次开箱验收后归档；信息系统开发文件应在验收后归档；监理文件应在监理的项目完工验收后归档。”

根据项目电子文件的生命周期，项目电子文件归档一体化基本流程可分为项目电子文件处理、归档以及项目电子档案管理三个阶段，基本流程如图4.2所示。

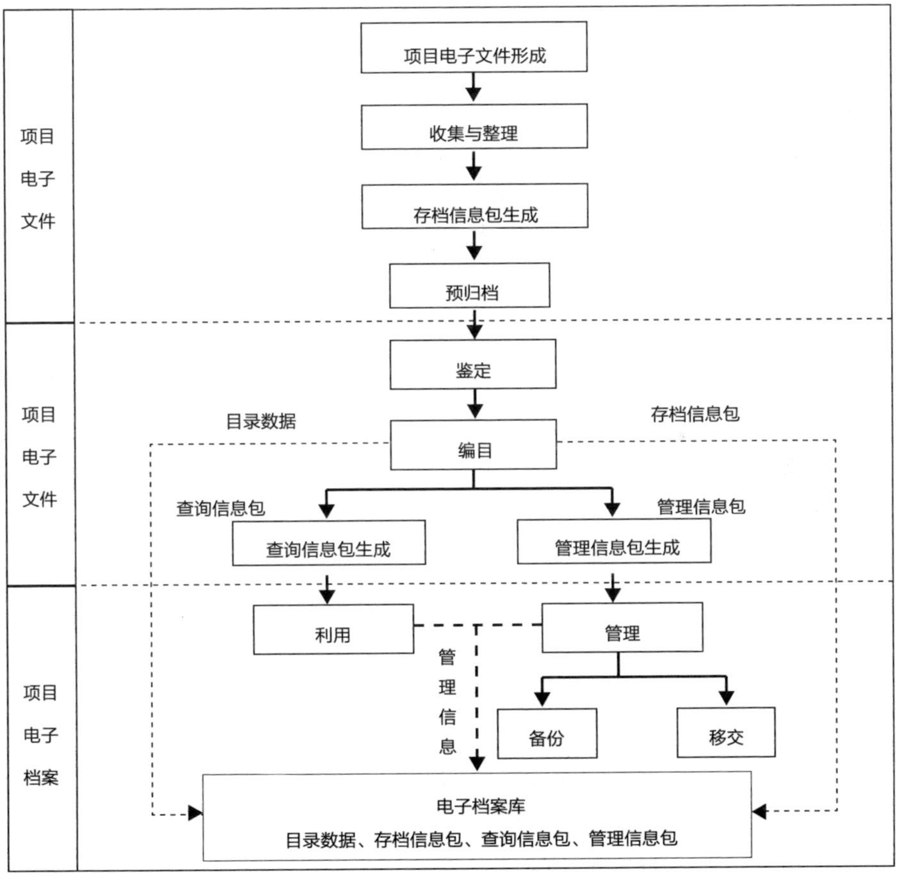

图4.2 项目电子文件归档一体化基本流程[1]

[1] 福建省市场监督管理局：《工程建设项目电子文件归档一体化管理技术要求》（DB35/T 2081—2022），2022年10月27日。

项目电子文件归档的一体化打通了项目业务系统、电子档案管理信息系统等应用系统之间的数据壁垒，系统之间互相衔接，有助于提高系统间信息交流效率，实现水利工程项目电子文件和电子档案的一体化管理。

二、归档方式

与传统的纸质文件不同，电子文件孕育形成、现实使用、暂时保存、永久保存的整个生命周期活动都是在数字环境中进行的，因此其归档方式与纸质文件相比呈现出多样化的特征。

（一）物理归档与逻辑归档

物理归档与逻辑归档的主要区别在于归档前后电子文件的存储位置是否发生变化。物理归档是继承自纸质文件的归档方式，业务部门通过网络或者脱机载体把电子文件保存到电子文件管理系统中，档案部门负责维护管理这一系统，技术部门提供相应技术支持。逻辑归档的电子文件在归档之后仍存储在业务系统中，而将其元数据移交到电子文件管理系统中，档案部门委托业务部门对这些电子文件进行保管和提供利用，并对业务部门的管理工作进行指导和监督。[1]

在国家档案局发布的《建设项目档案管理规范》（DA/T 28—2018）中，提到“项目电子文件归档一般采用物理归档”，即通过在线和离线的方式将具有保存价值的电子文件转移到档案部门负责管理的电子文件管理系统之中。采用物理归档的优势在于档案部门能够真正获得电子档案的管理权，以发挥电子档案的更加全面的价值。[2] 通过物理归档的方式，可以明确电子档案管理的责任主体，有利于集中统一管理和保存项目电子档案。与此同时，对于部分不便于集中归档管理、原生技术环境依赖性强的科学数据类电子文件，可适当选择逻辑归档方法予以归档，即推动前端业务系统完善文件管理功能模块，形成“业务—文件”一体化管理的归档思路。

（二）在线归档与离线归档

在线归档与离线归档的区别在于传递电子文件的方式不同。在线归档是指将电子文件及其元数据通过计算机网络，存入电子文件管理系统或者具有电子文件管理功能的业务系统的指定位置。离线归档是指将电子文件及其元

[1] 参见冯惠玲、刘越男：《电子文件管理教程》，中国人民大学出版社 2017 年版，第 141 页。

[2] 参见陈永生、侯衡、苏焕宁等：《电子政务系统中的档案管理：文件归档》，《档案学研究》2015 年第 3 期。

数据存储到可脱机存储的载体，而后向档案部门移交，再由档案部门批量导入电子文件管理系统。[1] 在载体的选择上，住房和城乡建设部制定的《建设电子文件与电子档案管理规范》（CJJ/T 117—2017）指出“按优先顺序，可采用移动硬盘、闪存盘、光盘、磁带等存储”。但无论是通过网络传输还是通过可脱机存储载体进行移交，这两种归档方式都改变了电子文件的存储位置，使电子文件及其元数据从形成单位的业务系统转移到档案部门的电子文件管理系统，这两种归档方式本质上都属于物理归档。

住房和城乡建设部制定的《建设电子文件与电子档案管理规范》（CJJ/T 117—2017）指出“电子文件归档可采用在线归档方式或离线归档方式，并应采取措施确保归档电子文件的安全存储”。在满足电子文件真实性、完整性、可用性、安全性不被破坏的前提下，在线归档与离线归档都是切实可行的归档方式。

（三）单套制归档与双套制归档

单套制归档与双套制归档的区别在于归档对象的不同。对于电子文件而言，单套制归档是指仅以电子形式保存在数字设备及环境中形成的电子文件，通过单套制归档可以实现电子文件独立运行、保存和发挥作用，实现文件的全电子化管理模式，适应“无纸化”办公环境对业务流程与档案管理的要求，充分发挥组织信息化的功能和优势，完成数字转型的目标。双套制归档是指同一文件在归档时具有电子和纸质两个版本，既可以对具有凭证作用、查考价值且能够转化的电子文件制作纸质拷贝，也可以对利用率较高的纸质文件进行数字化转换，使机构得以保持两套文件一同存储的状态。[2]

国家档案局制定的《建设项目档案管理规范》（DA/T 28—2018）中提出，项目电子文件归档应“在内容、格式、相关说明及描述上与纸质项目档案保持一致，且二者应建立关联”；《水利工程建设项目档案管理规定》（水办〔2021〕200 号）中要求对电子文件与纸质或其他载体文件内容的一致性进行鉴定和检测，项目法人应开展纸质载体档案数字化工作；住房和城乡建设部制定的《建设工程项目管理规范》（GB/T 50326—2017）中指出“重要项目文件和档案应有纸介质备份”。这些规定或是默认纸质项目档案的存在，或是明确指出需要以纸质形式备份，实际上是双套制归档原则的体现。

[1] 参见陈永生、侯衡、苏焕宁等：《电子政务系统中的档案管理：文件归档》，《档案学研究》2015 年第 3 期。

[2] 参见冯惠玲、刘越男：《电子文件管理教程》，中国人民大学出版社 2017 年版，第 139 页。

2022年国家档案局发布的《电子档案单套管理一般要求》（DA/T 92—2022）对电子档案单套管理的前置性条件、制度建设、系统建设、资源建设与管理、安全管理、可行性评估等都提出了相应的要求，为我国电子档案单套管理制定了可行的标准，推动我国电子档案管理的创新发展。该标准的实施，实际上是对单套制归档合法性的认可，有利于推动项目电子文件管理过程中单套制归档的实现。2024年国家档案局发布的《电子档案管理办法》明确“电子档案与传统载体档案具有同等效力，可以以电子形式作为凭证使用”。

总体来说，目前我国项目电子文件以双套制归档为主，以单套制归档为发展方向，随着数字归档技术的发展成熟和电子档案工作的不断完善，单套制归档模式将逐渐成为现实。

三、归档要求

（一）归档接口要求

根据《电子文件归档与电子档案管理规范》（GB/T 18894—2016）的规定，电子文件归档需结合系统环境及单位实际情况，明确归档接口（如Web Service、中间数据库等）并书面说明，确保电子文件及元数据规范存储，优化管理流程。

（二）归档格式要求

根据《建设工程文件归档规范（2019年版）》（GB/T 50328—2014）的规定，需归档的建设工程电子文件应采用或转换为表4.2所列文件格式，水利工程项目电子文件的归档格式可参考表4.2。

表4.2　水利工程项目电子文件归档格式表[1]

文件类别	格式
文本（表格）文件	OFD、DOC、DOCX、XLS、XLSX、PDF/A、XML、TXT、RTF
图像文件	JPEG、TIFF
图形文件	DWG、PDF/A、SVG

[1] 中华人民共和国住房和城乡建设部：《建设工程文件归档规范（2019年版）》（GB/T 50328—2014），2014年7月13日。

续表

文件类别	格式
视频文件	AVS、AVI、MPEG2、MPEG4
音频文件	AVS、WAV、AIF、MID、MP3
数据库文件	SQL、DDL、DBF、MDB、ORA
虚拟现实 /3D 图像文件	WRL、3DS、VRML、X3D、IFC、RVT、DGN
地理信息系统文件	DXF、SHP、SDB

根据《建设电子档案元数据标准》（CJJ/T 187—2012）的规定，建设电子档案元数据在管理、交换和利用过程中，需完整包含元数据内容，并采用 XML Schema 格式进行存储与传输。

（三）业务系统建设要求

为实现项目电子文件一体化归档，打破业务系统和电子文件管理系统间的数据壁垒，业务系统需要具备必要的管理功能和技术手段，以实现电子文件的全生命周期管理。

《电子档案单套管理一般要求》（DA/T 92—2022）中规定，业务系统应具备电子文件流转、电子签名、安全认证等功能，具备电子文件在线归档基础条件。业务系统归档功能至少应包括以下内容：

（1）支持按照电子档案格式要求形成电子文件及其组件。

（2）支持在电子文件形成和流转过程中自动采集电子文件元数据，并形成规范的结构化数据。

（3）支持在电子文件办理完毕或业务流程结束后，按照规范开展电子文件整理、检测工作。

（4）支持自动或半自动进行归档鉴定、划定分类和保管期限确定。

（5）支持生成包含电子文件及其元数据的存档信息包，按程序要求向电子档案管理系统归档。

（6）支持电子签名图形化转化。

第六节　水利工程项目电子文件归档技术与方法

一、归档技术

《中华人民共和国档案法》第三十七条规定："电子档案与传统载体档案具有同等效力，可以以电子形式作为凭证使用。"相较于传统载体档案，电子档案具有非人工识读性、对计算机软硬件系统的依赖性、信息与特定载体之间的易分离性、信息的易变性等特点[1]，这些特点对电子档案法律效力的鉴定与保障提出了一定要求。为此，《中华人民共和国档案法》提出了"来源可靠、程序规范、要素合规"的十二字要求，在具体的项目电子文件归档实践中，需要通过相应的技术手段来保障项目电子档案的凭证价值、查考价值和保存利用价值。

（一）四性检测

在对项目电子文件进行归档时，交接双方对电子文件检查合格后才可归档交接。根据《建设电子文件与电子档案管理规范》（CJJ/T 117—2017）的规定，对电子文件的检测，应从可用性、完整性、安全性等方面展开。而在电子档案检测的实践中，通常应根据《文书类电子档案检测一般要求》（DA/T 70—2018）等相关要求，完成对电子档案的"四性检测"，即真实性、完整性、可用性和安全性检测。归档环节中，"四性检测"项目共计36项，其中真实性检测13项、完整性检测10项、可用性检测6项、安全性检测7项。

1. 真实性检测

电子文件的真实性是指电子档案的内容、逻辑结构和背景与电子文件形成时的原始状况相一致的性质。[2]根据《文书类电子档案检测一般要求》（DA/T 70—2018）的规定，真实性检测包括电子文件来源真实性、电子文件元数据准确性、电子文件内容真实性、元数据与内容关联一致性、归档信息包真实性五个方面的检测。[3]

[1]　参见冯惠玲、刘越男：《电子文件管理教程》，中国人民大学出版社2017年版，第16~23页。

[2]　参见国家档案局：《文书类电子档案检测一般要求》（DA/T 70—2018），2018年4月8日。

[3]　参见国家档案局：《文书类电子档案检测一般要求》（DA/T 70—2018），2018年4月8日。

（1）电子文件来源真实性检测。检测项目为固化信息有效性检测，即检测电子文件中电子签名、数字摘要、电子印章、时间戳等技术措施固化信息的有效性。

（2）电子文件元数据准确性检测。检测项目包括元数据项数据长度检测、元数据项数据类型与格式检测、设定值域的元数据项值域符合度检测、元数据项数据值合理性检测、元数据项数据包含特殊字符检测、档号规范性检测、元数据项数据重复性检测等7项，即检测电子档案元数据是否符合文书、照片、录音录像等元数据方案要求。

（3）电子文件内容真实性检测。检测项目为内容数据的电子属性一致性检测，即比对捕获的电子文件内容数据的电子属性信息（包括计算机文件名、文件大小、文件格式、创建时间等）与电子属性信息中记录的数据。

（4）元数据与内容关联一致性检测。检测项目为元数据是否关联内容数据检测，即依据元数据中记录的文件存储路径检测电子文件内容数据是否存在。

（5）归档信息包真实性检测。检测项目包括说明文件和目录文件规范性检测、信息包目录结构规范性检测、信息包一致性检测等3项，即依据国家有关规定，检测说明文件、目录文件信息组织和归档信息包内的文件夹结构是否符合规范，同时采用数字摘要比对等方式检测归档信息包的一致性。

2. 完整性检测

电子档案的完整性是指电子档案的内容、结构和背景信息齐全且没有破坏、变异或丢失的性质。完整性检测包括电子文件数据总量、电子文件元数据完整性、电子文件内容完整性、归档信息包完整性四个方面的检测。[1]

（1）电子文件数据总量检测。检测项目为总件数相符性检测和总字节数相符性检测2项，即统计电子文件总件数和总字节数，分别与《电子文件归档与电子档案管理规范》（GB/T 18894—2016）中《电子文件归档登记表》所登记的归档电子文件数量和归档电子文件总字节数比对。

（2）电子文件元数据完整性。检测项目包括元数据项完整性检测、元数据必填著录项目检测、过程信息完整性检测、连续性元数据项检测等4项，即对照文书、照片、录音录像等元数据方案要求检测元数据项是否齐全完整，

---

[1] 参见国家档案局：《文书类电子档案检测一般要求》（DA/T 70—2018），2018年4月8日。

具有连续编号的元数据项是否有漏号现象，反映重要问题的电子档案是否包括主要修改过程和办理情况记录等。[1]

（3）电子文件内容完整性。检测项目包括内容数据完整性检测和附件数据完整性检测 2 项，即对电子文件的内容数据和附件数据进行人工检测，从而保障电子文件数据及附件内容完整。

（4）归档信息包完整性。检测项目包括归档范围检测和信息包内容数据完整性检测 2 项，即依据单位归档范围和保管期限表检测归档信息包中的元数据和内容数据，比对归档信息包元数据中记录的文件数量和归档信息包中实际包含的电子文件数量。

3. 可用性检测

电子档案的可用性是指“电子档案可以被检索、呈现和理解的性质”[2]，可用性检测包括电子文件元数据可用性、电子文件内容可用性、电子文件软硬件环境、归档信息包可用性四个方面的检测。[3]

（1）电子文件元数据可用性。检测项目包括信息包中元数据的可读性检测、目标数据库中的元数据可访问性检测 2 项，即检测归档信息包中存放元数据的 XML 文件是否可以正常解析、读取数据，是否可以正常连接数据库和访问元数据表中的记录。

（2）电子文件内容可用性。检测项目包括内容数据格式检测和内容数据的可读性检测 2 项。通过检测电子文件内容数据格式是否符合电子文件归档要求，电子文件是否能够正常打开，从而保证电子文件内容数据规范可读。

（3）电子文件软硬件环境合规性。检测项目为软硬件环境合规性检测，即检测电子文件属性信息中记录的软硬件环境信息是否符合要求。

（4）归档信息包的可用性。检测项目为归档信息包中包含的内容数据格式合规性检测，即检测信息包中是否包含非公开压缩算法、不符合归档要求的文件格式以及信息包是否加密。

4. 安全性检测

电子档案的安全性是指“电子档案的管理过程可控、数据存储可靠，未被破坏、未被非法访问的性质”，安全性检测包括归档信息包病毒、归档载体安全性、归档过程安全性三个方面的检测。

[1] 参见丁德胜：《电子档案管理理论与实务》，中国文史出版社 2023 年版，第 151 页。

[2] 国家档案局：《文书类电子档案检测一般要求》（DA/T 70—2018），2018 年 4 月 8 日。

[3] 参见国家档案局：《文书类电子档案检测一般要求》（DA/T 70—2018），2018 年 4 月 8 日。

（1）归档信息包病毒。检测项目包括系统环境中是否安装杀毒软件检测和病毒感染检测 2 项，即检测操作系统是否安装国内通用杀毒软件，归档信息包是否感染病毒。

（2）归档载体安全性。检测项目包括载体中多余文件检测、载体读取速度检测、载体外观检测、光盘合格性检测等 4 项，即检测载体内是否含有非归档文件，检测载体读取速度和外观是否正常。针对归档光盘，需根据《档案级可录类光盘 CD-R、DVD-R、DVD+R 技术要求和应用规范》（DA/T 38—2021）的要求对光盘的奇偶校验内码错误（PIE）、奇偶校验外码失败（POF）、块错误率（BLER）等指标进行检验。

（3）归档过程安全性。检测项目为操作过程安全性检测，即采取符合国家安全保密要求的技术和管理措施。

（二）安全管理技术

《电子档案单套管理一般要求》（DA/T 92—2022）提出办公自动化系统、业务系统“应具备电子文件流转、电子签名、安全认证等功能，具备电子文件在线归档基础条件”。依据该标准，电子签名、安全认证等技术构成了电子文件在线归档的基础条件，是保障电子档案及其管理系统安全性的重要基石。在水利工程项目电子文件归档的实际工作中，通常采用电子签名、可信时间戳、区块链等安全管理技术，以保障电子文件的真实性、完整性、可用性和安全性。

1. 电子签名技术

在《电子档案单套管理一般要求》（DA/T 92—2022）中，电子签名的定义是“以电子形式所含、所附用于识别签名人身份并表明签名人认可其中内容的数据”。电子签名是基于公共密钥体制实现的加密算法，具有防抵赖的作用。在电子档案的归档环节中，业务部门根据哈希算法生成电子文件的哈希值，并用私钥加密形成电子签名；档案部门在接收到电子文件后，同样根据哈希算法生成该文件的哈希值，并用公钥解密数字签名得到另一个哈希值，比较两个哈希值，如结果一致，则电子文件内容真实可信。电子签名技术能够确保文件来源真实可靠，从而维护电子文件的真实完整。

2. 可信时间戳技术

时间戳是指使用数字签名技术产生的数据，签名的对象包括原始文件信息、签名参数、签名时间等信息[1]，证明在时间戳记录的时间前该份电子文件就已经形成。可信时间戳则是由权威时间戳服务机构出具的一种电子凭证，证实电子文件在特定时间点的存在性、完整性及可验证性[2]，具有防篡改和防抵赖功能，为电子文件提供了可靠的时间证明与法律保护，保障其凭证价值。

3. 区块链技术

区块链不是单一的技术，而是分布式数据存储、点对点传输、共识机制、加密算法等多重技术的创新集成。[3] 区块链集成了数字签名、时间戳和数字摘要三大技术，为每个电子文件通过非对称加密机制签名，添加时间戳并计算哈希值，将业务记录按时间逐条串接成链式结构，前一个区块链的哈希值放入第二个区块链中，对任何文件的任何非法修改都会引起其他数据块中哈希值的改变，并且业务记录一旦登记进区块链，永远不能删除。[4] 通过区块链技术的应用，可以保证电子文件的真实性、可靠性、可追溯性和不可篡改性。

二、归档方法

（一）捕获固化

根据《电子档案管理基本术语》（DA/T 58—2014）的定义，电子文件的捕获是指适时获取电子文件及其元数据的方法与过程，捕获之后文件的内容就得以固定，无法修改。电子文件的捕获是在电子文件管理系统环境中实现的一项文件管理功能，能够实现对电子文件及其元数据的管理，是电子文件归档的重要工作步骤和方法。

在水利工程项目电子文件归档的实践中，根据《建设电子文件与电子档案管理规范》（CJJ/T 117—2017）的规定，电子文件形成单位应构建电子文件管理系统，由该系统自动捕捉并记录业务系统、应用软件及操作系统中生成的电子文件及其元数据，智能提取文件的层级、标识符、标题、作者、分类、日期、大小等元数据，并利用先进的电子签名与封装技术进行固化处理。

---

[1] 参见中华人民共和国国家质量监督检验检疫总局、中国国家标准化管理委员会：《信息安全技术　公钥基础设施　时间戳规范》（GB/T 20520—2006），2006 年 8 月 30 日。

[2] 参见冯惠玲、刘越男：《电子文件管理教程》，中国人民大学出版社 2017 年版，第 422 页。

[3] 参见刘越男、张一锋、吴云鹏等：《区块链技术与文件档案管理：技术和管理的双向思考》，《档案学通讯》2020 年第 1 期。

[4] 参见刘越男：《区块链技术在文件档案管理中的应用初探》，《浙江档案》2018 年第 5 期。

通过此捕获机制，电子文件及其元数据从业务预归档环节进入电子档案管理系统，实现在线归档流程的高效整合与自动化管理。

（二）封装

根据《电子档案管理基本术语》（DA/T 58—2014）的定义，封装是指将元数据内嵌于电子档案的过程，即依据《电子文件归档与电子档案管理规范》（GB/T 18894—2016）和《归档文件整理规则》（DA/T 22—2015）的要求对每件电子文件及其元数据进行整理后，将信息固化生成存档信息包的过程，通常以 XML 的格式作为封装归档格式。

（三）预归档

根据《电子文件归档与电子档案管理规范》（GB/T 18894—2016）的规定，档案部门应将清点、鉴定合格的电子文件及其元数据导入电子档案管理系统预归档库，从而第一时间将具有档案保存价值的电子文件纳入档案管理范畴。预归档是正式归档前在办公自动化系统中进行逻辑归档的过程，预归档与归档的区别体现在以下三个方面：①归档时间不同，归档在文件办理完毕后进行，预归档在电子文件形成之初进行；②管理权归属不同，归档后电子文件管理权由业务部门移交到档案部门，预归档则不会改变电子文件的归属权；③归档方式不同，归档属于物理归档，预归档属于逻辑归档。[1] 预归档应支持手动归档、自动归档、批量归档、单份归档等功能，并结合项目业务系统及项目档案标准规范确定归档接口[2]，从而实现水利工程项目电子文件从预归档库向电子文件管理系统的输送。

第七节　水利工程项目电子文件的归档质量保障策略

根据《建设项目电子文件归档和电子档案管理暂行办法》（档发〔2016〕11 号）第十二条的规定，建设单位在编制招标文件，并与参建单位签订合同或协议时应设立专门条款，明确项目电子文件归档和电子档案管理责任，包括质量要求、归档范围、整理标准、归档时间、储存介质、文件格式、相关费用及违约责任等内容。监理合同还应明确监理单位对所监理项

[1] 参见宁娜：《电子文件预归档管理研究》，《中国档案》2019 年第 7 期。

[2] 参见福建省市场监督管理局：《工程建设项目电子文件归档一体化管理技术要求》（DB35/T 2081—2022），2022 年 10 月 27 日。

目的电子文件和电子档案的审核责任。《建设项目电子文件归档和电子档案管理暂行办法》(档发〔2016〕11号)第十二条明确指出建设单位、参建单位、监理单位具有保障电子文件归档质量的管理责任和审核责任。在实际的项目电子文件归档过程中，各单位需采取一系列策略以保障项目电子文件归档质量。

一、电子文件与水利工程项目同步管理

根据《建设工程文件归档规范（2019年版）》（GB/T 50328—2014）的规定，“工程文件应随工程建设进度同步形成，不得事后补编”，电子文件与水利工程项目同步管理是全程管理思想的体现，是贯穿水利工程项目电子文件和电子档案管理的重要原则，是项目电子文件及时归档的重要保障，能够有效提高项目电子文件归档质量。

而在目前的工程建设实践中，存在不重视施工资料归档管理的现象，平常没有对工程文件进行收集和保存，因此造成后期文件不齐全、不完整的情况，不利于电子文件的完整性和真实性[1]，从而降低归档电子文件的质量。

为解决此类问题，需切实贯彻电子文件与工程建设同步管理的原则，做到项目电子文件与工程建设同步产生、同步收集、同步整理、及时归档。中国科学院档案馆于2021年6月印发的《中国科学院电子文件归档与电子档案管理办法（试行）》就体现了同步管理的原则，其中第十五条提出“各单位应以在线或离线方式，按要求同步收集电子文件及其元数据，并确保其齐全完整、来源可靠、未被非法篡改且关联关系持久有效”。通过电子文件与工程建设同步管理，可实现工程建设过程中电子文件的全程一体化管理，保障归档电子文件的真实性和完整性。

二、监理归档

《建设项目电子文件归档和电子档案管理暂行办法》（档发〔2016〕11号）第十二条中提到“监理合同还应明确监理单位对所监理项目的电子文件和电子档案的审核责任”，明确指出监理单位在建设工程电子文件管理中的监督作用。除建设工程施工情况的监督之外，监理单位还应督促检查施工单位竣工资料收集、整理、编制的全过程，以保证其真实、完整、准确、

[1] 参见徐艳梅：《浅谈施工资料管理与水电建设工程同步》，《水利水电技术》2020年第S2期。

系统。[1]

除监理部门之外，还需要发挥建设单位档案管理机构的监督作用。《建设项目档案管理规范》（DA/T 28—2018）规定，建设单位档案管理机构应监督、指导本单位工程管理相关部门及参建单位项目文件的形成、收集、整理和归档工作，审查参建单位制定的针对该项目的文件管理和归档制度规范。

通过落实监理部门和建设单位档案管理机构在水利工程项目电子文件归档过程中的监理职责，以保证项目电子文件的全生命周期处于可控的状态，符合“来源可靠、程序规范、要素合规”的要求。

三、纳入验收要求

根据《建设项目电子文件归档和电子档案管理暂行办法》（档发〔2016〕11号）第九条的规定，建设单位应将项目电子文件归档和电子档案管理工作纳入项目建设计划和项目领导责任制，纳入招投标要求，纳入合同、协议，纳入验收要求。所谓纳入验收要求，就是在验收标准中限定项目电子文件的归档要求，只有满足归档要求的项目电子文件才可通过验收，进一步提高验收工作的门槛，强调验收工作的重要性。《建设工程文件归档规范（2019年版）》（GB/T 50328—2014）对验收时项目电子文件的完整性、格式、来源等要求进行了规定，使归档项目电子文件验收合格成为建设工程项目验收及结算的前提条件，从而提高项目电子文件的归档质量，有利于保障归档项目电子文件的凭证价值和情报价值，以便未来的查考和利用。

[1] 参见刘智兰：《金沙江上游水电建设项目档案管理实践》，《中国档案》2019年第3期。

第五章
水利工程项目电子档案管理体系

目前，电子档案管理存在国外、国内相割裂，理论、实践相脱离的“两张皮”现象。构建和完善新时代电子档案管理体系，需要重新定义电子档案和分类方法，重新塑造电子档案形成、开发等工作流程，拓展电子档案管理理论基础，构建电子档案管理体系模型，优化电子档案管理模式，完善系统功能架构，创新档案整理和鉴定方法等，理顺电子档案管理理论建设与实践要求、国际经验与国内实践、传统做法与现代技术之间的关系，完成电子档案管理内容的时代化、本土化改造。

水利工程项目电子档案管理作为一项涉及组织管理、制度标准、规范流程、技术支撑、数据治理等诸多因素的综合性和系统性工作，需要加强顶层设计，完善流程管理。水利工程项目电子档案管理过程包括设计、实施、评估和修正四个步骤。首先，设计阶段要结合水利工程项目实际情况，明确水利工程项目电子档案管理的目标和任务，注重顶层设计和统筹规划，制定相关制度、规范和流程，明确实施路径。其次，实施阶段要进一步明确水利工程项目电子档案管理相关制度、规范和流程的具体细节和要点，根据电子档案管理的要求和需求科学选择和定制开发电子档案管理工具。再次，评估阶段要对现有水利工程项目电子档案管理工作的科学性、成熟性、合理性、合规性及潜在风险进行评价，通过调查进一步从业务视角明确对电子档案管理的需求。最后，修正阶段要依据评估的反馈结果改进和完善水利工程项目电子档案管理工作，不断优化和提升电子档案管理水平。水利工程项目电子档案管理作为一项复杂的工作，必须建立科学、完整的管理体系框架，指导电子档案管理工作的开展。

第一节 水利工程项目电子档案管理要素与体系

一、水利工程项目电子档案管理要素

水利工程项目电子档案管理要素应当包含负责统筹规划的战略要素、保障工作顺利开展的制度要素、提升工作效能的技术要素、深化档案内容的数据要素和指导档案工作的价值要素。

（一）战略要素

战略要素是基于国家行业和部门数字战略、数据战略、信息化发展战略、档案事业发展战略等制定适合全国、区域、行业或组织机构的电子档案管理的战略规划、行动计划和实施路径。水利工程项目电子档案管理的战略要素要以总体国家安全观为水利工程项目电子文件治理理念[1]，跟上国家信息化进程，根据水利行业档案管理的要求、政策、标准与制度，自上而下开展统筹规划，在前期尽可能消除和避免各机构推行单轨制电子文件管理的障碍，结合工作实际情况明确水利工程项目电子档案管理的中心任务和重点环节，开展包括制度体系、管理机制和高新技术相结合的治理行动，确保档案助力水利工程项目的持续发展。

（二）制度要素

水利工程项目电子档案管理制度要考虑到档案管理权责的划分、档案管理流程的规范、评估反馈机制的建立等。首先，通过设立或明确电子档案管理组织机构，划分电子档案管理职责权限来保障水利工程项目档案管理工作的顺利开展和有序实施。其次，电子档案管理要从制度上明确档案的统一管理和全程管理要求，实现业务驱动，确保档案安全和方便利用。[2]最后，水利工程项目电子档案的管理工作应在统筹规划和指导监督下，设立由水利专家、档案管理人员及相关部门人员共同组成的电子档案管理领导机构，负责制定和审查水利工程项目电子档案管理的制度、规范、标准和流程，建立绩效考核和评价反馈机制，保障水利工程项目电子档案的管理活动顺利开展。

[1] 参见朱兰兰、段燕鸽：《总体国家安全观下电子档案单套制风险治理研究——基于“理念—主体—行动”的三维分析框架》，《档案管理》2022 年第 6 期。

[2] 参见丁德胜:《构建数字档案管理新体系——管理思路与管理流程》,《中国档案》2024 年第 3 期。

（三）技术要素

技术要素是水利工程项目电子档案管理的支撑手段，电子档案管理水平与平台系统、基础设施和技术支持等因素密切相关。水利工程项目电子档案管理技术应用要充分考虑目的性和经济性，避免盲目追求新技术，合理选择适用的技术，保障电子档案管理可持续发展。[1] 电子文件单套制归档、电子档案的真实性保障和流程驱动信息流转等都离不开电子签章、区块链、流程引擎等技术的支撑。应利用新兴技术开发智慧建管系统，实现管理业务标准化协同，充分共享档案数据，规范业务管理流程，从而建立覆盖全生命周期的水利工程项目电子档案管理体系。[2]

（四）数据要素

数据要素既是水利工程项目电子档案管理的主体内容，也是电子档案管理的重点对象。数字时代，通过数据智能工具、平台开展档案数据化管理，运用数据要素赋能业务模式和管理创新，实现最优策略自动化运行，充分释放生产力，创造新的业务价值成为大势所趋。[3] 水利工程项目电子档案管理部门参考 DIKW 模型（关于数据、信息、知识及智慧的模型），以档案连续体理论、档案后保管理论、信息生命周期理论、数据治理理论和知识管理理论为指导 [4]，利用档案系统 BI 分析工具（指商业智能工具）开展可视化、自助式的数据分析，提升水利工程项目档案数据治理水平，总结水利工程项目档案数据的运动特点和规律，从海量档案数据中提取和挖掘有价值的档案数据，为水利工程项目运维提供决策参考。

（五）价值要素

价值要素是水利工程项目电子档案管理的价值取向，指导水利工程项目电子档案的管理与开发利用工作。一方面，水利工程项目档案数据是工具价值与信息价值的双元价值结合体 [5]，通过一体化平台的数据共享才能对水利工程项目档案数据进行充分利用，充分发挥水利工程项目档案的参考决策价

[1] 参见杨利军、何欣彤、陈永生：《区块链技术用于电子档案真实性保障的再认识与再思考——兼论档案管理的技术应用与自主可控问题》，《档案学研究》2024 年第 2 期。

[2] 参见曹迪凡、杨微、杨磊等：《海塘智慧建管系统电子档案管理技术研究与应用》，《水利水电快报》2023 年第 12 期。

[3] 参见田奕姗、高露雄、刘宝雄：《长江水文数智档案管理研究与实践》，《水利水电快报》2022 年第 S2 期。

[4] 参见丁德胜:《构建数字档案管理新体系——管理理论与体系框架》,《中国档案》2024 年第 2 期。

[5] 参见易涛：《双元价值论视域下档案数据共享研究》，《档案与建设》2023 年第 6 期。

值。另一方面，在单轨制电子档案管理过程中要格外注重电子档案的可信性管理，注重电子档案的“证据价值”，建设理论、制度、管理与技术于一体的电子档案可信存储与验证框架。[1] 因此，价值要素要求通过对水利工程项目电子档案的有效管理和开发利用，确保档案数据的安全可信和共享流动，充分发挥水利工程项目电子档案在参考、借鉴、资政、育人方面的积极作用，发挥水利工程项目档案的价值。

二、水利工程项目电子档案管理体系

近年来，电子档案管理体系构建过程中还存在术语概念不够科学、理论根基不够深厚、管理流程不够清晰、工作内容不够健全、技术应用不够先进等客观障碍，迫切需要从整体上审视和研究电子档案管理，通过重新定义和梳理电子档案概念与分类、夯实拓展电子档案管理理论基础、重新塑造电子档案管理工作流程、创新电子档案管理要求等做法，加快构建符合时代化、本土化要求的新时代电子档案管理体系。[2] 从水利工程项目电子档案管理的现实要求出发，需要建立以“大档案观”为基础的水利工程项目电子档案管理体系，重新界定管理对象范围，根据业务需求梳理档案管理要求，优化电子档案管理流程，在继承“大文件观”合理内容的基础上，构建以档案管理为立足点，以经典档案管理流程为主线，以电子档案全程管理为重点的电子档案管理体系框架。[3]

（一）水利工程项目电子档案管理组织体系

良好的水利工程项目电子档案管理组织体系是实现电子档案高效管理的必要保障。组织体系主要涉及电子档案管理法律法规、数据标准体系等宏观政策因素以及电子档案管理机构设置及人员配置情况等因素。水利工程项目电子档案管理应以《中华人民共和国档案法》为指导，结合国家档案标准、水利行业标准，制定并形成清晰度高、操作性强的多维度电子档案规范管理制度。水利工程项目数据标准体系要从电子档案全生命周期管理视角出发，形成切实可行的档案管理方案和技术路线规划。水利工程项目电子档案的管

[1] 参见毕建新、余雪、余亚荣等：《电子档案可信存储与验证体系研究》，《档案学研究》2023 年第 3 期。

[2] 参见徐拥军、连志英、陈怡：《2021 年中国档案学研究现状、特点及发展趋势》，《档案学研究》2022 年第 1 期。

[3] 参见余亚荣、毕建新：《〈“十四五”全国档案事业发展规划〉解读：构建基于信任的国家电子档案管理体系》，《山西档案》2021 年第 5 期。

理机构设置需依据水利工程项目档案管理的目标要求，组建符合相应需求的组织机构，确保水利工程项目档案管理机构、工程建设管理部门和参建单位的有效协同，实现业务主体、管理主体和技术主体的动力协同[1]，并通过交流培训提升电子档案管理人员的业务能力和综合素养。

（二）水利工程项目电子档案管理数据体系

伴随着数字技术的发展，社会整体数据化程度加深，档案形成的生态环境和档案形态发生客观变化，档案形成生态正在由“模拟态”向“数据态”转变，档案的存在形式和开发方式也随之变化，档案关注和管理的客体也由“载体”向“数据”发展，档案工作发生变革，迎来了向数据管理转型的新型档案管理范式。[2]水利工程项目电子档案管理数据体系需要以电子档案由内容、结构和背景组成的“三要素”观点为指导，在注重电子档案数据实体管理，保证从创建至归档保存环节可信管理的基础上，进行元数据动态捕获和存储，同时进行全生命周期管理纪实，将电子档案的背景信息与数据实体相关联，并打包封装，保障业务活动环节电子档案的凭证价值。

（三）水利工程项目电子档案管理规范体系

电子档案管理规范缺失将危及电子档案安全。[3]水利工程项目电子文件管理实践需要参照文件档案管理规范、系统开发与评估规范、水利行业管理规范等大量非电子文件专有规范，由法规、政策、标准和指南等共同构成电子档案管理规范体系。[4]水利工程项目电子档案管理规范体系需要涵盖电子档案全生命周期，在保障业务连续性的基础上，为电子档案流转提供可信环境。具体规范包括实行电子签名、时间戳服务等可信密码管理，利用动态完整性度量等资源可信度量模型和规范开展电子档案信度和效度测量和评估，建立格式登记数据库并对电子档案保存格式实施管理，制定与实施电子档案管理的风险管控和审计规范等。通过水利工程项目电子档案管理规范体系及时识别并控制电子档案管理的威胁和风险，保障水利工程项目电子档案内容的可用性。

（四）水利工程项目电子档案技术体系

技术状况对水利工程项目电子档案管理具有很大影响。一方面，病毒

---

[1] 参见桂美锐：《电子档案“单套制”管理的多元主体协同机制》，《档案管理》2019 年第 1 期。

[2] 参见金波、添志鹏：《档案数据内涵与特征探析》，《档案学通讯》2020 年第 3 期。

[3] 参见冯惠玲主编：《电子文件管理 100 问》，中国人民大学出版社 2014 年版，第 204~209 页。

[4] 参见章燕华：《电子文件管理规范体系框架研究》，《档案学通讯》2010 年第 5 期。

风险、黑客攻击、设备与系统风险等技术漏洞都可能影响电子档案信息安全，造成数据损坏与丢失。[1] 另一方面，数字技术也是保证电子文件真实可信、安全可用的重要保障。水利工程项目电子档案技术体系是基于管理体系的信息化架构，主要包含保障电子档案的创建和使用的系统架构设计，保障电子档案在信息交互、跨网络传递中安全的主动免疫体系结构，保障电子档案大批量可信存储、监测、预警、保全和修复的数据仓储（包括第三方数据仓储），实现电子档案生成机构与保存机构间数据传递的主客体认证机制，基于“四性检测”、数据存证的数据鉴别等内容。在技术体系方面提倡自主研发水利工程项目电子档案管理系统，为电子档案管理提供技术性保障措施。

第二节　水利工程项目电子档案管理模式

水利工程项目电子档案管理基本模式是指水利工程项目电子档案在归口、流转、保管等日常管理工作中形成的不同管理做法与方式。水利工程项目电子档案归口模式是指电子档案在组织机构以何种归口方式进行管理的工作模式，主要包括分散式、统一式和文档一体式。水利工程项目电子档案流转模式是电子档案管理全程是否仅以电子形式进行归档和管理的工作模式，主要包括双套制和单套制。电子档案保管模式也称作档案馆电子档案管理模式，是指电子档案是否由档案馆进行集中保管的工作模式，主要包括分布式和集中式。

常见的水利工程项目电子档案管理模式包括数字档案馆（室）和智慧档案馆（室）。水利工程项目数字档案馆（室）是进行水利工程项目电子档案管理的典型模式，运用数字摘要、电子签名、时间戳、OCR 光学字符识别等信息技术采集、加工、存储、管理电子档案和数字化档案信息，并通过提供水利工程项目信息共享利用和档案知识服务的档案信息来建成管理平台。智慧档案馆（室）依托大数据、物联网、区块链、云计算和人工智能等技术，借助自主抓取、系统校验、自动提醒等手段，实现全链路数据整合和治理，为用户提供个性化知识服务。

[1] 参见陈永生、苏焕宁、杨茜茜等：《电子政务系统中的档案管理：安全保障》，《档案学研究》2015 年第 4 期。

一、水利工程项目电子档案管理基本模式

水利工程项目电子档案管理基本模式是指电子档案在归口、流转、保管等日常管理工作中形成的不同管理做法与方式。

（一）水利工程项目电子档案归口模式

水利工程项目电子档案归口模式也称作组织机构内部电子档案管理模式，是指电子档案在组织机构内部以某种归口方式进行管理的工作模式。水利工程项目电子档案归口模式主要包括分散式、统一式和文档一体式。

分散式管理是由形成档案的业务部门或其他部门分散管理和保存水利工程项目电子档案的模式，容易产生管理职责不清的问题，出现仅关注电子档案现行价值、各行其是的短期管理等现象，导致电子档案处于失控状态。

统一式管理是由机构档案部门统一归口管理和保存水利工程项目电子档案的模式，对电子档案进行集中掌控、有效管理和信息共享，减少安全风险，是符合档案集中统一管理的法定要求和电子档案管理规律的管理方式。

文档一体式管理是指将电子档案与电子数据（文件）作为整体实施一体化管理的模式，有助于组织机构建立涵盖电子档案全生命管理周期的电子档案管理系统。该模式统一考虑电子档案形成和管理工作，是符合电子档案工作规律的管理方式，同时与组织机构合并设置文件档案部门、档案人员数量偏少的实际情况相匹配，是比较理想的电子档案管理模式。在实际工作中，由于存在认识不到位、相关部门机构分散设置、未统筹建设业务系统和电子档案管理系统等情况，文档一体化管理在组织机构内部电子档案管理中并不普遍。

（二）水利工程项目电子档案流转模式

水利工程项目电子档案流转模式是指电子档案管理全过程是否仅以电子形式进行归档和管理，主要分为双套制和单套制。水利工程项目电子档案双套制是在电子档案法律地位不明确、管理标准规范不健全情况下的过渡产物，以传统载体档案管理为主、电子档案管理为辅，将符合一定条件的电子档案转换为纸质文件或者缩微胶卷同时归档。该模式不利于档案管理思想变革以及电子档案管理系统建设和规范管理，增加电子档案管理成本。近年来，随着电子档案管理技术、法律和制度的完善及实践的深入，人们愈发认识到单

套制才能实现电子档案管理的目标，提高信息化效能，降低成本。[1] 水利工程项目电子档案单套制管理成为大势所趋。

水利工程项目电子档案单套制是应对数字化转型必然要求，仅以电子形式归档电子文件和管理电子档案的方式。从国际上看，电子档案单套制逐渐成为国际通行做法。2019 年，美国国家档案与文件管理署（NARA）联合有关部门发布《向电子档案转型》（M–19–21），要求 2022 年所有联邦机构档案以电子格式管理和移交，加拿大、澳大利亚、新西兰等国也提出仅以电子形式保留或向档案管理机构移交档案的规定。从国内环境看，电子档案单套管理节省成本、提高效率，不仅对于形成电子档案管理范式，实现“增量电子化”档案信息化建设任务具有积极意义，同时也是助力其他行业数字转型,实现新质生产力、数字转型、档案信息化建设等国家战略要求的重要方式。

（三）水利工程项目电子档案保管模式

电子档案保管模式是指电子档案是否由档案馆进行集中保管的工作模式，主要包括分布式和集中式。分布式保管模式采用分布管理的方法将电子档案保存在组织机构内，档案馆对电子档案信息加以控制并对其利用加以指导和帮助。在电子档案管理过程中，确实存在组织机构形成的电子档案无法全部移交档案馆进行管理，或者一些特殊类型档案无法在档案馆得到妥善管理的情况，针对这部分电子档案，可以探索使用分布式保管模式进行管理。集中式保管是比较通用的管理模式，将具有永久保存价值的电子档案移交到档案馆集中保存，档案馆为电子档案的安全保管和社会利用提供全面保障。

信息技术发展、利用需求变化、“后保管”和“分布式管理”理论等多重因素影响各国对电子档案保管模式的选择和调整。[2] 从电子档案后保管政策实行至今，澳大利亚国家档案馆大体上经历了一个分布式—集中式—集中式与分布式保管并行的变化过程。[3] 美国国家档案与文件管理署由于“不保管”政策丢失和销毁大量文件的惨痛教训，坚持集中式保管模式。[4]

水利工程项目电子档案保管面临着业务系统日益复杂，电子档案格式、类型愈发多样化的挑战。随着区块链技术在电子档案管理领域越来越多的应

[1] 参见冯惠玲：《走向单轨制电子文件管理》，《档案学研究》2019 年第 1 期。

[2] 参见王宁、刘越男：《集中与分布的博弈：数字时代澳大利亚档案保管模式的发展及启示》，《档案学研究》2019 年第 6 期。

[3] 参见王萌：《澳大利亚国家档案馆后保管模式研究》，天津师范大学硕士学位论文，2020 年。

[4] 参见章燕华：《电子文件保管模式研究：历史、机理与路径》，《浙江档案》2008 年第 11 期。

用，区块链的分布式数据存储理念也在推动电子文件管理模式的发展。目前，电子档案管理领域也正在积极探索由文件生成机构承担电子文件保管，档案馆负责对生成机构的业务活动和文件管理工作进行统筹、指导、监督和审计的模式，分布式保管和集中式保管有机结合的保管模式将成为未来电子档案管理实践的必然选择。[1]水利工程项目电子档案保管模式并非一成不变，应当随着技术环境、保管能力和利用需求的变化而不断调整模式方案。

二、数字档案室

数字档案室的建立是档案数据化的关键环节，也是实现单套制的关键环节，其具有履行电子文件管理职责、开展数据挖掘的优势[2]，数字档案室建设成为水利行业数字化和信息化发展的必然趋势。《数字档案室建设指南》（档办〔2010〕116号）、《数字档案室建设评价办法》（档办发〔2016〕3号）的陆续发布，为数字档案室的科学建设与管理指明方向，为水利工程项目电子档案管理提供了整体解决方案。数字档案室以电子档案规范和管理为主要工作内容，重视实现数字档案资源“四性”要求，致力于形成电子档案单套管理机制等，与电子档案管理理论、方法与要求保持一致，尤其是对电子档案的命名与存储、格式与质量、元数据等提出确定性要求，是各参建单位进行水利工程项目电子档案管理的典型模式。

水利工程项目数字档案室只有将档案系统与生产系统、业务流程系统、公文发布系统和档案知识服务平台相融合，重塑档案生产流程，优化档案生成数字化过程，采用企业资源计划（ERP）流程管理的方式托管审批并进行数字签名认证，直接形成电子档案，才能真正意义上实现单套制档案管理。[3]

三、数字档案馆

《全国档案事业发展“十三五”规划纲要》（档发〔2016〕4号）提出“加快档案管理信息化进程，持续推进数字档案馆建设”。《“十四五”全国档案事业发展规划》明确提出完善档案标准体系，加速数字档案馆（室）建设，

[1] 参见王宁：《我国数字档案保管模式发展思路初探》，《北京档案》2022年第5期。

[2] 参见丁德胜：《数字档案室在档案信息化建设中的价值与前景——从机关角度探讨电子文件/电子档案管理权责、思路与方法》，《中国档案》2018年第2期。

[3] 参见罗富敬：《企业数字档案室建设方案——以广东省水利电力勘测设计研究院为例》，《兰台内外》2020年第7期。

加强新一代信息技术在数字档案馆（室）建设中的应用，推动数字档案馆（室）建设优化升级。数字档案馆始终是我国档案信息化建设的重点和要点，也是水利工程项目电子档案管理的重要方式。数字档案馆确立了档案信息化建设框架，同时对档案资源分库建设进行了探讨和实践，对电子档案管理系统建设和电子档案管理产生了重要影响，是进行水利工程项目电子档案管理的典型模式。

水利工程项目数字档案馆建设往往面临着认知、体制、管理等软因素和基础投入、技术、人员等硬因素阻碍，要处理好投入与产出、已有与现有、改革与发展的关系。[1] 水利工程项目数字档案馆需要设计和开发一套具有综合功能的数字化、专业化和标准化电子档案信息管理系统，实现单位综合管理系统与档案信息管理系统的紧密联系。[2]

四、智慧档案馆（室）

智慧档案馆在一定程度上打破了数字档案馆在理念、资源和技术等方面的限制，是社会信息化发展的必然产物，成为未来档案管理的趋势。[3] 智慧档案馆依托大数据、物联网、区块链、云计算和人工智能等信息技术，以档案数据汇聚、治理与应用为内容，以实现高效便捷、立体多元、智慧精准的服务为目标，是水利工程项目电子档案管理的未来发展趋势。智慧档案馆（室）的建设内容包括智慧管理（Smart governance）、智慧数据（Smart data）、智慧服务（Smart service）、智慧决策（Smart decision）、智慧保护（Smart custody）、智慧建筑（Smart building）六个部分。[4]

（一）水利工程项目电子档案智慧管理

水利工程项目电子档案智慧管理包括智能监督和智能管控。依托人工智能、知识图谱、云计算、机器学习、数据挖掘、数字驾驶舱和数字孪生等技术重构水利工程项目的业务流程，可实现水利工程项目电子档案全生命周期

[1] 参见方艳平：《数字档案馆建设的障碍性因素分析——以长江档案馆数字档案馆建设工程为例》，《湖北档案》2009 年第 3 期。

[2] 参见朱庆利、马士峰、武建等：《山东省水利勘测设计院数字档案馆设计与实现》，《水利规划与设计》2016 年第 9 期。

[3] 参见杨来青、徐明君、邹杰：《档案馆未来发展的新前景：智慧档案馆》，《中国档案》2013 年第 2 期。

[4] 参见丁德胜：《新时代新征程档案工作呼唤智慧档案战略——智慧档案馆室数字技术创新应用 20 个典型场景展望》，《中国档案》2023 年第 7 期。

数据管理。通过仿真、建模和可视化等技术对流域对象进行动态仿真、监测、分析和控制[1]，综合监测智慧档案馆室的设施、档案、资源和技术等内容，便于直观掌控水利工程项目和档案管理数据运行态势，辅助管理和决策，从而实时动态监测和监督法规遵从、数据质量和安全情况。

（二）水利工程项目电子档案智慧数据

水利工程项目电子档案智慧数据包括智能收集、智能整理和智能治理。智能收集是结合水利工程项目的特性和业务管理需求，采用关键词匹配、构建鉴定模型等方式自动化、智能化、高效鉴定水利工程项目档案数据的收集范围和保管期限。[2] 在确定水利工程项目电子档案收集范围的基础上，由系统自动化收集水利工程项目电子档案、元数据、日志、用户反馈等信息数据。

智能整理是按照水利工程项目档案管理要求，运用生物特征识别、自然语言、计算机视觉和大数据等新兴技术对水利工程项目档案进行智能组件、分类、排列、编号、编目（著录）等。水利工程项目电子档案智能整理可以识别、抽取录音录像档案的手写体、语音和图像特征，对照片档案进行人脸识别并自动分类，利用文本分析辅助编目和著录，进行文本自动聚类和分类等。

智能治理是基于水利工程项目电子档案数据治理的要求，运用自然语言、知识图谱、机器学习和数据挖掘等技术对档案数据进行数据挖掘和分析，识别特殊标记数据，评估水利工程项目档案数据质量，提升水利工程项目档案数据质量管理能力，保障水利工程项目档案信息的真实性和安全性，推动水利工程项目档案资源知识化，为水利工程项目的建设、运行和管理提供参考。

（三）水利工程项目电子档案智慧服务

水利工程项目电子档案智慧服务主要包括智能利用、智能开放和智能编研。一方面，运用数据挖掘、自然语言处理、知识图谱、机器学习和人工智能等技术建立水利工程项目档案开放审核模型，实现水利工程项目电子档案开放审核智能化和自动化，提升电子档案管理效率。以水利工程项目知识图谱、知识库、专家库等为基础，提供立体多元、多样化、个性化和智能化的档案信息检索，通过用户画像、数据分析等方式，了解和掌握用户需求，为

[1] 参见曾焱、程益联、江志琴等：《“十四五”智慧水利建设规划关键问题思考》，《水利信息化》2022 年第 1 期。

[2] 参见沙洲：《人工智能在档案工作中的应用研究》，《档案与建设》2018 年第 2 期。

用户推荐或主动推送档案知识服务。[1] 另一方面，运用人工智能、数据挖掘等技术自动发现和捕获档案知识，关联相关档案资源，直接生成水利工程项目档案编研提纲或具体内容，进行多层次、多维度、立体化和智能化的水利工程项目档案知识编研，并用三维建模和渲染、虚拟现实等技术提升水利工程项目电子档案编研成果的展示和宣传效果。

（四）水利工程项目电子档案智慧决策

水利工程项目电子档案智慧决策包括智能问答和辅助决策。水利工程项目电子档案智能问答运用自然语言处理、数据挖掘、机器学习等技术，以问答形式为用户提供水利工程项目的档案知识服务。智能问答通常有两种方式：一是构建由结构化知识和非结构化知识组成的水利工程项目知识库，进行知识的存储[2]，通过检索知识库实现问答。二是通过构建深层语义模型生成回复来实现问答。[3] 智能问答能有效帮助人们解决水利工程项目所面临的现实问题并提供信息参考。

辅助决策是在构建水利工程项目数据库、专家库和知识库等基础上，综合运用数据分析、数据可视化、机器学习和人机交互等技术，通过分析水利工程项目档案数据来探寻业务背后的规律，为水资源管理、水流趋势分析、水量风险控制、流域资源监测等提供支持决策的档案知识服务方式。[4]

（五）水利工程项目电子档案智慧保护

水利工程项目电子档案智慧保护包括智能库房、智能检测、可信管理和智能储存。水利工程项目电子档案智能库房主要运用物联网、RFID 射频识别、嵌入式系统、网络通信等技术有机集成和赋能档案馆设施设备，实现设备控制和档案的自动定位、识别、取放和其他智能化管理，推动档案库房的感知化和信息化。[5] 水利工程项目档案管理目前普遍应用自动化、智能化的库房，并运用物联网、智能感知和无损检测等技术，全面量化分

[1] 参见段燕鸽、王晓霞、朱兰兰：《基于用户画像的精准化档案信息服务模式探析》，《档案学刊》2022 年第 5 期。

[2] 参见胡潇戈、戚越、王玉琦等：《面向智能问答的图书馆参考咨询知识库体系设计及构建》，《图书情报知识》2019 年第 5 期。

[3] 参见王明皓、殷涛、杨洪杰等：《知识图谱和大模型技术发展与应用》，《网络安全与数据治理》2023 年第 S1 期。

[4] 参见张卫、易连兴、覃小群：《基于 GIS 的区域地下水资源管理及辅助决策系统研究——以遵义市红花岗区海龙坝水源地为例》，《华东地质学院学报》2000 年第 1 期。

[5] 参见钱毅：《智慧档案馆全域对象与建设层级分析》，《档案学研究》2019 年第 4 期。

析水利工程项目档案实体和数字档案资源载体的流转、存放和健康状态及影响因素，并根据检测情况自动采取相应措施，实现水利工程项目档案的智能检测和保管。

可综合运用生物特征识别、数字摘要、电子签名、时间戳、云存储和区块链等技术在水利工程项目电子文件形成、流转、管理全生命周期管理过程中，为水利工程项目电子文件管理提供安全可信的数据共享和流转环境，也可运用大数据、云存储等技术实现水利工程项目电子档案的自动智能存储、备份、恢复、迁移等。

（六）水利工程项目电子档案管理的智慧建筑

水利工程项目电子档案管理的智慧建筑包括智能环境、智能安防和智能运维。水利工程项目档案信息价值高，需要安全保密管理。一方面，通过传感器、嵌入式系统、RFID、网络通信和火灾报警器等物联网技术、人工智能技术自动智能监测和调控档案馆（室）建筑的相关参数，提供火灾预警并能在火灾时自动报警，启动灭火设备，以实现高效节能管理。运用计算机视觉、人脸、指纹、行为特征等生物特征识别等技术实现档案建筑智能化安全防护，保障水利工程项目档案的安全，避免重要信息被窃取。另一方面，通过物联网技术、数字孪生、大数据分析等手段，统一管理建筑设施、能源消耗、环境监测等，通过计算机视觉、传感器、无线通信等手段实现对水利工程项目的实时监控和管理，进而实现水利工程项目和电子档案管理的智能运维。

第三节　水利工程项目电子档案管理相关信息系统

水利工程项目电子档案产生于信息技术环境，依赖计算机信息系统提供的信息技术环境进行管理。水利工程项目电子档案管理相关的信息系统包括业务系统（Business System，BS）、电子档案管理系统（Electronic Records Management System，ERMS）和电子档案长期保存系统（Trusted Digital Repository，TDR），三者相互衔接，可实现对电子档案的全生命周期管理。[1]具体来说，业务系统是在电子文件预归档阶段，负责水利工程项目电子文件的形成、收集、整理和归档工作。电子档案管理系统、电子档案长期保存系

[1] 参见钱毅：《电子文件管理系统功能需求规范定位研究》，《北京档案》2011 年第 4 期。

统分别承担组织机构、档案馆电子档案的保管、保护、利用、开发、鉴定、销毁、移交、统计工作。业务系统、电子档案管理系统、电子档案长期保存系统一般单独存在、相互衔接，但有时也可能存在交叉合并情况。比如在组织机构内部基于全程管理和文档一体化思路将电子文件管理系统和电子档案管理系统合而为一，形成电子文件和档案管理系统（EDMS/ERMS 或 EDRMS）；或者具有永久保存档案职责或意愿的组织机构、直接面向业务系统接收电子档案的档案馆，将电子档案管理系统与电子档案长期保存系统合并建设等。

一、业务系统

业务系统是形成或管理水利工程项目活动数据的计算机信息系统，是水利工程项目电子档案的主要来源。业务系统的预归档模块或预归档系统承担水利工程项目电子档案形成、收集、整理和归档的管理。[1] 除声像类水利工程项目电子文件直接由数字摄录设备生成外，水利工程项目电子文件通常由业务系统生成。然而，目前大多数投入应用的业务系统基本无法为电子文件归档提供支撑，严重阻碍了业务系统电子文件归档与电子档案管理工作的顺利推进。

虽然一般的业务系统都具备电子文档和业务办理信息等数据的形成、收集功能，但是，对于电子档案管理而言，电子文件的形成、收集还需要符合计算机文件格式、原件形式、齐全完整性、规范命名、维护电子文件的历史有机联系以及元数据等档案管理的相关要求。

（一）电子文件形成与收集功能

业务系统电子文件形成与收集功能常常紧密关联或合二为一。在业务系统中，签发或办理、数据赋值、写入存储器等操作的完成，标志着业务系统中电子文件的形成、固化。水利工程项目电子文件形成与收集应齐全完整。收集功能往往将开始拟稿或刚刚形成的水利工程项目电子文件发送到存储器指定位置的程序中，部分业务系统在开始拟稿时会生成一个计算机文件，并基于此不断修改直到定稿、签发、用印，整个过程只有一个计算机文件，且存储位置不变。随着人工智能的发展，水利工程项目电子文件的自动收集也成为一种新趋势。通过对收集范围进行限定，实现水利工程项目电子文件的智能化收集。

---

[1] 参见陈永生、杨茜茜、侯衡等：《电子政务系统中的档案管理：问题与思考》，《档案学研究》2015 年第 2 期。

（二）电子文件整理功能

业务系统整理功能通常包括保管期限鉴定、分类、排序、命名和存储等五方面的功能。设计、开发业务系统电子文件整理功能应当依据水利工程项目建设需求，紧密结合水利工程项目业务特性。开发前应先确定水利工程项目电子文件的整理单位，根据信息化规律，业务系统形成的电子文件普遍以件（含自然件、组合件）为整理单位。业务系统生成的电子文件，最迟应在归档前以自动化方式完成整理等工作。业务系统中电子文件整理功能与电子文件形成、收集功能相互关联、交融，且无绝对的先后顺序，是一组非线性功能，可以根据不同的需求进行选择和设计。业务系统开发过程中，应由档案部门和业务部门协同制定业务系统分类方案、归档范围和保管期限表具体内容的输入及配置等工作，以便全自动或半自动地完成水利工程项目电子文件整理活动。

（三）电子文件及其元数据归档功能

根据水利工程项目档案特点和电子文件归档实际情况，电子文件及其元数据通常由业务系统归档至电子档案管理系统，也可为业务系统设计、开发电子档案管理模块。采用哪种途径和方法或者两种都采用，要根据组织机构档案管理实际情况以及业务系统的规模、作用范围等决定。

二、电子档案管理系统

电子档案管理系统是捕获、维护、利用和处置电子档案，并保障其真实、可靠、完整、可用和安全的计算机信息系统。水利工程项目电子档案管理系统应当按照国家标准，参照国内外先进经验进行，结合自身电子档案管理需求设计。

美国、欧盟、澳大利亚以及中国等国家对电子档案管理系统的研究和实践都比较充分，形成不少有关系统功能需求和设计建设的规范标准。1997年，美国颁布《电子文件管理软件应用系统设计标准》（DoD 5015.02-STD），随后经过多次修订，目前成为美国大部分政府机构在相关领域的需求指南，应用比较广泛。欧盟的《文件系统模块化需求体系》（MoReq 2010）引入模块化方法，面向服务架构（Service-Oriented Architecture，SOA）对档案管理的核心需求进行了模块化划分，确定核心档案管理服务的类别。国际标准化组织发布以 ISO 16175 为标准号的《信息与文献　电子办公环境中文件管理原则和功能要求》等三个标准，为电子档案的软件选用、功能要求、设计、实施和维护提供决策指南，旨在为方案架构师、IT 采购决策者、应用开发者、业务分析师、应用测试者等用户提供应用方案。[1]

2012 年，我国发布《电子文件管理系统通用功能要求》（GB/T 29194—2012），此处的“电子文件管理系统”实际为本书定义的“电子档案管理系统”。该标准与国外标准联系紧密，借鉴基于 ISO 15489 的文件档案管理核心标准及相关规范和澳大利亚国家档案馆相关标准等，将电子档案管理系统功能分为基本功能和可选功能，为我国电子档案管理系统应用软件的设计、开发和第三方测评提供了依据和重要参考。[2]2015 年，我国发布《电子文件管理系统建设指南》（GB/T 31914—2015），该标准中的“电子文件管理系统”同样实际为本书定义的“电子档案管理系统”。标准着眼于指导电子档案管理系统在用户单位的实施，维护电子化的业务凭证，强化其对业务活动的信息支撑，全面保护机构的信息资产，对电子档案管理系统建设的过程、方法和要求进行了规定。[3]2017 年，国家档案局发布《电子档案管理系统基本功能规定》（档办发〔2017〕3 号），明确了建设电子档案管理系统的原则和总体要求，并对档案接收、整理、保存、利用、鉴定与处置、统计和系统管理等核心功能提出规范化要求。2021 年，我国发布《电子档案管理系统通用功能要求》（GB/T 39784—2021），该国家标准规定了电子档案管理系统功能的总体要求，还规定了电子档案的接收、整理、保存、利用、鉴定、统计、审计跟踪等关键业务环节和系统管理的通用性功能要求。

三、电子档案长期保存系统

电子档案长期保存系统又被称为可信数字仓储系统，广泛应用于档案馆，重点在于解决电子档案非现行期的长期保存和管理问题，致力于以正确和可被独立理解的方式长期保存数字档案信息。在水利工程项目电子档案的管理实践中，通常在电子档案管理系统中体现电子档案长期保存系统要求或者在电子档案管理系统中建立单独的电子档案长期保存系统，以解决电子档案管理和长期保存问题。水利工程项目电子档案长期保存系统要考虑水利工程项目的特点，根据《电子档案管理系统通用功能要求》（GB/T 39784—2021）

---

[1] 参见安小米、刘桓鑫、白文琳：《文件管理系统功能要求国际标准的变化——基于 ISO 16175 系列新旧标准的对比》，《北京档案》2022 年第 2 期。

[2] 参见张雅君、赵子博、李泽锋：《全生命周期管理过程中业务系统改造研究》，《档案管理》2020 年第 3 期。

[3] 参见刘越男：《关于文件管理国际标准 ISO 15489〈信息与文献—文件管理〉更新之处的思考》，《北京档案》2020 年第 7 期。

等国家标准构建。此外，电子档案长期保存需要协调具体实施长期保存工作的档案保管部门，制定长期保存政策、规划等并进行全程监督和协调的档案主管部门，为电子档案长期保存提供技术支撑的技术部门三者之间的关系。通过责任主体协调合作机制，形成一个贯穿电子文件完整生命周期的长期保存责任体系，可为电子档案长期保存工作提供体系保障，推动并实现电子档案的长期保存工作顺利进行。[1]

第四节　水利工程项目电子档案系统架构

水利工程项目电子档案管理相关信息系统功能架构可划分为配置管理功能、档案业务功能、安全管理功能、系统管理功能和可选功能。配置管理功能通过配置分类方案、档号规则、保管期限表、元数据方案等建立和维护档案管理业务规范。档案业务功能基于水利工程项目电子档案管理流程展开。安全管理功能通过身份认证、电子签名、权限管理、审计跟踪等保护电子档案以及管理系统安全。系统管理功能通过用户和资源管理、系统功能配置、操作权限分配等监控系统运行情况并做出总体要求、系统报告等。其中配置管理功能、档案业务功能、安全管理功能、系统管理功能是功能架构必选内容，辅助管理、离线利用等可选功能可以根据实际情况选择建设。

一、总体架构

水利工程项目电子档案管理应当统筹考虑组织机构和档案馆电子档案管理相关信息系统建设工作，依据电子档案管理流程，结合国家标准《电子文件管理系统通用功能要求》（GB/T 29194—2012）、《电子档案管理系统通用功能要求》（GB/T 39784—2021）相关内容，将电子档案管理相关信息系统功能架构划分为配置管理功能、档案业务功能、安全管理功能、系统管理功能和可选功能，以更好地衔接传统载体档案管理与电子档案管理，提高水利工程项目电子档案管理效率。

[1]　参见屠跃明、张梦霞：《电子文件（档案）长期保存责任体系构建研究》，《档案学研究》2016年第1期。

二、配置管理功能

配置管理功能是建立和维护档案管理业务规范的功能，包括档案类型配置、分类方案配置、档号规则配置、保管期限表配置、元数据方案配置等内容。

（一）档案类型配置

档案类型是根据档案门类或因保管要求、利用控制、重要元数据属性上存在较多共性而设置的管理层次。系统应支持定义和维护不同的档案门类模板以及其他类型模板、元数据模板，支持根据模板自动捕获元数据值或绑定某些自动执行的规定。

（二）分类方案配置

分类方案是建立档案分类体系、建构档案信息分类检索系统的重要工具，是水利工程项目电子档案整理、利用、鉴定等工作的依据。系统应支持根据不同门类档案分类方法建立符合自身实际情况的分类方案，并在权限范围内对分类方案进行维护、修改、导入和导出等；支持根据分类方案对电子档案进行系统标识和整理。

（三）档号规则配置

档号规则是确定档案编制档号的依据。系统应支持按照档号编制相关标准和要求配置案卷级、文件级档号规则；支持授权用户在档号规则设置完成后，对档号构成项以及各项内的子项进行修改、删除、增加和调整。

（四）保管期限表配置

保管期限表是用表册的形式规定水利工程项目电子档案归档范围和保管期限的指导性文件，是鉴定档案价值和确定档案保管期限的依据。系统应支持根据机构制定的“文件材料归档范围和档案保管期限表”建立保管期限与处置表，并在权限范围内进行维护、修改、导出等；支持定义和管理处置触发条件，能够配合鉴定管理功能进行自动或半自动的流程化处置管理应用。

（五）元数据方案配置

元数据方案是元数据元素的集合，是水利工程项目电子档案管理的重要工具。系统应支持根据档案门类及其他类型、电子档案不同形式等创建元数据方案，并在权限范围内进行维护、修改、导出等；支持元数据自动捕获和人工著录、有效性检验等。

三、档案业务功能

档案业务功能是电子档案管理系统的核心功能，应当基于水利工程项目电子档案管理流程展开。水利工程项目电子档案管理相关信息系统的核心业务功能包括水利工程项目电子文件形成与收集、整理与归档、保管与保护、利用与开发、鉴定与销毁、移交与统计功能。其中水利工程项目电子文件的形成、收集、整理、归档功能一般由业务系统承担，业务系统组件化开发可采用“分散开发，集中搭建”模式，针对水利工程项目的业务应用，由不同开发人员协同搭建系统，实现相对独立的具体业务功能。[1]电子档案管理系统承担后续水利工程项目电子档案管理功能。在业务系统无法实现上述功能时，电子档案管理系统应当具备除形成外的收集、整理、归档功能。电子档案长期保存系统应当根据情况设置除形成外的其他业务功能。

四、安全管理功能

安全管理功能是保护水利工程项目电子档案以及管理系统安全的功能，包括身份认证、电子签名、权限管理、审计跟踪等内容。

（一）身份认证

身份认证是鉴别和验证用户的重要途径。用户通过身份认证并登录电子档案管理系统后，系统会自动锁定该用户具有的功能权限和数据权限，直到该用户退出系统，以保证系统不被授权用户恶意操作、不被非授权用户使用或修改，确保电子档案管理系统和电子档案及其元数据、其他各种数据的安全，维护授权用户在系统内的合规权益。

（二）电子签名

电子签名对于电子档案真实性和完整性具有重要作用，可以鉴别档案的来源、确保其来自声明的主体。电子签名既是电子文件的信息要素，也是其功能要素。[2]系统应支持捕获、验证、存储、导出电子签名以及相关联的电子证书和证书服务提供商的详细资料；支持在元数据方案中设置对应的电子签名专门元数据元素，将签名验证结果作为元数据写入档案管理元数据；支持电子签名图形化转化。

（三）权限管理

权限管理是根据安全策略在权限、用户、资源之间建立的安全访问控制

[1] 参见李建勋、解建仓、李维乾等：《面向水利业务构建的应用支撑信息服务中心》，《长江科学院院报》2013 年第 1 期。

[2] 参见刘越男、杨建梁、张洋洋：《单轨制背景下电子签名的归档保存方案研究》，《档案学通讯》2019 年第 3 期。

机制。系统应支持建立用户权限分配表或类似工具，对用户权限进行配置和管理，保证只有授权用户可以执行特定的访问或功能；系统支持按照不同聚合层次对全宗、门类、案卷、件、组件等进行权限设置；任何角色或用户均不能直接或间接同时拥有系统管理和审计管理的权限。

（四）审计跟踪

审计跟踪是通过设置在操作系统、业务系统内的日志文件和审计工具等显示系统的事务处理信息，确保识别和跟踪未被授权行为。操作系统、业务系统相关功能应支持授权用户进行检索、查阅，审核一个时间段内，甚至实时是否有违反安全策略的活动、违规操作行为，一旦发现可进行及时分析、处置。系统应支持对档案管理流程和档案具体操作行为进行审计跟踪，并将审计跟踪信息作为元数据加以管理；支持审计跟踪数据可按要求被审查、访问，并在指定时间内产生特定的报告。

五、系统管理功能

系统管理是通过用户和资源管理、系统功能配置、操作权限分配等，对系统运行的各方面表现进行监控并作出报告，包括总体要求、系统报告等内容。

（一）总体要求

总体要求包括系统参数管理、系统管理、系统配置及用户管理的要求等。系统应支持设立系统管理员、安全保密管理员和安全审计员，系统管理员能够查询、显示以及重新配置系统参数，重新确定用户范围和用户角色，对分类方案进行较大改动。

（二）系统报告

系统报告要求采用较为灵活的报告制度来对系统实施监控管理。系统应支持定期生成存储空间有关状况报告、审计跟踪报告、失败 / 错误过程处理状况报告、移交操作报告、安全违规操作报告等，并提供报告基本统计和分析功能；支持提供报表打印、阅读、排序、分类、存储、导出等基本管理功能。

六、可选功能

建议有条件的组织机构采用可选功能。可选功能主要包括对传统载体档案及其档案数字复制件进行辅助管理；使用离线存储、阅读设备从电子档案管理系统中读取电子档案；提供合适的接口与业务系统、电子档案长期保存系统进行连接；支持电子档案及其管理活动按照预设流程自动在用户之间进行传递。系统应具备稳定且灵活的体系结构，能够达到用户期望的标准、满足不断变化的业务需要。对于电子档案管理来说，传统载体档案及其档案数字复制件辅助管理属于可选内容，但从整个组织机构档案信息化工作来说，传统载体档案及其档案数字复制件辅助管理属于组织机构档案信息化的有机组成部分，在建设电子档案管理系统时应当一并考虑。

第六章

水利工程项目电子档案整理

水利工程项目电子档案整理是将水利工程项目在调研、决策、设计、施工、竣工验收、评估等过程中形成的，具有保存价值的文字、图表、音像等水利工程项目电子文件按照形成规律和特点，根据科学的理论和方法，整理成为便于保管和利用的有序体系的业务活动。水利工程项目电子档案整理包括分类、组件、排列、编号、编目等一般档案工作流程，还包括格式转换、命名、封装等电子档案整理特有流程。电子档案整理的一般工作流程与传统载体档案整理的工作流程相类似，这是因为电子档案具备与传统载体档案相同的特征，而电子档案整理的特有流程则反映出了电子档案区别于传统载体档案的自身特点。

水利工程项目电子档案整理既要遵循文件形成规律、保持文件有机联系、方便文件保管和利用，又要兼顾水利工程项目电子档案所具有的系统依赖性、信息易变性、信息共享性、信息可集成性等特点，在整理过程中体现出自动化、标准化、智能化等特点。

第一节　水利工程项目电子档案分类概述

水利工程项目电子档案分类是依据分类逻辑框架、方法及规则，按照类目对档案进行的系统标识和整理，即将电子档案按照分类方案划分、归入相应的层次和类别，以揭示水利工程项目电子档案内在联系，进而形成一套有序体系。通过分类，可以使水利工程项目电子档案更有条理，便于检索和查找；合理分类有助于更好地进行电子档案的保管、利用和销毁；此外，电子档案分类还有助于监控电子档案的使用情况、保护档案的安全和完整性、防止档案丢失或被篡改。

一、水利工程项目电子档案分类原则

档案分类是水利工程项目电子档案整理中的重要环节，分类时主要依据电子档案的内容、形式、时间等特征，以确保电子档案分类的科学性、规范性和有效性，提高电子档案的管理水平和利用效率。在确定电子档案分类的过程中应该遵循以下几项工作原则。

（一）内容原则

水利工程项目电子档案应按照其内容或主题进行分类。同类电子档案应具有相似的主题或内容，以便用户根据需求快速查找相关档案。

（二）逻辑性原则

水利工程项目电子档案分类应具有一定的系统性，遵守分类的逻辑规则，确保分类结果之间的逻辑关系清晰。一次分类只能使用一个分类标准，子类外延之和应正好等于母类外延，子类之间必须界限清晰、不能互相交叉，类目概念应明确，便于用户理解和使用。

（三）形式原则

可根据水利工程项目电子档案的形式特征对其进行分类，如文本、图像、音频、视频等。这种分类方式有助于人们了解电子档案的信息呈现方式，方便后续处理和利用。

（四）时间原则

可按照水利工程项目电子档案的形成时间对其进行分类，如年度、季度、月份等。这种分类方式有助于人们了解水利工程项目的历史发展脉络，便于电子档案追踪和追溯。

（五）实用性原则

水利工程项目电子档案分类应充分考虑实际需求，确保分类结果能够满足用户的检索和利用需求。同时，分类方法应简单易行，分类层次应简明，类目不宜过细、过多，以便于操作和管理。

（六）稳定性原则

水利工程项目电子档案分类体系应保持相对稳定，避免频繁变动而导致分类结果的混乱。如需调整分类体系，应充分考虑现有档案的归属和迁移问题。

（七）可扩展性原则

随着水利工程项目电子档案数量的不断增加和内容的不断丰富，分类体系应具有一定的可扩展性，以适应未来电子档案分类的需求。

二、分类标准

水利工程项目电子档案的分类标准主要有档案的来源、时间、内容、形式四种，每一标准下又有不同的分类方法。

（一）按水利工程项目电子档案的来源分类

（1）建设单位：对项目实施进行组织管理，并在项目建设过程中负总责的单位。

（2）参建单位：参与项目建设并承担特定法律责任的所有单位，主要包括勘察单位、设计单位、施工单位、总承包单位、监理单位、设备制造单位、第三方检测单位等。

（二）按水利工程项目电子档案产生的时间分类

（1）年度分类法：根据电子档案形成或处理所属年度分类。

（2）工作阶段分类法：按照项目建设不同的工作阶段进行分类，如招标阶段、设计阶段、施工阶段、竣工验收阶段等。

（三）按水利工程项目电子档案的内容分类

（1）问题分类法：按档案内容所说明的问题(事由)分类。

（2）实物分类法：按档案内容所涉及的实物分类，如混凝土、水泥、钢筋等。

（3）地域分类法：按档案内容所涉及的地理区域或水域等分类。

（4）专业分类法：按档案内容所反映的专业性质分类，将同一专业性质的项目档案集中在一起，便于从专业角度对档案进行查找和利用。如基建工程设计档案中的标准设计或通用设计档案，通常并非伴随具体工程项目设计形成，所以它更适用于按建筑、给排水、电气等不同专业进行分类。

（四）按水利工程项目电子档案的形式分类

（1）档案种类分类法：按档案的内容形式分类，如合同、检验记录、会议纪要、审查意见等。

（2）载体形态分类法：按档案的制成材料分类，如胶片、录像带、光盘等。

第二节　水利工程项目电子档案分类方案制定

水利工程项目电子档案分类方案是标列各个类目名称，表示全宗内档案分类体系的纲要，建立电子档案分类体系、构建档案信息分类检索系统的重要工具，是电子档案整理、利用、鉴定等工作的依据。一个单位的档案分类方案，实际上就是该单位全部档案的总类目表，通过它可以了解掌握一个单位档案的基本情况。分类方案的制定应充分考虑本全宗内电子档案的内容、特点，既要满足科学分类要求，又要满足实际工作需求。

一、水利工程项目电子档案分类方案制定步骤

水利工程项目电子档案分类方案的制定一般遵循以下几个步骤：

（1）了解和掌握水利工程项目电子档案的内容构成、形成过程和特点，这是科学进行档案分类的前提和要求。这不仅要求方案制定者熟悉现有档案的形成和构成，还要对档案今后的发展变化做出有效预测。

（2）设置分类方案一级类目(即大类)。一般而言，分类方案中一级类目的设置与本单位涵盖的档案基本种类相一致。一级类目的设置数目不能太多，也不能太少，要根据实际情况设置，以最大限度兼顾对档案的保管保护和查找利用。一级类目一般包括文书、科技、人事、会计、专业、照片、录音、录像、业务、邮件、网页、社交媒体、实物等档案门类。

（3）对每一大类档案进行细分。根据分类基本原则，对每一大类档案进行细分，确定每一层次具体的分类标准、分类方法和分类深度，对每一大类档案设置若干属类，视情况在属类下再设若干小类，如科技档案可以分为科研、基建、设备等。

（4）赋予各级类目代字、代号。对各级类目用固定的代字或者代号给定分类标记，并将类别和类系组成的类目体系用文字或图表的形式表达出来，进而形成系统的分类体系表。

二、水利工程项目电子档案分类方案的基本内容和构成

编制水利工程项目电子档案分类方案时，除了要有系统的分类表之外，还应撰写分类方案编制说明，即对分类方案的编制依据、分类标准以及类目代号的确定情况等给予必要的说明，分类方案编制说明可在分类方案的具体使用过程中起指导作用。

为了做好水利工程项目电子档案的分类工作，相关单位应根据自己的实际情况制定相应的档案分类方案。一般而言，分类方案不能随意变动。若档案形成的基本内容或载体发生重大变化时，可适时对原有分类方案进行修订。

三、常见文书类电子档案分类方法

（一）常用的三种文书类电子档案分类方法

常用的文书类电子档案分类方法有三种：年度分类法、组织机构分类法和问题分类法。

1. 年度分类法

年度分类法是运用最广泛的档案实体分类法，这是因为一个立档单位在一个年度内形成的档案往往存在着紧密的联系。立档单位常以年度为单位编制工作计划和进行工作总结，对其档案按年度分类，能够看出这个单位逐年发展情况，可以较好地再现立档单位的活动和档案形成的历史过程。[1]

应用年度分类法时，关键在于确定文件的准确日期。一般情况下，文件的日期比较明确，但也有一些特殊情况：

（1）文件上有属于不同年度的几种日期，如签署日期、批准日期、发文日期和收文日期等，这时就要确定最能说明该文件特点的日期。如一般发文和内部文件应按制发日期归类，指示、命令等指令性文件按签署日期归类，法规性文件一般以批准、生效日期归类，收文以收到日期或公布日期归类等。

（2）文件上没有标注具体时间的，要想办法分析出时间。分析的方法有很多，可以根据文件的内容、制成材料、格式和文件上的各种标记来判定档案的准确日期或大致日期。

（3）专业部门的工作除了使用通用年度以外，还使用专门年度，如学年度、会计年度等。这些专业部门的档案应分别按通用年度和专门年度进行分类，其主要业务工作的档案按专门年度进行分类，而其他工作形成的档案仍按通用年度进行分类。

2. 组织机构分类法

一个单位的档案是由各个组织机构在其业务活动中形成的，每个组织机构都承担着一定的职能和任务，所形成的档案一般都具有同类性质和关联性。因此，按组织机构进行分类，能概括性地反映立档单位内部各个组织机构工

[1] 参见肖秋惠编著：《档案管理概论》，武汉大学出版社 2009 年版，第 61 页。

作活动的面貌，保持全宗内文件之间在来源方面的固有联系。

3. 问题分类法

问题分类法又称事由分类法，是一种逻辑分类方法，即按照档案反映的问题进行分类。这种分类方法能够较好地保持档案在内容方面的联系，比较突出地反映立档单位主要工作活动面貌。内容相近的档案集中在一起，便于按专题查找和利用档案。按问题分类时类目体系应简明、符合逻辑，层次不宜过多。由于档案内容所涉及的问题十分复杂，按问题分类时主观随意性较大，分类的一致性和准确性差，因此这种分类方法不宜单独使用，应与其他分类方法结合使用。

（二）复式分类法的选择和分类方案的编制

在实际工作中，由于全宗档案的复杂性，很少单独使用一种分类方法，多是两种方法结合使用，这种分类方法称为复式分类法或联合分类法。根据档案工作现状，常用的复式分类法有以下四种。

1. 年度—组织机构分类法

年度—组织机构分类法就是把全宗内的档案先按年度分开，然后在每个年度下面再按内部组织机构进行分类。

这种分类法适用于立档单位内部机构时有变化但变化不复杂的全宗。现行机关比较多地采用这种复式分类法。

2. 组织机构—年度分类法

组织机构—年度分类法就是把全宗内的档案先按组织机构分开，然后在组织机构下面再按年度分类。

这种分类法适用于立档单位内部机构多年一直固定或比较稳定的全宗。对于历史档案和撤销机关的档案进行分类时，采用这种复式分类法比较适宜。因为立档单位已停止活动，不会再形成新的档案，档案类目也就可以固定下来。

3. 年度—问题分类法

年度—问题分类法就是把全宗内的档案先按年度分开，然后在每一年度的档案中再按问题分类。

这种分类法一般适用于下列情况：组织机构变化复杂，已无法按组织机构对档案进行分类；由于组织机构之间分工不明确、文书工作不规范等原因，难以区分档案所属机构；没有内部机构或内部机构非常简单的立档单位。

4. 问题—年度分类法

问题—年度分类法就是把全宗内的档案先按问题分开，然后在每个问题下面再按年度分类。这种分类法适用于历史档案和撤销机关的档案的分类。

对全宗内档案进行分类时，当选择和确定了某种分类方法以后，就应该编制分类方案(分类大纲)，分类方案是用文字或图表形式表示某一全宗内档案分类体系的一种文件。

四、水利工程建设项目电子档案分类

水利工程建设项目档案是工程建设过程中形成的具有保存价值的各种形式和载体的历史记录，是对工程建设的客观、真实、全面的反映，是工程建设的重要成果，对于记录历史、服务现实和指导未来具有十分重要的作用。[1]水利工程项目建设周期长、涉及专业多、经济和社会影响力大，在建设过程中产生档案的数量、种类多且内容复杂，只有在科学分类的基础上，才能扎实做好水利工程档案的归档、统计和利用等工作。

按照《水利工程建设项目档案管理规定》（水办〔2021〕200号）、《建设项目档案管理规范》（DA/T 28—2018）等文件规定，根据电子档案分类原则和标准，水利工程建设项目电子档案分类一般采用以下几种方式。

（一）工程项目分类法

按工程项目分类，就是按照同一建设工程项目（一个建设群或一个单项工程）的全部档案为单位划分类别，其特点是：将同一个工程项目设计或施工过程中形成的全部的档案集中在一起，可反映一个工程项目的全貌，便于按工程项目查找和利用档案，不属于同一个工程项目的档案要严格区分开。[2]

（二）工程阶段分类法

按工程阶段分类，就是根据工程实施过程中不同的工作进度划分类别，一般可以将水利工程项目档案划分为前期工作类、征地补偿与移民安置类、建设实施类、生产准备调试与试运行类、竣工验收类这五个类别。

（1）前期工作。该部分涵盖了从项目建议到施工准备的一系列复杂而重要的环节，主要包括项目初步说明、技术审查和审批权限、可行性研究报告、变动审批、工程咨询审查、项目基本技术参数和总概算、初步设计批准、项目法人建立、列入国家或地方水利建设投资计划、筹资方案确定、有关土

---

[1] 参见四川省档案局馆室处：《做好精准扶贫档案工作　服务四川脱贫攻坚战——〈关于进一步加强精准扶贫档案工作的意见〉的解读》，《四川档案》2016年第5期。

[2] 参见刘圣桥主编：《水利工程项目档案规范管理实务》，山东科学技术出版社2022年版，第64~65页。

地使用权批准、施工物资准备、组织招标设计、设备和物资采购、择优选定监理单位和施工承包队伍等内容。

按照项目文件形成规律，该部分内容推荐细分为项目建议书阶段、可行性研究报告阶段、初步设计阶段、施工准备阶段这四个类别。

（2）征地补偿与移民安置。该部分主要包括土地补偿、安置补助、附着物和青苗补偿等相关工作，按照《大中型水利水电工程建设征地补偿和移民安置条例》（国务院令第679号，2017年修订）要求，县级以上地方人民政府或者其移民管理机构以及项目法人应当建立移民工作档案，并按照国家有关规定进行管理。

（3）建设实施。该部分文件是工程建设过程中最重要、内容最丰富的文件，包含业主、施工、监理等各参建单位形成的文件。按照项目文件形成规律，该部分文件推荐细分为建设实施过程中建设单位形成的建设管理文件；招投标及合同文件；施工文件，包括组织机构、印章启用、设备及人员进场、项目划分、施工组织设计、施工方案、施工措施、安全质量管理、环保水保管理、进度管理等文件，原材料、半成品及成品试验检验文件，单元工程、分部工程、单位工程及合同工程验收评定文件，竣工图等；设备仪器文件；信息系统开发文件；监理（监造）文件；科研项目文件这七个类别。[1]

（4）生产准备调试与试运行。该部分内容是项目完工到竣工之间的关键环节，包含试生产、试运行等相关文件，推荐细分为生产准备文件、试运行文件这两个类别。

（5）竣工验收。竣工验收是工程建设过程的最后一个环节，按验收规范、验收流程，该部分文件一般细分为项目安全鉴定报告、质量检测评审鉴定文件、质量监督报告；阶段验收文件，包括验收组织机构、验收大纲、验收申请、验收报告及批复、验收会议文件及签字表、工作报告、验收意见、备忘录、验收证书等；单项验收文件，包括验收组织机构、验收大纲、验收申请、验收报告及批复、验收会议文件及签字表、工作报告、验收意见、备忘录、验收证书等；专项验收文件，包括验收组织机构、验收大纲、验收申请、验收报告及批复、验收会议文件及签字表、工作报告、验收意见、备忘录、验收证书等；竣工验收文件，包括验收组织机构、验收大纲、验收申请、验收报告及批复、验收会议文件及签字表、工作报告、验收意见、备忘录、验收证

[1] 参见彭涛、赵瑞雪:《大型水利枢纽工程建设项目档案分类方案探讨》,《四川水利》2023年第6期。

书等；工程决算、审计报告，工程竣工验收后相关交接、备案文件这六个类别。[1]

（三）工程专业分类法

工程专业分类法是指根据建设工程项目档案内容所反映的不同专业性质来划分档案的类别。将同一专业性质的项目档案集中在一起，便于从专业角度查找和利用项目档案。[2] 例如，可依据水文、水保、水工、水资源、规划设计、泥沙、工程力学、防汛抢险高新技术、灌溉等不同专业划分不同的类别。

水利工程项目档案类型多、分类方法也多，对其进行分类时，要考虑到专业、性质、阶段、地域、时间等，必要时应采用几种分类法相结合的分类方法，从而编制出最适合的分类方案，比如"流域—工程项目—工程阶段""专业性质—工程项目—年度"分类方案等。

第三节　水利工程项目电子档案组织概述

水利工程项目电子档案组织是对电子档案进行系统化管理过程中所涉及业务活动的集合，其目的是确保电子档案的完整性、安全性和可访问性，便于用户检索和使用，从而支持组织或个人进行知识管理和决策制定，同时也可满足法律法规对电子档案保存的要求。电子档案组织是一个系统的过程，需要综合考虑档案的特点、管理需求和技术条件等因素。

水利工程项目电子档案组织的作用和意义主要体现在以下几个方面：

（1）信息检索。通过对水利工程项目电子档案进行有效的组织，可以提高检索效率，让工作人员快速找到所需信息，这对于提高工作效率和决策效率具有重要意义。

（2）知识管理。良好的水利工程项目电子档案组织有助于知识的积累、传播和利用，促进知识的创新和发展。

（3）法律依据。在法律诉讼或合规审查中，水利工程项目电子档案是重要的证据来源，通过电子档案组织，可以确保这些文件的完整性和可靠性且满足法律要求。

（4）成本控制。有效的水利工程项目电子档案组织可以减少存储和管

[1] 参见彭涛、赵瑞雪：《大型水利枢纽工程建设项目档案分类方案探讨》，《四川水利》2023年第6期。

[2] 参见刘圣桥主编：《水利工程项目档案规范管理实务》，山东科学技术出版社 2022 年版，第 64~65 页。

理成本，避免重复投资和资源浪费。

（5）安全保障。对水利工程项目电子档案进行分类、加密和访问控制等组织措施，可以保护信息安全，防止数据泄露和损失。

（6）业务流程优化。水利工程项目电子档案组织有助于优化业务流程，提高业务运作的规范性和一致性。

（7）文化传承。水利工程项目电子档案是组织文化和历史的重要载体。通过电子档案组织，可以保护和传承这些宝贵的文化资产。

水利工程项目电子档案组织对于提高工作效率、保护信息安全、促进知识管理和满足法律要求等方面都具有重要的作用和意义，是档案管理中的重要环节，它涉及电子档案的整理、分类、存储和检索等多个方面，主要步骤有：

（1）定义分类方案。首先，需要定义电子档案的分类方案，这通常基于档案的类型、来源、内容、形式等因素。分类方案应该是灵活的，能够适应档案数量和种类的变化。

（2）创建索引和目录。应为电子档案创建索引和目录，以便于检索和管理。索引可以基于文件名、关键词、日期等信息创建，而目录则可以帮助用户了解档案的整体结构。

（3）确定存储结构。应根据分类方案和索引，确定电子档案的存储结构，这可能包括文件夹、子文件夹、文件名等的设置以及电子档案的物理存储位置。

（4）实施移交流程。应定义并实施电子档案的移交流程，以确保档案的完整性和可用性，这包括确定移交的频率、责任人、操作步骤等。

（5）使用元数据。应为电子档案添加元数据，即描述档案内容和背景的数据。元数据可以包括作者、日期、关键词、摘要等信息，有助于提高检索的准确性和效率。

（6）采用标准格式。尽量采用标准的电子档案格式，以便于长期保存和跨平台访问。

（7）实施安全措施。应为电子档案实施必要的安全措施，包括访问控制、备份、加密等，以防止档案的丢失或被未经授权的人员访问。

（8）持续维护。应定期检查和维护电子档案的组织结构，确保其与实际需求相符，并对损坏或过时的文件进行更新或清理。

（9）培训和指导。应为用户提供关于如何组织和管理电子档案的培训和指导，以确保档案管理的规范性和一致性。

第四节 水利工程项目电子档案组织方法选择

虽然水利工程项目电子档案组织包含的步骤与传统载体档案整理有所不同，但其组织整理需要在传统档案整理思路的基础上进行，最终目的仍然是便于电子档案的长期保存和方便利用。

一、组件

件是水利工程项目电子档案整理和管理的基础单位。组件是电子档案整理的第一个环节，主要包括两方面内容，一是确定件的构成，二是件内排序。

（一）件的构成

对于照片、录音、录像档案，件的构成相对简单，一张照片、一段录音、一段录像为一件。对于文书类、科技类、专业类档案等，件的构成相对复杂，一般一件档案包括多个文档，比如正本、定稿、修改稿、翻译本、外文本等。根据《归档文件整理规则》（DA/T 22—2015），正文、附件为一件；文件正本与定稿（包括法律法规等重要文件的历次修改稿）为一件；转发文与被转发文为一件；原件与复制件为一件；正本与翻译本为一件；中文本与外文本为一件；报表、名册、图册等一册（本）为一件（作为文件附件时除外）；简报、周报等材料一期为一件；会议纪要、会议记录一般一次会议为一件，会议记录一年一本的，一本为一件；来文与复文（请示与批复、报告与批示、函与复函等）一般独立成件，也可为一件；有文件处理单或发文稿纸的，文件处理单或发文稿纸与相关文件为一件。

（二）件内排序

件内排序即确定一件电子档案内组成内容的先后顺序。当一件档案内存在多个文档时，需要进行件内排序。排序时，正文在前，附件在后；正本在前，定稿在后；转发文在前，被转发文在后；原件在前，复制件在后；不同文字的文本，无特殊规定的，汉字文本在前，少数民族文字文本在后；中文本在前，外文本在后；来文与复文作为一件时，复文在前，来文在后。对于有文件处理单或发文稿纸的档案，文件处理单在前，收文在后；正本在前，发文稿纸和定稿在后。

二、排列

排列是指在水利工程项目电子档案分类方案的最低一级类目内，根据一定的方法确定档案先后次序的过程。

（一）基本要求

《归档文件整理规则》（DA/T 22—2015）确定了归档文件“时间结合事由”的排列原则。这一原则充分考虑电子档案形成、管理特点，将按时间排列作为优先原则；同时为了保证检索效率、兼顾线下实体管理需要，要求在排列时要结合事由进行，因此同样适用于水利工程项目电子档案的排列。

所谓事由，可以是指一件具体的事， 也可以是一个具体的问题或一段较紧密的工作过程等。通过界定事由，可以使密切相关的档案相对集中，对于长期、安全保持档案之间有机历史联系，充分体现档案凭证价值具有重要意义。目前，单靠技术手段或通过人工智能，还无法完全构建基于事由的档案之间的有机历史联系，因而水利工程项目电子档案在排列中依旧需要继续遵循“时间结合事由”的排列原则。

（二）排列方法

按照“时间结合事由”原则，常见水利工程项目档案的排列要求如下。

1. 水利工程文书档案

水利工程文书档案按“时间结合事由”原则排列。同一事由中的档案，按形成先后顺序排列。会议文件、统计报表等成套性文件可集中排列。

2. 水利工程科技档案、基建档案、设备档案、产品档案

水利工程科技档案中的科研档案按照课题可行性研究立项、方案论证、研究实验、总结鉴定、成果和知识产权申报、推广应用等阶段排列。[1] 水利工程基建档案按照项目前期、项目设计、项目施工、项目监理、项目竣工、项目验收及项目后评估等阶段排列。水利工程设备档案按照设备仪器立项审批、外购设备仪器开箱验收（自制设备仪器的设计、制造、验收）、设备仪器安装调试、设备仪器运行、设备仪器维护等阶段或工作程序排列。水利工程产品档案按照部件、批次、名称、规格或型号排列。

[1] 参见丁小平、拜振英、陈旭东等编著：《水利水电工程项目建设管理实用手册》，黄河水利出版社 2013 年版，第 396 页。

3. 水利工程照片档案、录音档案、录像档案

《水利工程建设项目档案管理规定》（水办〔2021〕200号）要求，水利工程建设项目重要活动及事件，原始地形地貌，工程形象进度，隐蔽工程，关键节点工序，重要部位，地质、施工及设备缺陷处理，工程质量或安全事故，重要芯样，工程验收等，必须形成照片和音视频文件。此类档案一般按时间排列即可。

三、编制档号

档号是在整理和管理档案的过程中，以字符形式赋予档案的一组代码，体现了档案来源、门类、分类体系和排列顺序，能够反映档案的基本属性，指示档案在全宗中的位置。档号是存取档案的标记，是档案整理、统计、检索、利用及日常管理的重要工具，并起到一定的监督和审查作用。在水利工程项目电子档案管理中，科学规范的档号编制是实现对不同类型档案进行统一管理的重要前提，也是进行电子档案命名、封装、存储的重要基础。

（一）编制原则

在水利工程项目电子档案档号编制过程中应遵循以下几个原则。

1. 唯一性

与传统载体档案档号一样，水利工程项目电子档案档号也是其单一代码，一个代码只能代指一件电子档案，不能出现重复档号。

2. 统一性

《机关档案管理规定》（国家档案局令第13号，2018年发布）规定档号应当体现档案来源、档案门类、整理分类体系和排列顺序等档案基本属性，同时要求不同载体或形式的电子档案档号的编制方法应当协调呼应。这就要求不同载体或门类的电子档案档号编制应当具有一定的统一规则、统一位数、统一要求，避免出现一类档案采用一种规则、不同类档案编号不兼容的情况。

3. 实用性

档号应能反映出电子档案分类的基本信息，既不宜过短，失去了档号的价值，又要长度适中，便于赋予、查找和管理。应避免档号层级过多、位数过长，给后续工作带来不便。

（二）编制方法

按照上述编制原则，同时参照《归档文件整理规则》（DA/T 22—2015）规定的档号结构，不同门类、不同整理方式的电子档案宜统一采用通用档号结构。在具体编制要求上，档号按照分类方法分段组成，上、下位代

码之间用“-”(短横)连接，同一级代码之间用“·”（小圆点）隔开。具体档号结构及编制要求如下：

（1）全宗号：档案馆给立档单位编制的代号，用4位数字或者字母与数字的组合标识，按照《档号编制规则》（DA / T 13—2022）编制。

（2）档案门类代码·年度：归档文件档案门类代码由“文书”的汉语拼音首字母“WS”标识。年度为文件形成年度，以4位阿拉伯数字标注公元纪年，如“2013”。

（3）保管期限：保管期限分为永久、长期30年、长期10年，分别以代码“Y”“D30”“D10”标识。

（4）机构（问题）代码：机构（问题）代码采用3位汉语拼音字母或阿拉伯数字标识，如办公室代码为“BGS”等。归档文件未按照机构（问题）分类的，应省略机构（问题）代码。

（5）件号：件号是单件归档文件在分类方案最低一级类目内的排列顺序号，用4位阿拉伯数字标识，不足4位的，前面用“0”补足，如“0026”。

四、编制目录

目录是将档案的著录条目按照一定次序编排而成的检索工具。水利工程项目电子档案编目就是以一定的形式揭示和介绍档案内容与结构，实现了档案从一次文献向二次文献的初步转化，为档案保管、鉴定、利用、统计等工作开展提供了基本条件。

（一）基本要求

编目应当以系统化工作为前提，以反映全宗内档案的内部联系、体系结构和排序为目的。水利工程项目电子档案编目应遵循以下几项原则：

1. 准确反映整理结果

编目应当逐件开展，每一件档案均在目录中体现为一个条目，不能一件档案使用多个条目或者多个档案使用一个条目。传统上以卷(组)为单位整理的档案，档案目录也应当逐件编目，同时编制案卷目录。编目应当按照分类、排列的结果，依据档号顺序进行，编制完成的目录应当准确反映分类体系和排列方法。

2. 著录项目准确、鲜明且具有概括性

档案著录项目设计应符合《档案著录规则》（DA/T 18—2022）和该门类档案管理具体要求，不缺项漏项；设置著录项目时应一并明确项目内容长度、格式、值域和必著项，并通过系统自动控制用户著录内容的准确性，确保目录数据库齐全完整、著录规范。

3. 呈现方式科学规范

水利工程项目电子档案应依据档号顺序编制目录，目录编制应逐卷、逐件进行。编目成果以目录数据库的形式呈现，并可以根据需要转化为不同形式的纸质目录、电子目录。

4. 与元数据管理相统一

对水利工程项目电子档案来说，目录编制应当与元数据管理统一起来，系统应当支持从元数据表中按照一定规则抽取数据来组成目录。

（二）编目方法

水利工程项目电子档案目录应当以件为单位编制，目录应当包含序号、档号、文号、责任者、文件题名、案卷题名、日期、密级、页数、保管期限、备注等项目（可以按需继续扩展）。可以考虑建立涵盖各个门类、包含卷件不同整理方式的通用档案基本目录。统一的档案目录有助于数据的规范和统一，对于档案目录数据库建设具有重要意义，方便管理人员利用计算机对不同整理方式档案进行统一管理和检索。

水利工程项目电子档案编目主要依靠档案管理系统实现，该系统可根据对电子档案的著录和标引，自动抓取相关数据，形成目录，并可实现目录与电子档案的关联及对目录的检查、修正与维护。水利工程项目电子档案基本目录如表 6.1 所示。

表 6.1　水利工程项目电子档案基本目录

序号	档号	文号	责任者	案卷题名	文件题名	日期	密级	页数	保管期限	备注

五、格式转换

水利工程项目电子档案格式转换是指将电子档案及其元数据从一种计算机文件格式转换成另一种计算机文件格式的过程，以满足长期保存和利用的需求。根据《版式电子文件长期保存格式需求》（DA/T 47—2009）对文件格式提出的要求，电子档案的格式需要满足格式开放、不绑定软硬件、文件自包含、格式自描述、显示一致性、持续可解释、可转换、利于存储、易于利用等特征。

因文件格式存在生命周期，在电子档案格式老化失效前，应对电子档案开展格式转换工作，以满足移交要求。为保证电子档案的证据效力，格式转换前，应对被转换电子档案进行校验，对转换系统实施安全检查和环境清理，确保转换系统的合规性和操作环境的安全性。格式转换过程中或完成后，应生成操作日志和操作记录，为相应电子档案管理过程元数据赋值。应检查转换后的电子档案在内容表达上的完整性、准确性，确保转换前后电子档案的含义一致，形式、功能相当。格式转换后，应通过系统捕获或手工著录方式增加与格式转换及其操作相关的元数据并保持电子档案与元数据之间的关联；转换后的电子档案及其元数据宜再次固化。以信息包方式保存的电子档案，宜通过修改封装包、锁定签名等方式固化；以其他方式保存的电子档案，可通过重新计算并保存完整性校验值的方法固化。格式转换方案、操作日志、一致性检查记录等转换过程记录应完备并按照《电子文件归档与电子档案管理规范》（GB/T 18894—2016）的要求进行保存。格式转换后的电子档案可根据需要继续保存一段时期。

水利工程项目电子档案格式转换的具体步骤和主要内容有以下几点：

（1）确定目标格式：根据《数字档案馆建设指南》（档办〔2010〕116号，2010年发布）等相关规定，选择合适的归档文件格式，以确保电子档案的长期保存和可访问性。

（2）采集元数据：在转换过程中，应自动采集新增的电子档案背景、结构元数据，包括信息系统描述、格式信息、音视频编码标准、技术参数等，以便于未来的管理和使用。

（3）使用专业工具：利用专业的电子档案管理系统进行高效的批量格式转换，确保转换过程的准确性和效率。

（4）遵循相关标准：确保转换后的电子档案符合国家或行业相关标准，以便于对电子档案进行长期保存和利用。

（5）检验和移交：在完成格式转换后，应对电子档案数据进行检验，确保数据完整性和可用性。然后按照相关流程和要求进行移交，可以采用离线或在线方式。

（6）标注和存储：在存储电子档案的载体和载体盒上分别标注反映其内容的标签，以便识别和管理。

（7）技术支持：考虑到技术的不断更新，可借助技术来提高文档处理效率，并增强档案业务部门的服务水平。

（8）版式文档支持：对于需要特定版式文档的情况，如开放版式文档（OFD），应确保转换工具能够支持这些格式，以满足不同场景的需求。

（9）保护原件：在进行格式转换的同时，应采取措施保护档案原件，防止在转换过程中造成损坏或丢失。

（10）持续更新：随着技术的发展，应定期对电子档案管理系统进行升级或更新，以适应新的格式和标准。

水利工程项目电子档案格式转换是一个涉及技术、管理和标准等多个方面的过程，需要综合考虑，以确保档案的长期保存和有效利用。

第七章
水利工程项目电子档案保管

保管是水利工程项目档案管理的核心环节，长期安全可信的保管是进行水利工程项目档案开发、利用等后续工作的基础。本章介绍了后保管理论、分布式保管模式和集中式保管模式，为水利工程项目电子档案保管工作的开展提供理论指导；重点关注自然与社会环境、技术手段、内部管理、水利工程项目电子文件客体方面的风险因素，并针对风险因素，综合提出预防、缓解、接受、转移和规避风险的策略；归纳水利工程项目电子档案保管策略，如元数据管理、基于职能的管理、迁移、封装、仿真等；理清水利工程项目电子档案备份原则、方式与管理策略，以规避水利工程项目电子档案保管的相关风险。

第一节　水利工程项目电子档案保管理论基础

一、后保管理论

（一）后保管理论的发展过程及内涵

20 世纪后半期，信息技术革命浪潮促使文件的形态发生巨大转变，文件数量激增。由于文件形态的转换和软硬件环境的变迁，电子文件的长期保存面临真实、可靠、完整、安全与可用等方面的现实挑战。针对这些问题，新一轮关于档案管理模式的理论研究与实践探索成为了学术界的焦点。[1] 美国

[1] 参见冯惠玲、加小双：《档案后保管理论的演进与核心思想》，《档案学通讯》2019 年第 4 期。

档案学者杰拉尔德·汉姆（Gerald Ham）基于实践要求，提出了档案保管理论革新的一系列观点，并在其文章《后保管时代的档案战略》中首次引入了“后保管”（Post-custody）的概念，表明信息时代对传统档案保管模式的主要影响体现在档案规划的增长及馆藏分布的多样化。据此，档案工作者应改变传统的消极被动保管档案工作模式，主动拓展自身技能，借助合作、策划与技术创新等手段强化档案的知识服务功能，并在信息生成与管理流程中实现更深入的档案工作参与。[1]20 世纪 90 年代，加拿大档案学者特里·库克（Terry Cook）在第十三届国际档案大会第三次全体会议上作主报告《后保管时代的档案：1898 年荷兰手册出版以来档案理论与实践的相互影响》，更进一步地强调了电子文件对应的是后保管时代，后保管理论在本质上的研究对象是电子文件的保管。这一视角下，档案工作者的关注焦点应从文件自身转向文件形成过程、从文件实体转向它所包含的信息、从个别具体管理转向宏观管理、从被动的事后治理转向积极的前端控制[2]，实现对档案工作原则的重新审查。

（二）后保管理论的特征及现实意义

后保管理论是对既有档案保管模式、状态和秩序的解构、质疑与超越，反对单一、固化的传统档案管理方法，倡导多元化和差异化的档案管理观念。具体来看，后保管理论相对传统档案保管理论具有以下四个方面的特征：

（1）关注形成背景，相较于关注文件实体保管，后保管理论强调把握电子文件形成者的目的、意图、职能及电子文件的形成过程[3]，并通过电子文件的形成背景对生成的电子文件进行整理与著录。

（2）聚焦保管需求和能力，后保管理论视角下，文件的可用性比保管地点更为重要，只要相关部门具备长期保存电子文件的条件和能力，就可以掌握对电子文件管理控制的权限。[4]

（3）拓展管理功能，后保管理论指导下的档案保管工作从封闭走向开放，从后端管理走向前端控制，倡导采用众包、引入第三方组织等方式管

---

[1] 参见 [美] 杰拉尔德·汉姆：《后保管时代的档案战略》，刘越男编译，《档案》2000 年第 6 期。

[2] 参见 [加] 特里·库克：《1898 年荷兰手册出版以来档案理论与实践的相互影响》，国家档案局、中央档案馆编：《第十三届国际档案大会文件报告集》，中国档案出版社 1997 年版，第 143~176 页。

[3] Terry Cook, “The Concept of the Archival Fonds: Theory, Description, and Provenance in the Post-Custodial Era”, *Archivaria*, vol.35（1992）, pp.24–37.

[4] Frank Upward, “Modelling the Continuum as Paradigm Shift in Recordkeeping and Archiving Processes, and Beyond a Personal Reflection”, *Records Management Journal*, vol. 10, no. 3 (December 2000), pp.115–139.

理档案，主张同文件形成者、其他档案和文件项目人员的协同共治。[1]

（4）深化对档案来源和功能概念的认识，后保管理论主张兼顾档案来源的地方性、民族性和全球性，将多元主体纳入档案工作范畴，同时，强调发挥档案的文化、记忆与情感价值，重新审视档案在增强主体自我认同、建构社会记忆方面的功用。[2] 后保管理论推动档案管理理念向协同共治更新，促进档案保管模式向集中管控、多元化迈进，倡导应用云计算、区块链等现代信息技术赋能业务变革，主张知识化、智能化档案管理服务模式，其开放拓展、合作参与、协同共治、计算赋能等核心思维，对构建当下实践环境中的数字档案保管模式具有重要的理论指导价值。[3]

二、分布式保管模式

（一）分布式保管模式的形成

后保管时代，随着电子文件数量与种类的急剧增长，综合性档案馆在有效管理和利用电子文件方面显得力不从心。加之“来源”的概念由单一性、结构化、实体化向多方面、非结构化、虚拟化转变，档案理论与实践随着公民意识觉醒而从“国家模式”向“社会模式”过渡。此外，档案从业人员的知识水平和技能储备不足，这在一定程度上阻碍了电子文件潜在价值的充分发挥。与此同时，传统保管模式下的集中式文件管理体系正面临着新的冲击与挑战，而分布式保管模式正在逐步成形。[4] 特里·库克指出，在新兴的后保管理论下，档案工作的重心将从“以实体档案馆建筑作为单一保管基地的文件存储模式”转变为“一个便于公众利用的、整合数百个形成者控制的系统内各种文件的中央信息中心”。[5] 分布式保管模式下，档案保存和管理的职能分散到社会各领域，档案馆的权威性、中心性和唯一性被消解，综合档案馆集中保管档案的中心地位被电子文件的形成机构所取代。

---

[1] Luciana Duranti and Patricia C. Franks, *Encyclopedia of Archival Science*, Lanham: Rowman & Littlefield Publishers, 2015, p.278.

[2] 参见肖秋会、李冉：《档案后保管理论与档案多元论比较》，《档案管理》2021 年第 2 期。

[3] 参见王宁：《数字转向：后保管理论视域下档案保管思维的重塑与拓展》，《档案学研究》2023 年第 4 期。

[4] 参见王思婕：《试论后保管范式对电子文件档案化管理的影响》，《档案与建设》2019 年第 9 期。

[5] 参见 [加] 特里·库克：《1898 年荷兰手册出版以来档案理论与实践的相互影响》，国家档案局、中央档案馆编：《第十三届国际档案大会文件报告集》，中国档案出版社 1997 年版，第 143~176 页。

（二）分布式保管模式的实践

分布式保管模式的典型代表是“匹兹堡模式”，该模式主张在网络时代，如果档案馆能够对档案文件实现实时控制，那么档案工作者可以放弃实体保管，转而通过监控文件和文件保管者来实现其保管的法律职责[1]，即档案工作者的使命应是确保文件按照可以问责的方式来管理，而不必在意它们到底保存在哪里。档案工作者需要与文件生成机构打交道，而不是“坐在后面”保管档案。[2]匹兹堡模式下，档案工作者由档案实体的保管者转变为档案管理理念、思路和战略的提供者，档案馆也从保管基地向众多形成者控制文件的中央信息中心和“无墙化的虚拟档案馆”的方向发展。[3]

作为分布式保管模式的“支持者”与“践行者”，1993—1994 年，澳大利亚国家档案馆持续探索电子文件保管的新策略，并引入了一种在全球范围内引起广泛讨论的电子文件分布式保管模式。[4]1995 年 3 月，该档案馆发布了《管理电子文件：共同的责任》，明确了政府各部门在电子文件分布式保管环境中的角色与责任，规定电子文件应在其产生之初即由创建机构的信息系统负责维护与保存。国家档案馆则主要负责制定技术标准并提供建议，确保电子文件得到有效管理及智能管控，仅在特定情况下才会对电子文件进行入库保管。

三、集中式保管模式

（一）集中式保管模式的内容框架

电子文件的集中式保管模式强调国家综合档案馆对信息资源的整体控制，与分布式保管模式相比，集中保管更有利于社会公众获取高质量、可信、真实的档案信息及服务。刘越男教授曾对数字档案集中管理模式进行了系统研究，并提出其内容框架，包含资源层、业务层、系统层、组织层和制度层五个层面。在资源层上，不同结构化程度、载体存在方式、来源的电子档案构成了集中管理的对象；在业务层上，文件形成阶段的流程与版本控制，文

[1] David Bearman, *Electronic Evidence: Strategies for Managing Records in Contemporary Organizations*, Pittsburgh: Archives & Museum Informatics, 1994, pp.28–30, 86–87.

[2] 参见冯惠玲、加小双：《档案后保管理论的演进与核心思想》，《档案学通讯》2019 年第 4 期。

[3] Terry Cook, “Electronic Records, Paper Minds: The Revolution in Information Management and Archives in the Post-Custodial and Post-Modernist Era”, *Archives & Manuscripts*, vol. 22, no. 2 (November 1994), pp.300–328.

[4] 参见章燕华：《电子文件保管模式研究：历史、机理与路径》，《浙江档案》2008 年第 11 期。

件归档管理阶段的分类、鉴定、归档工作，文件长期保存阶段的接收、保管是集中管理的重要环节；在系统层上，文件形成系统、文件管理系统和文件保存系统构成了集中管理的基础设施；在组织层上，档案集中管理的业务承担者、档案主管部门、理念与技术支撑服务部门给予了集中管理实践动力；在制度层上，相关法律法规、规章制度、标准规范为集中管理提供了理论指导和目标导向。上述五个层次互相关联、高度互动，构成了集中式保管的概念模型。数字环境中的电子档案集中式保管模式具备实体档案和数字档案并管，物理集中和逻辑集中并举，集中管理主体类型多样，以成本、分工、控制、服务为动力机制的特征。[1]

（二）集中式保管模式类型

现有电子档案集中式保管模式主要有两类：一个是数字档案馆建设模式，另一个是基于功能定位的电子文件中心项目建设模式。在数字档案馆系统搭建方面，美国国家档案与文件署的电子文件档案馆项目（Electronic Records Archives，ERA）起步早，开发周期长，投资巨大，且已投入使用。ERA是系统设计者参考开放档案信息系统（OAIS），采用面向服务的技术架构建立的一个复杂信息管理系统，可实现以下功能：对联邦机构文件保管期限和处置方案进行在线审批；接收经过授权的移交请求，在线检查接收数字档案进馆，并与来源元数据集相互关联；必要时可以支持灵活的格式迁移；向公众提供电子文件的利用服务等。加拿大国家图书档案馆自2005年起，根据OAIS和可信仓储审计和认证（Trustworthy Repository Audit and Certification，TRAC），着手建设可信数字仓储（Trusted Digital Repositories，TDR），该项目通过预移交、移交、验证、存档和利用五个阶段，来实现对数字档案和数字图书的统一管理。[2]在电子文件中心建设方面，根据形成背景、现实功用、管理对象、管理主体及工作目的不同，电子文件中心可以分为两个类型。第一，半现行电子文件中心。半现行电子文件中心于1988年由美国国家档案与文件署首次建成。半现行电子文件中心以文件生命周期理论为基础，由具有管理资质的商业化文件管理机构或政府，面向不频繁使用的半现行电子文件，进行保管、鉴定及提供利用工作，以实现半现行电子文件的原始价值

[1] 参见刘越男：《地方政府数字档案集中管理模式研究》，中国人民大学出版社2017年版，第33～39页。

[2] 参见刘越男：《地方政府数字档案集中管理模式研究》，中国人民大学出版社2017年版，第152～157页。

和情报价值。此外，半现行电子文件中心可在向档案馆移交具有永久凭证价值的半现行电子文件方面发挥过渡作用。第二，现行电子文件中心。现行电子文件中心应国内电子政务发展和政务信息公开需求产生，江苏省常州市于2004年首创现行电子文件中心。现行电子文件中心以政务信息公开原则为理论指导，由各级档案行政管理机关，针对正在执行或正在发挥行政、法律效力的“现行政府文件”，开展文件开放、利用工作，以满足社会公众查阅政府文件、获取相关情报的需要。[1]

第二节　水利工程项目电子档案保管风险识别

水利工程项目电子档案的保管风险是指档案质量缺损及其可能引发的其他损失，系预期结果与可能产生的负面结果之间的差异。水利工程项目电子档案保管风险可以有以下几种分类方式：按损失的破坏客体可分为电子档案质量缺损的基本风险和特殊连带风险；按损失的承担主体可分为对形成机构造成的直接风险和对其他社会公众造成的间接风险；按损失的显现时间可分为当前风险、短期风险和长期风险；按损失的内容性质可分为政治、经济、科技、军事和文化风险；按在其生命周期的不同阶段面临的风险可归纳为生成风险、保存风险及流转风险；依据潜在损失的程度，则可细分为轻度风险、一般风险与严重风险；按风险的可管性可分为可控风险和不可控风险；按风险事故的发生频率可分为罕见风险、可能风险和常见风险等。水利工程项目电子档案保管风险常带有客观性、广泛性、连带性、继承性、潜伏性和难以弥补性，它是一种纸质文件时代管理传统风险和电子文件时代管理新风险叠加、业务信息系统风险和电子档案管理系统风险叠加、技术转型风险与制度转型风险叠加的多源头、复合性风险。[2]

一、风险识别

（一）自然与社会环境因素

电子信息虽然具有“虚拟”的性质，但它一定是依附于载体及其保管环

[1] 参见张照余：《电子文件中心引论》，《档案学研究》2005年第4期。

[2] 参见冯惠玲、王健、张正强等：《电子文件风险管理》，中国人民大学出版社2008年版，第9～18页。

境而存在的，因而在水利工程项目电子档案安全管理中应充分考虑自然界与社会的各种不安全因素，甚至某些不可抗力对信息安全的威胁。水利工程项目电子档案保管面临的风险有库房温湿度、电磁环境、机房状态、电源状态等保管场所因素，火灾、水灾、地震等不可抗自然灾害，以及暴力损毁、战争、盗窃、交通事故等人为因素带来的破坏。[1] 社会环境因素方面，水利工程项目电子档案保管风险来源于主管部门、规范体系、用户、同行、支持部门，面临的具体风险有承担水利工程项目电子档案宏观指导和知识服务工作的主管部门因体制设置、宏观管理不科学引起的管理风险，法律法规、制度和标准缺失引起的制度风险，企业、政府机关和公众等用户在水利工程项目电子档案利用流程中产生的需求风险，同行不规范的短期管理行为传播带来的盲从风险，以及提供产品、技术、方案、理论和人才等支持的辅助性部门因破产倒闭导致的关联性风险等。[2]

（二）技术因素

技术的进步一方面为信息化的普及提供了良好的条件，但同时也为电子档案的安全管理带来了诸多隐患。攻击者可通过各种各样的技术手段来破坏水利工程项目电子档案安全，目前水利工程项目电子档案面临的主要技术威胁来自以下几个方面：一是水利工程项目电子档案管理系统设计不符合安全要求，部分水利工程项目电子档案管理系统设计者缺乏档案信息化意识，对水利工程项目电子档案管理的标准规范了解不深入，加之开发运营任务繁重，为确保短期经济收益，开发所用时间短，系统功能简单，埋下安全隐患。[3] 二是水利工程项目电子档案的保管和利用工作需要在系统的不断维护升级中得以优化，但技术本身的局限性、不适配和软硬件缺陷与漏洞，如设备设施老化、恶意程序传播等，皆会给水利工程项目电子档案保管造成直接威胁。三是计算机病毒及黑客攻击，虽然杀毒软件具备一定的风险防控能力，但病毒的变异、扩散、更新速度远快于杀毒技术更新速度。部分涉密水利工程项目电子档案更是黑客攻击的主要目标，他们利用系统的安全缺陷从采集层、管理层、操作层、服务层以及应用程序、服务器、路由器、防火墙等不同层次入手，攻击系统薄弱环节，致使系统崩溃、数据隐私泄露，造成不可估量

[1] 参见顾维维、余瑜、杨蕊：《数字时代电子文件安全保密研究》，《办公自动化》2022 年第 21 期。

[2] 参见冯惠玲、王健、张正强等：《电子文件风险管理》，中国人民大学出版社 2008 年版，第 19~23 页。

[3] 参见夏冰：《电子文件和电子档案管理中的信息安全问题》，《计算机与网络》2020 年第 16 期。

的损失。[1] 四是软硬件环境变化，水利工程项目电子档案的长期可信管理需要安全稳定的软件和硬件作为支撑，电子档案在收集、整理、传输、归档过程中，若软件系统崩溃，可能会造成数据泄露和损失。同时，当前软、硬件更新速度快，若水利工程项目档案管理部门不能及时对硬件设备和电子档案管理系统进行更新，可能会导致电子档案不可读、不可用。[2]

（三）机构内部管理因素

机构内部因素涉及制度规范、内部监管、人员管理、组织结构设计、资金五个方面。在制度规范上，国内电子档案安全专门立法进程缓慢，存在制度覆盖领域不广、立法内容滞后、权责界定不清的现实困境，水利工程项目电子档案管理的相关法律法规体系亦尚不完善，这就导致水利工程项目电子档案的保管工作缺乏足够的保障手段和措施，档案管理、治理效能欠佳。[3] 在内部监管上，水利工程项目电子档案管理人员对保管工作缺乏重视、监管意识薄弱，“一刀切”的策略致使水利工程项目电子档案内部监管处于较为失控的状态，同时，水利工程项目电子档案管理人员缺乏互相监管的能力，难以衔接保管的各个环节，从而使水利工程项目电子档案有泄露的风险。[4] 在人员管理上，当前部分水利工程项目电子档案保管人员安全认知缺失、风险意识薄弱，采取被动、片面的管理手段，仅从传统保管视角出发，关注电子档案的载体安全，而不能系统综合地把握水利工程项目电子档案收集、整理、鉴定、利用等全生命周期流程的过程性风险。此外，部分人员信息安全技能缺乏，常因自身不规范的电子档案管理手段、操作方法，导致重要、涉密的信息存在泄露的风险。[5] 在组织结构设计上，水利工程项目电子档案保管工作由档案管理部门、水利工程项目电子档案责任者、业务人员、信息技术人员等承担，他们之间职责的界定不清会影响水利工程项目电子档案的质量和系统安全。在资金上，水利工程项目电子档案管理系统的开发和运营维护需要大量的资金保障，且在人才、技术、设备等方面也会因经费投入不足

[1] 参见杨天骄、牛文贺：《浅谈电子档案的安全管理》，《机电兵船档案》2019 年第 2 期。

[2] 参见赖永聪：《电子文件和电子档案管理中的信息安全问题探讨》，《兰台内外》2022 年第 31 期。

[3] 参见王群、李浩然：《我国电子档案安全立法的现状考察与完善路径》，《档案学研究》2024 年第 1 期。

[4] 参见白海珍：《电子档案建设的风险及其防范》，《山西档案》2017 年第 3 期。

[5] 参见董晨飄：《浅谈电子文件信息安全风险管理》，《办公室业务》2022 年第 12 期。

而产生风险。[1]

（四）电子文件自身因素

水利工程项目电子档案保管部分风险来自前端接收的水利工程项目电子文件。依据水利工程项目电子文件管理的质量目标，文件生成、流转阶段的基本风险包括：不真实，即接收的水利工程项目电子文件各要素（如内容、背景等）与形成时的原始状况不一致；不可靠，即由于在水利工程项目电子文件创建、传输等业务流程中操作不合规，或载体感染病毒、损坏导致水利工程项目电子文件内容不能充分、准确反映事实；不完整，即水利工程项目电子文件各部分、各要素有缺损，或以若干份文件相连接的方式而存在的关联性的文件未收集齐全；不可用，水利工程项目电子文件出现乱码、丢失和差错，难以被精准地读取和利用；[2] 失密，即由于网络的公开性、计算机系统的脆弱性、病毒感染、黑客攻击而引起的涉密、侵权事件。[3]

二、风险管理

针对水利工程项目电子档案保管工作中的各种风险因素，水利工程项目档案管理部门可采取以下五种风险管理策略：预防，提前防控以避免风险事故发生；缓解，减轻风险危害程度并防止不利后果扩散；接受，主管部门承担风险后果并弥补已有损失；转移，借用管理手段转移风险损失和附带责任；规避，合理取舍以规避潜在威胁的发生。采用这些策略可使水利工程项目电子档案长期真实完整、安全可信保存。[4]

（一）预防性策略

风险预防是主动积极的风险管理策略，一般在风险事故发生前，针对水利工程项目电子档案的形成、传输、保管等环节采取管理措施、手段，并制定相应法律规范。首先，水利工程项目电子档案风险预防策略应做到宏观把控，加强顶层设计。2021 年 6 月，水利部印发了《水利工程建设项目档案管理规定》（水办〔2021〕200 号），2023 年 4 月，水利部、国家档案局印发了《水利工程建设项目档案验收办法》（水办〔2023〕132 号），为完善水利工程项目电子档案管理策略提供了理论基础。水利工程项目档案管理部门

[1] 参见郭婷：《企业电子文档智能化安全风险与防范机制》，《信息通信》2020 年第 2 期。

[2] 参见王昱、胡安娜：《电子文件的可信性与前端控制策略研究》，《兰台内外》2023 年第 9 期。

[3] 参见卫新宏：《浅析电子文件的风险管理》，《机电兵船档案》2019 年第 6 期。

[4] 参见王文雅、张彬：《电子文件风险应对策略探究》，《档案》2022 年第 7 期。

应对接国家标准，结合自身电子档案管理实践，在部门立法中细化保管要求、目标及措施，以实现对水利工程项目电子档案的安全、有效、长期管理。其次，凡事预则立，不预则废，树立风险防范意识对减少和抑制事故发生具有重要作用，相关部门应注重唤起、强化水利工程项目电子档案保管人员的风险意识，使其从宏观层面、电子档案管理全生命周期综合把握潜在风险。[1] 再次，水利工程项目档案管理部门应将前端控制和全流程管理的理念相结合，介入电子档案形成阶段，指导前端业务部门开展电子档案管理活动，强化对各类风险源的发现和早期控制，以保障水利工程项目电子档案内容、结构、背景信息等的真实、完整；[2] 并将全过程综合防控与关键节点防控相结合，对水利工程项目电子档案的采集、保管与利用进行指导、监督。最后，水利工程项目档案管理部门需完善风险评估工作，将保管风险划分为“严重”“一般”和“轻微”三个级别，并在此基础上建立风险等级核对表、专家一体化评估平台[3]，以推动电子档案的分级分类、有序保管。

（二）缓解性策略

水利工程项目电子档案保管过程中风险不可避免，缓解性策略旨在降低风险出现频率和严重程度。水利工程项目档案管理部门应从以下几个方面着手：一是优化资金扶持政策和财政支出结构，主管部门应将安全建设扶持专项资金列入水利部门财政预算，集中人力、财力、物力解决项目关键问题，确保资源配置的精准有效。[4] 二是提高水利工程项目电子档案管理人员的综合素养，一方面，水利工程项目档案管理部门应加强自身人才队伍建设，通过专家、学者讲授和业务技术培训等方式，强化相关业务人员在数据采集、开发加工、图文处理、管理创新方面的能力；另一方面，水利工程项目档案管理部门可与专业技术机构展开合作、交流，有计划地引入相关人才，以弥补短板。[5] 三是建立风险管理应急预案，水利工程项目档案管理部门应当加强对突发风险防治活动相关档案的梳理和研究，统筹规划预算应急费用、进度后备措施和技术后备措施，以解决水利工程项目电子档案管理的全局性、

[1] 参见卫新宏：《浅析电子文件的风险管理》，《机电兵船档案》2019 年第 6 期。

[2] 参见宋扬：《平安中国建设背景下的电子档案风险管理探析》，《山西档案》2021 年第 1 期。

[3] 参见王会粉、胡心语：《建设项目电子文件单轨制风险研究》，《档案管理》2020 年第 6 期。

[4] 参见李巧玲：《新形势下水利工程档案信息化存在的风险与安全管理分析》，《兰台内外》2024 年第 3 期。

[5] 参见孙轶群：《电子文件归档和电子档案管理研究》，《黑龙江档案》2022 年第 5 期。

基础性问题。[1] 四是完善技术方案，水利工程项目电子档案风险管理须以现代信息技术作为支撑，水利工程项目档案管理部门应综合运用加密技术、信息认证技术、物理隔离、防火墙、入侵检测技术、区块链防篡改技术、数据备份与恢复技术等安全手段实现对水利工程项目电子档案的可靠保管。

（三）接受性策略

接受性策略致力于在风险事故发生后降低水利工程项目档案管理部门相关损失并防止风险后果扩大，这要求水利工程项目档案管理部门采取以下措施：①选用安全可靠的硬件系统或软件，探索新兴技术方法，高效检索并精准定位风险问题和系统漏洞，以保障水利工程项目电子档案的真实可信、完整齐全和凭证价值；②更新、维护水利工程项目电子档案管理系统，反向验证、校对水利工程项目电子档案系统设计方案，以减少黑客攻击、病毒感染带来的风险、漏洞；[2] ③控制用户访问权限，以减小风险后续影响；④发挥制度治理优势，扎紧水利工程项目电子档案“安全笼子”，加强风险事故发生后的监控、跟踪，及时发现和纠正不良影响，提高自身安全事故应急处理能力；[3] ⑤加强保密培训，普及保密操作程序，涉密水利工程项目电子档案要查清来源及交接的背景信息，涉密人员离职前应将其保存的涉密水利工程项目电子档案全部清退、移交，并严格执行登记程序，以达到事后问责、追踪的目的。[4]

（四）转移性策略

风险转移策略提倡风险共担，使参与水利工程项目电子档案管理的部门从中获取整体效益。风险转移策略类型多样，包括契约性合作、委托保险、档案外包等。在契约性合作方面，水利工程项目档案管理部门可与各业务部门、信息系统运营建设商等建立契约性合作关系，按照单位效率分配相关业务，并通过经济激励和控制机制保障水利工程项目电子档案保管工作的顺利开展，但由于各方利益相关者在管理经验、技术手段上的差距和沟通不畅的问题，或会引起连带风险威胁。[5] 在委托保险方面，水利工程项目档案管理

[1] 参见倪代川、金波：《数字记忆视域下档案数据治理探析》，《档案管理》2021 年第 1 期。

[2] 参见王文雅、张彬、吉日格勒等：《基于文献计量与知识图谱的我国电子文件风险管理研究》，《图书馆学刊》2022 年第 11 期。

[3] 参见黄晓卫：《基层事业单位档案安全问题解析》，《黑龙江档案》2021 年第 3 期。

[4] 参见王政：《警惕工作交接中的泄密风险》，《保密工作》2020 年第 11 期。

[5] 参见王文雅、张彬：《电子文件风险应对策略探究》，《档案》2022 年第 7 期。

部门应结合自身经济承受能力，与保险公司签订相关保管协议，将安全事故的风险部分转移到保险机构。[1] 在档案外包方面，水利工程项目档案管理部门应坚持“合法、安全、可控”的原则，以成果质量为核心、以安全保密为底线，明确招标文件中对外包机构管理资质、信用、财务情况、管理制度、绩效成果审查的内容，构建科学的筛选评估指标体系，并在实际保管工作中积极参与沟通和监督指导，确保水利工程项目电子档案的安全可信。[2]

（五）规避性策略

规避性策略的目标是消除潜在威胁发生的可能性，防止水利工程项目电子档案被篡改、泄露。水利工程项目档案管理部门在风险规避方面可采取以下手段：第一，依据风险承受能力和保管水平，调整总体战略布局和保管方案，对于目前软硬件设施无法满足可信安全保管需求的水利工程项目电子档案，为避免可能发生的损失，可采取双套制归档管理模式。[3] 第二，水利工程项目电子档案保管过程中，应注重相关软件系统知识产权归属，避免潜在侵权风险。[4] 第三，水利工程项目档案管理部门应设置风险监控策略，识别并跟踪新的风险，定期依据跟踪记录建立风险报告，并评估降低、消除这些风险的可能性，及时做出反应、采取对策。[5]

第三节　水利工程项目电子档案保管方法策略

水利工程项目电子档案保存了丰富的历史信息，记录了各个时期水利工程项目的建设历程、技术进步等，水利工程项目电子档案的长期可信安全保存对于了解水利工程项目的历史演变和传承、研究和评估水利工程项目的性能和效益、改善水资源利用和环境保护情况、优化水利工程项目决策和管理工作具有重要价值和作用。[6] 因此，水利工程项目档案管理部门应结合相关

[1]　参见贺鹏程：《构建更加有效的风险防范机制》，《施工企业管理》2021 年第 10 期。

[2]　参见李春生：《档案数字化服务外包应做好“五到位”》，《中国档案报》2023 年 7 月 27 日。

[3]　参见王文雅、张彬：《电子文件风险应对策略探究》，《档案》2022 年第 7 期。

[4]　参见罗剑萍、骆奇峰：《从参考文献不当著录谈著作权侵权风险规避及防范》，《黄冈师范学院学报》2021 年第 6 期。

[5]　参见李海南、孟韬：《电子文件风险管理策略研究》，《档案学研究》2010 年第 4 期。

[6]　参见郑静：《水利工程档案整理与管理的现状与挑战》，《2023 新时期社会发展研讨会论文集》，中国智慧工程研究会，2023 年，第 145 ～ 146 页。

政策规定，针对水利工程项目电子档案特点，并依托自身技术手段和实践经验，制定涵盖元数据管理、智能化存储、数据迁移、封装保护、仿真兼容等技术策略的综合性保管方案。

一、将元数据作为管理工具

元数据被一般性解释为“关于数据的数据”，是电子文件管理的基本工具，在维护电子文件真实、完整、安全、可用方面发挥着重要作用。为确保水利工程项目电子档案保管工作的高质量进行，水利工程项目档案管理部门必须整合在文件档案管理领域得到实际应用的元数据标准，结合管理实践制定具体的元数据方案和指南，进而展开水利工程项目电子档案元数据管理。在有关元数据的标准规范中，关于元数据模型的标准被视作根本的元标准，能为水利工程项目档案管理部门元数据标准规范制定提供可靠依据。目前在国内外被广泛应用的元数据模型包括 ISO 23081、PREMIS 和 PRONOM，ISO 23081 的主要目的是通过标准化的元数据框架实现电子文件业务与管理的耦合，进而服务于电子文件管理系统中元数据的捕获与管理，但利用其进行电子档案长期可信保存时，必须进行优化和拓展；PREMI 描述了数字档案长期保存所需元数据及其关联性，可以使数字档案馆系统中信息资源具有可呈现、可理解、可长期保存的特性，但不能覆盖电子档案长期保存所需的全部元数据，其所包含的对象、事件、责任主体和权利声明这四类实体，也不能完全反映电子档案的特征、术语，需要整合其他元数据标准协同使用；PRONOM 细致描述了电子文件技术环境，主要用来支持电子文件格式的长期管理。由此可见，上述三个标准各有自身适用的领域和电子档案保管的环节、阶段，水利工程项目档案管理部门在元数据管理方案制定过程中应从可信、可用保管需求出发，实现三个标准的相互映射、融合与互补，并依据标准规定的元数据项目、捕获方式和管理方式，在一次性捕获元数据之后，实现元数据在多项电子档案处理、管理活动之间共享，从而为电子环境下水利工程项目档案管理流程的集成和优化提供基础和保障。[1]

二、采用基于职能的保管方法

职能是对组织机构不同层次活动的总称，描述了机构各部门对社会承担

---

[1] 参见刘越男、杨建梁：《面向电子文件保存的统一元数据模型的构建》，《中国图书馆学报》2017 年第 2 期。

的职责，与组织机构呈现出紧密连接的伴生关系。[1] 按照职能来源对档案进行分类管理，在发达国家已为实践部门熟知并接受，它以业务活动分析为基础建立系统一致的电子档案分类保管体系，实现了电子档案和业务活动之间联系的显性化和固化。同时，基于职能进行分类管理与电子档案管理系统具有极强的适配性，依据职能的等级结构和职能活动的重要程度对电子文件进行捕获、分类、保管，能实现批量化、自动化鉴定和处置电子文件的目标。职能保管法不囿于机构和主题，反映出电子档案形成背景、来源及文件之间的相互联系，能实现电子档案的跨机构、跨部门的利用与共享。水利工程项目档案管理部门在电子档案管理过程中也应该充分采用基于职能的保管方法，按照水资源开发利用、灾害防御等不同部门的职能对移交的水利工程项目电子档案进行分级、分类管理，并相应地设计水利工程项目电子档案管理系统。[2]

三、迁移

迁移是指将数据从一个信息系统或存储介质转移到另一个信息系统或介质的过程，主张随着技术环境变化而定期对电子档案格式或载体形式进行转化，以满足电子档案长期真实、完整、安全保存的现实需求。[3]

（一）迁移类型

水利工程项目电子档案的迁移可分为载体迁移和格式迁移两类。水利工程项目电子档案常存储于物理载体，物理载体受频繁使用及外界环境的作用而磨损、老化，最后发生所记录信息的丢失或读出错误，为实现水利工程项目电子档案的长期保存、访问和管理，应采用载体迁移这一手段，将水利工程项目电子档案从一个应用、存储介质或系统迁移到另一个应用、存储介质或系统。格式迁移是指将水利工程项目电子档案信息转换成目前硬件和软件可以支持的新格式。一般情况下，迁移之后的新格式要具有长久可读取的特征，多为开源或主流的符合国家标准的文件格式，具体包括：文本格式，如 XML、TXT、RTF；图像格式，如 JPEG、TIFF、PDF；视频格式，如 MPEG、AVI；音频格式，如 WAV、MP3。当前软硬件设施或相关技术手段无法满足上述格式标准时，水利工程项目档案管理部门应优先考虑开放程度

[1] 参见宋魏巍：《职能鉴定法研究》，《档案学通讯》2018 年第 3 期。

[2] 参见马林青：《基于职能的文件分类研究》，《北京档案》2009 年第 9 期。

[3] 参见冯洁：《电子文件迁移研究》，苏州大学硕士学位论文，2012 年。

较高、流行程度较高、标准化程度较高和技术环境独立程度较高的目标格式。[1]

（二）迁移的流程和要求

在水利工程项目中，电子档案的迁移过程大致可以划分为三个步骤：迁移前的准备工作、迁移操作的实施以及迁移后的校验环节。首先，充分的前期准备是确保水利工程项目电子档案成功迁移的基础，这要求对迁移电子档案的源信息进行详细描述，包括水利工程项目电子档案的存储载体、内容信息、存储格式；对新旧系统的历史电子档案进行质量分析，对新旧系统电子档案结构进行差异分析，对新旧系统电子档案代码进行差异分析，并制定水利工程项目电子档案转换的应急措施。其次，水利工程项目电子档案迁移的实施是最关键、最重要的环节，它要求制定详细实施步骤流程、准备迁移环境、结束未处理完的业务事项并对水利工程项目电子档案迁移涉及的技术进行测试。最后，水利工程项目电子档案迁移后的校验是对迁移工作进行整体评估、检查，判断新系统能否正式启用的重要依据。对水利工程项目电子档案迁移后的检查包括：①水利工程项目电子档案的格式是否一致和可用；②水利工程项目电子档案的有效长度；③水利工程项目电子档案是否包含在定义的最大值和最小值的区间中；④检查新旧系统定义的空值、默认值是否相同；⑤水利工程项目电子档案的关联完整性；⑥检查逻辑上是否存在违反一致性的水利工程项目电子档案，特别是存在分别提交操作的系统。[2]

四、封装

《基于 XML 的电子文件封装规范》（DA/T 48—2009）规定：封装是指将电子文件及其元数据按指定结构打包的过程，可以保证电子文件及其元数据的对应性和完整性，实现电子文件的自包含、自描述和自证明。VERS（指 Victorian Electronic Records Strategy，维多利亚电子记录战略）、METS（指 Metadata Encoding and Transmission Standard，元数据编码和传输标准）、EEP（指 Electronic records Encapsulation Package，电子文件封装包）、文件包这四种封装策略可用于指导水利工程项目电子档案保管工作。

（一）VERS

自 1996 年起，澳大利亚维多利亚公共档案馆启动了 VERS，这一策略涵盖了电子文件元数据、长期保存格式以及封装等内容，旨在系统地解决电子

[1] 参见张照余、冯洁：《电子文件迁移的时机、原则与要求》，《浙江档案》2011 年第 10 期。

[2] 参见张美芳：《电子文件迁移措施的研究》，《档案学通讯》2006 年第 1 期。

文件的证据价值、长期保存及利用问题。[1]VERS 具有四大显著特点：第一，在电子文件形成后，将其转换为适合长期保存的格式；第二，捕获相关的元数据；第三，采用 XML（指 Extensible Markup Language，可扩展标记语言）技术将长期保存格式的文件与元数据封装成一个扩展名为 EEO 的文件，并递交给档案馆进行长期保存；第四，对封装对象进行数字签名，以防止在未经授权的情况下被篡改。[2]VERS 封装包的结构如图 7.1 所示。

图 7.1　VERS 封装包结构[3]

VERS 体现了澳大利亚档案管理部门在其电子文件管理实践中对 OAIS 中的档案信息包（AIP）概念模型的成功运用。从一开始，澳大利亚档案管理部门就注重 VERS 的可移植性，并公开邀请全球范围内的档案机构使用

[1]　参见黄玉明：《电子文件和相关数字资源封装案例比较》，《档案学研究》2012 年第 5 期。

[2]　Andrew Waugh，“The Design of the VERS Encapsulated Object Experience with an Archival Information Package”，*International Journal on Digital Libraries*，vol.6，no.2(April 2006)，pp.184-191.

[3]　参见黄玉明：《电子文件和相关数字资源封装案例比较》，《档案学研究》2012 年第 5 期。

VERS标准，并提出意见和建议。2007年1月，维多利亚公共档案馆通过官方网站发布了VERS工具箱，其中包括标准集、DTD（指Document Type Definition，文档类型定义，是一种为XML文档定义结构和语法规则的规范）文档、生成VEO（指Victorian Encapsulation Object，维多利亚封装对象，是一种封装格式，可用于电子文件全生命周期各个阶段的封装）文件和移交清单的典型Java（一种广泛使用的高级编程语言）代码，供用户免费下载和使用。这为水利工程项目档案管理部门在制定自身的电子档案封装标准方面提供了重要的参考价值。

（二）METS

METS具有广泛的应用背景，能够支持国际电子文件信息资源的互操作；具备灵活的应用空间，能够适应多样化的应用环境；并且具有长远的应用前景，能够支持数字档案馆的核心架构构建。METS是目前国际上影响力最大、应用最广泛的电子文件元数据封装方法。METS封装包的基本模型由七个部分组成：文件头、结构图块、文件列表块、描述元数据块、管理元数据块、结构链接块和行为块。其中，文件列表块、结构图块、描述元数据块和管理元数据块是核心模块。文件列表块能统一封装电子文件的所有编码文档；结构图块能说明文件列表块中编码文档的内部结构关系；描述元数据块记录了文件或编码文档的内容信息及其元数据，可作为封装包的检索工具；管理元数据块则保存了文件或文档的创建保存信息、知识产权信息、来源及背景等元数据。METS的应用场景在实践中不断拓宽，可为水利工程项目电子档案的长期安全可信保存奠定基础。[1]METS封装包结构如图7.2所示。

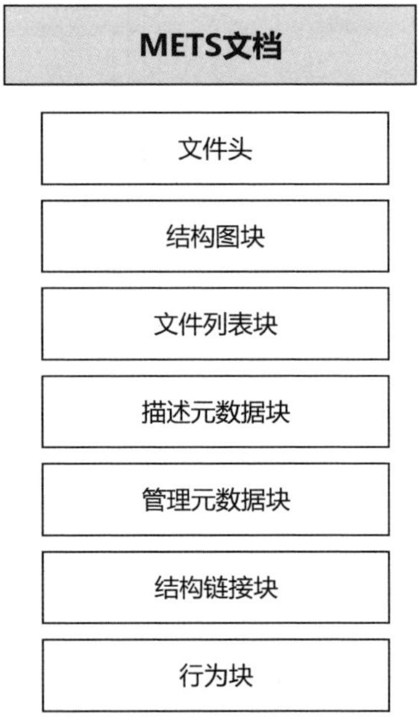

图7.2 METS封装包结构图

（三）EEP

EEP封装方法由档案行业标准《基于XML的电子文件封装规范》

[1] 参见程妍妍：《基于METS的电子文件元数据封装研究》，《湖北档案》2011年第7期。

（DA/T 48—2009）提出，它规定了电子文件封装的格式和要求，是电子文件共享、长期保存和利用的有效形式。在技术维度，EEP 封装方法包含了大量元数据信息，并将电子档案内容通过 BASE64 [一种基于 64 个可打印字符（A~Z、a~z、0~9、+、/）将二进制数据编码为文本的编码方式] 编码后一并加入封装包，使得封装包非常庞大和复杂。在质量检测维度，EEP 封装方法通过检测封装包的电子签名就可以一次性检验封装包内全部元数据和档案信息。在文件浏览维度，打开 EEP 封装包后，可以直接按照树形结构分门别类地浏览电子档案元数据，也可以直接打开封装在 EEP 包中的电子档案内容。在管理维护维度，电子档案日常管理中的修改操作不对已封装的数据进行调整，减少了日常管理维护操作的复杂度。在长期保存维度，EEP 封装方法利用标准的、与计算机软硬件无关的 XML 语句，将电子文件与其元数据按照规范结构封装在一个数据包中，能较好地解决电子档案在长期保存过程中的真实性、可靠性和完整性问题。EEP 封装包在质量检测和长期保存环节较为出色，在文件浏览和管理维护方面表现不错，但是实现技术难度较大。EEP 封装包适用于水利工程项目电子档案的接收、提供利用和长期保存等环节。[1]

（四）文件包

文件包封装方法由国家档案局发布的《电子档案移交与接收办法》（档发〔2012〕7 号）提出，它规定了使用基于 XML 的电子档案文件包封装方式组织电子档案元数据和内容信息。在技术维度，根据文件包封装方法，电子档案元数据可分为三种，分别是目录信息元数据、过程信息元数据和电子属性元数据，这三种元数据都采用 XML 语言规范封装。这种封装形式将庞大和复杂的元数据进行分类组织，通过档案文件夹等形式实现电子档案元数据和内容的有机联系，降低了识读难度。在质量检测维度，目录信息元数据、电子属性元数据、过程信息元数据、档案内容的质量、元数据和档案内容的电子签名需分别验证，增加了质量检测的复杂度。在文件浏览维度，浏览一件电子档案需要分别打开、频繁切换 XML 文件和档案内容文件，使用的方便程度不如 EEP 封装包。在管理维护维度，使用文件包封装方法时，电子档案管理系统可以批量导出电子档案元数据，自动分类存储，并按照档号层次结构按原样导出电子档案内容，较于 EEP 封装包相对简单。在长期

[1] 参见王金玲：《电子档案封装策略比较研究》，《中国档案》2018 年第 8 期。

保存维度，文件包封装方法没有提供较为可行的电子档案长期保存策略，其元数据采用 XML 语言组织与存储，在一定程度上也能够满足长期保存的要求。文件包形式的封装包实现技术难度低，在质量检测和管理维护方面表现较好，在文件浏览方面表现一般，在长期保存方面表现较差，因此，文件包封装方法适用于机关、企事业单位涉及电子文件（档案）管理权转移的工作，如水利工程项目电子档案归档和水利工程项目电子档案移交等。[1]

五、仿真

仿真是现代信息技术发展下的产物，其核心是制作一个仿真器，模拟电子档案形成时的软硬件环境，使电子信息能以原始状态出现，以应对过时软硬件设备被淘汰的风险，实现电子档案的长期存取。[2]

水利工程项目电子档案保管要真正实现仿真，必须开发仿真软件并保障有适合仿真软件运行的软件环境，水利工程项目档案管理部门可依据实际情况从以下两种仿真策略中进行选择：一是硬件仿真，即利用新型计算设备上的先进操作系统来仿真旧型计算机，并在仿真的旧型计算机上安装旧版操作系统及应用程序，从而能够访问旧格式的水利工程项目电子档案信息。二是软件仿真，即在新版本操作系统软件上仿真旧版应用软件，以此解决无法打开旧格式水利工程项目电子档案的问题。仿真策略能够在一定程度上应对水利工程项目电子档案格式过时、淘汰导致的电子档案不可见、不可读和不可用的问题，并且理论上适用于各类水利工程项目电子档案。但随着电子计算机软硬件的升级换代，水利工程项目档案管理部门必须协同掌握相关技术的企业、组织及政府机构不断研发相关的仿真软件。[3]

水利工程项目档案管理部门将数字化仿真技术应用到水利工程项目档案的保管工作中，虽能在一定程度上维护档案的真实、完整、安全、可用，但在实际操作过程中存在以下难点问题：第一，开发和维护仿真工具比较复杂，也比较困难。仿真工具在技术上是可行的，但开发难度较大，且必须得到维护才能使用，并且不能完全保证其在未来计算平台上的持续有效性。第二，仿真软件的兼容程度及可靠性也存在不确定性，不能保证其可以读取原始文

[1] 参见王金玲：《电子档案封装策略比较研究》，《中国档案》2018 年第 8 期。

[2] 参见邢宏艳：《数字化仿真复制技术在档案工作中的应用》，《黑龙江档案》2012 年第 5 期。

[3] 参见刘越男：《地方政府数字档案集中管理模式研究》，中国人民大学出版社 2017 年版，第 150 页。

件。第三，仿真技术的应用需要高水平且不间断的技术支持，这对于许多机构而言可能构成挑战，而且软件开发商可能会逐渐放弃某些软件的向下兼容性。[1] 水利工程项目档案管理部门若想做好水利工程项目电子档案仿真工作，须从上述三个方面寻求突破。

第四节 水利工程项目电子档案备份

早在 2009 年，于上海召开的全国档案馆工作会议上便已提出，为实现档案信息的长期安全可信保存，各级国家综合档案馆要建立完备的备份系统，对本级重要档案进行异地备份，对重要电子文件（档案）实施异质备份，确保档案信息资源的长期可读、绝对安全。[2] 随着水利工程项目实践和现代信息技术的持续发展，水利工程项目档案备份不仅能优化信息记录的方式方法、转变水利工程项目档案信息的存储方式，更能有效抑制水利工程项目电子档案保管的相关风险，是水利工程项目电子档案保管工作数字化转型的必然要求。[3]

一、备份原则

对水利工程项目电子档案进行备份的目的是保证水利工程项目数据的安全性。多样化的应用环境往往要求采用定制化的解决方案，一般来说，要满足以下原则。

（1）适度。水利工程项目电子档案备份一般采取多套保存的方式来确保安全，但过度强调多套，不仅会增加备份的资源损耗，还会提高备份的技术操作难度。因此，水利工程项目档案管理部门应结合电子档案的稀缺程度、规模数量、价值作用、内容结构选择不同寿命、恢复速度、存储容量、存储类型的介质、载体。

（2）可用。备份的作用是为系统提供保障水利工程项目电子档案安全可信的方法，因此，可靠性和稳定性是备份技术及产品选择的第一要素，数据磁带、磁盘阵列、硬盘、光盘都是目前技术较为成熟的备份介质。

---

[1] 参见王小林：《数字资源长期保存技术综述》，《数字与缩微影像》2011 年第 3 期。

[2] 参见王淑云：《电子档案异地备份的必要性及实施策略》，《黑龙江档案》2016 年第 1 期。

[3] 参见马晓：《关于数字档案资源安全备份策略的几点探索》，《黑龙江档案》2023 年第 3 期。

（3）经济。水利工程项目电子档案的长期保存需求决定了水利工程项目档案数据备份系统需要定期的、间断性的维护与更新，这就使得投入产出效益比成为备份策略选择的重要依据，若资金投入不当，或造成资源浪费，或威胁水利工程项目电子档案的可信安全保存，皆不利于备份工作的可持续发展。

（4）安全。备份的安全风险随副本的增多而逐步增长，为此，在水利工程项目电子档案备份管理中应首先保障备份系统和产品的安全保密、合法合规；其次，应确认备份平台的安全等级与水利工程项目电子档案备份要求保持一致；最后，要细化备份介质管理，预防并查杀计算机病毒，落实全程监管。

（5）自动化。水利工程项目电子档案与灾害的预防、治理密不可分，对何时备份、备份耗时都有一定限制。因此，备份方案应能提供定时的自动备份，并设置日志记录功能，同时在出现异常情况时自动报警。[1]

二、备份方式

（一）按对象划分：系统备份、数据备份

系统备份是指将水利工程项目电子档案与其相关的操作系统和应用程序一同进行备份，以防止因系统或应用程序的更新而导致原有软件或平台缺失或不兼容，从而使数据无法读取。然而，系统和应用程序本身占用一定的存储空间，随着时间的推移，数据量不断增加，这会导致备份所需的时间和成本大幅上升。[2] 数据备份则是由备份系统按照设定规则经网络自动读取应用系统在线存储设备中的完整或部分数据，并复制到备份系统存储器中，当应用系统在线存储设备中的数据损毁时，可以将备份的数据按照原存储结构写回在线存储设备。[3]

（二）按环境划分：本地备份、网络备份

本地备份是指在水利工程项目电子档案所在地点进行数据备份，主要目的是便于使用数据或及时恢复受损的信息和系统。本地备份有两种形式：一是通过更换存储介质，如使用光盘、硬盘或磁带来实现异质备份；二是在本地建立备份和容灾数据库，并利用备份软件进行定期的数据备份。[4] 网络备

[1] 参见何畏：《档案数据备份策略分析》，《云南档案》2016 年第 10 期。

[2] 参见周耀林、徐妙妙、纪明燕：《电子文件备份的方法与选择》，《中国档案》2016 年第 10 期。

[3] 参见丁德胜：《电子档案管理理论与实务》，中国文史出版社 2023 年版，第 185 页。

[4] 参见周耀林、徐妙妙、纪明燕：《电子文件备份的方法与选择》，《中国档案》2016 年第 10 期。

份是在网络环境中，通过数据存储管理软件，结合硬件和存储设备，实现对网络信息资源的集中备份。网络备份具有较强的安全性，能将自动恢复机制、实时备份策略和应急预案应用其中，高效维护系统的正常运行，降低网络隐患。[1]

（三）按操作方式划分：全备份、增量备份、差分备份与按需备份

全备份指的是每次备份时，都将所有的水利工程电子档案完整地备份一遍。这种方式操作简单，在遭遇灾难时只需恢复最近的一次备份即可，有利于保证数据的完整性；但由于重复数据较多，会占用大量的存储空间，增加下一次备份所需的时间，不利于节省成本，并且如果两次备份之间的时间间隔较长，则有可能增加最新数据丢失的风险。增量备份则是在初次进行全备份之后，后续只备份新增加的水利工程项目电子档案。这种方法能够减少数据冗余，节约存储空间和备份时间，但其安全性较低，若某一时间段内的数据丢失或损坏，会导致整个数据链脱节，且恢复数据的过程较为复杂、耗时较长。差分备份同样是在进行了初次的全备份之后，后续只备份那些发生了变更的数据。这种方式既克服了全备份存在的缺陷，有助于节省资源和时间；同时也避免了增量备份可能导致的数据链断裂问题，从而提高了数据的安全性。[2] 按需备份可根据水利工程电子档案的变更特点与业务需求，灵活选择备份范围。如对动态监测数据按小时触发增量备份，对设计文档修改采用差分备份，遇关键节点则启动全备份，实现资源优化与风险防控的动态平衡。

三、备份管理策略

（一）备份对象

水利工程项目档案管理部门应根据自身实际情况选取、确定需要备份保存的水利工程项目电子档案，备份对象的选择一方面要关注内容上的层次性，即水利工程项目电子档案能真实、全面反映本单位生态防治实践情况、水资源开发利用工作情况和组织部门变迁发展历程；另一方面，要注重载体的多样性，不仅要对水利工程项目电子档案进行数字化备份，还要制作纸质副本和利用缩微材料等特殊介质进行存储。此外，要实现对元数据、水利工程项目电子档案管理系统的日志信息和配置参数的数据级备份。[3]

---

[1] 参见张伟：《网络安全最后防线——网络备份研究》，《网络安全技术与应用》2020 年第 9 期。

[2] 参见蒋建峰：《档案备份的方法和策略》，《档案与建设》2012 年第 8 期。

[3] 参见曹晓晓、杜琳琳、徐亮等：《档案信息异质备份策略的实施》，《档案学研究》2009 年第 4 期。

（二）备份设备选择

目前技术相对成熟的备份介质主要有磁带、缩微胶片、硬盘和光盘这几类。磁带体积小、容量大、成本低、安全性能高，但兼容性差、耐用性差、读取速度慢、不方便携带；缩微胶片稳定性强、技术性能优良、安全度高，但易霉变、褪色，成本较高；[1]硬盘存储量大、读写速度快、拓展性强、价格低，但抗震性能差、安全性低；光盘存储容量大、可靠性高、存取速度快、价格低，但易受损、易受干扰。[2]在进行备份设备的选择时，水利工程项目档案管理部门应结合电子档案在存储容量、读取速度等方面的实际要求，综合考量部门经济预算、技术水平，有机组合磁带、缩微胶片、光盘、硬盘等存储载体，合理设置在线、离线存储备份系统。

（三）异地、异质备份

水利工程项目电子档案大多形成、保存于复杂的自然环境中，较为适用异地、异质备份这一保管方式。应对水利工程项目电子档案信息资源存储设备进行物理安全管理，尤其是单一数据中心机房或没有配置异地自动灾备设备的水管单位，需要尽快进行数据中心改造提升。[3]异地备份要求水利工程项目部门将备份地点设置在远离本地的区域，确保不在同一地震带、河流流域或海岸线，并且不在同一个电力供应网络内。这种备份策略主要是为了应对自然灾害（如洪水、火灾、地震）或是战争等情况，确保在本地系统遭受破坏时，水利工程项目电子档案仍能得到有效的保护。在选择具体的异地备份方案时，水利工程项目档案管理部门需考虑多种传输方式：冷备份，即将本地备份的数据通过人工搬运的方式运送到另一个地点；温备份，即通过设立一个备份运行系统，利用服务器周期性的复制和镜像功能，定期将水利工程项目电子档案备份到远端位置；热备份，即在异地建立一个与本地系统同步的镜像系统，通过网络实时传输和备份软件来备份本地数据。此外，水利工程项目档案管理部门还需考虑异地备份的距离因素：自我异地备份，即在上下级单位间建立备份数据库，实现相互备份；友邻相互备份，则是指按照远程异地备份的标准，选择等级和规模相近的水利工程项目档案管理部门，

---

[1] 参见袁志海：《档案异地备份的需求解析及相关策略研究》，《城建档案》2012 年第 6 期。

[2] 参见杨朝钦：《高校档案数据异地备份策略探讨》，《档案管理》2012 年第 2 期。

[3] 参见庄志凤、王蕾：《大数据时代水利工程电子档案安全管理对策探究》，《四川档案》2023 年第 5 期。

互相保管彼此的水利工程项目电子档案备件。[1] 异质备份一般采用多种技术手段，将水利工程项目电子档案数据转移到纸张、磁盘、硬盘、光盘等固态介质上，以实现水利工程项目档案的长期安全可信存储和高效读取利用。水利工程项目档案管理部门在异质备份的实施上，应把握以下三个重点：一是科学研究软硬件设施状况、水利工程项目电子档案内容结构、经费预算储备、人员结构和素质，科学选择备份技术手段，以避免资源冗余、浪费；二是完善异质备份标准体系，水利工程项目电子档案异质备份涉及纸质档案扫描技术、缩微技术、计算机技术、数字胶片打印等多种技术手段，相关技术标准或缺乏或差异较大，因此，水利工程项目档案管理部门应充分考虑技术之间的关联性、协调性，对接现实工作需求和国家标准规范，完善标准体系；三是针对水利工程项目档案异质备份工作的各个环节，制定科学合理、全面系统的实用技术手册、工作细则和实施指南，以增强异质备份的可操作性。[2]

（四）其他备份技术与策略

在错综复杂的大数据网络环境下，科学合理、行之有效的备份技术与策略的选择是水利工程项目电子档案可信安全保管的核心。水利工程项目档案管理部门在备份工作中应结合实际情况综合使用以下技术手段：第一，增量方式的实时备份技术。增量方式的实时备份技术能实现对水利工程项目电子档案数据库中档案目录和资源的实时监控，它利用 Rsync 算法（一种用于高效检测和传输文件差异部分的增量同步算法）精准识别、定位档案数据库中新增的水利工程项目电子档案资源，并将其直接传输到备份数据库，以达到高效实时备份的目标；[3] 第二，基于快照的数据备份技术，快照技术整体上分为镜像快照技术和连续数据保护快照技术两类，这种技术通过对给定的水利工程项目档案资源的完全有效拷贝，实现对数据的高质量备份和快速恢复；第三，基于 IPSAN［一种基于 IP 网络协议（指网际协议，是互联网的基础通信协议）的存储区域网络技术］的数据备份技术，利用 IPSAN 实现水利工程项目电子档案的备份就是给存储水利工程项目电子档案的服务器和备用服务器划定各自的专用、独立的备份空间，当服务器受到病毒感染或黑客攻击时，可将水利工程项目电子档案资源传输至状态良好的备用服务器，以达到规避风险和快速恢复的效果。[4]

---

[1] 参见周耀林、徐妙妙、纪明燕：《电子文件备份的方法与选择》，《中国档案》2016 年第 10 期。

[2] 参见曹晓晓、杜琳琳、徐亮等：《档案信息异质备份策略的实施》，《档案学研究》2009 年第 4 期。

[3] 参见黄家栋：《基于增量方式的数据备份技术研究与实现》，华南理工大学硕士学位论文，2017 年。

[4] 参见陈伟斌、张庆顺：《大数据环境下高校数字档案备份技术策略》，《档案天地》2022 年第 2 期。

第八章
水利工程项目电子档案利用

检索是提供档案利用的关键，水利工程项目电子档案网络查询、信息推送、阅览服务、通信传输、复制供应等各种档案利用功能都是以检索工具为基础构建起来的，检索的效率和质量很大程度决定电子档案利用服务的广度和深度。

档案管理部门可通过对水利工程项目电子档案的收集、整理、存储、加工、处理和分析，为用户提供相关的档案信息服务，进而满足多层次的信息需求，以最大限度发挥档案的信息社会价值和经济价值。数智时代，水利工程项目电子档案利用在服务对象、内容和策略等方面发生重要变化，电子档案利用服务走向个性、泛在、移动、智慧。可通过用户画像全面、准确、实时地了解和掌握用户的需求、偏好、意愿，实现用户态势感知，从而构建以用户为中心的档案知识服务功能，通过档案知识库、知识图谱为用户的科学决策提供参考。

高效的水利工程项目电子档案管理是对水利工程项目进行科学化、精准化、高效化管理的前提，也是保障水利工程项目相关人员决策管理能力和水平的重要支撑，是推动新阶段水利工程项目高质量发展、全面提升水安全保障能力的重要环节[1]。伴随着信息技术的快速发展，全国各地积极开展了依托大数据、电子签章、加密保护认证等技术的水利工程项目电子档案管理系统的探索，江苏、浙江、广州等地在档案信息化政策的引领下，开展了水利工程项目精细化、标准化管理和数字化改革，并不断在“互联网＋现代水利”

[1] 参见黄立锴：《浅谈数字孪生技术在智慧水利工程中的应用》，《珠江水运》2022 年第 16 期。

等领域探索创新[1]，强化数字孪生技术在智慧水利中的应用。

第一节 水利工程项目电子档案利用概述

水利工程项目电子档案利用是查找、使用或检索水利工程项目电子档案的权利、机会和方法，直接体现了水利工程项目电子档案管理工作的意义和价值，在水利工程项目电子档案管理工作中占有突出的地位。

一、水利工程项目电子档案利用的特点

（一）共享性

不同于传统载体档案一般的"孤本"状态，借助档案数字化技术，水利工程项目电子档案以数字形式存储，档案利用方式和手段发生了根本变化，不再必须按顺序逐个提供利用，可以同时为两个或两个以上用户进行服务。水利工程项目电子档案利用突破了时间、空间和人数限制，支持多人多地同时利用，提高了档案利用效率，也给用户带来了极大便利。

（二）友好性

友好性不仅体现在水利工程项目电子档案检索系统响应的及时性，还体现在系统与用户具有良好的互动性。在水利工程项目电子档案利用过程中，电子档案检索系统可以根据利用者的检索需要实时响应，直至利用需求得到满足。利用者还可以随时更换检索入口或提出在已有检索结果中进一步查检等检索利用需求，相关系统会实时响应新的需求。用户友好性高的系统还通过允许用户保存检索表达式和检索结果、支持为电子档案添加标签、根据用户的行为偏好提供信息线索等方式，方便用户以后的检索利用。

（三）丰富性

丰富性是指水利工程项目电子档案作为信息集合，每一个数据信息都可以被灵活处理和使用进而实现层次更为丰富、方式更为多元、颗粒度更为细致的档案检索和利用，进一步满足档案利用需要。档案部门可以按一定主题、专题对水利工程项目电子档案进行组织加工，形成特定内容的数字集合，更好地满足利用者的利用需求。利用者也可以对水利工程项目电子档案的信息

[1] 参见李发鹏、韩丽、杨彦明等：《推进水利工程管理现代化的思考》，《水利发展研究》2022年第11期。

进行分类、统计、汇总等操作，将这些信息转换成自己需要的形式，更好地满足个性化需求。

（四）便捷性

便捷性主要体现为档案用户可以随时随地利用电子档案，档案利用在时间、空间上都得到了极大扩展，具有灵活性。传统载体的水利工程项目档案利用在时间、空间上受到严格的限制，利用行为通常发生在档案管理机构的办公场所。水利工程项目电子档案不同于传统载体的档案，既可以通过档案利用场所的计算机，也可以通过由局域网或互联网相连的计算机等终端进行利用服务，在利用时间上也不再局限于档案管理机构的工作时间。

二、水利工程项目电子档案利用的原则

水利工程项目电子档案利用应遵循合法、易用、效益和安全等原则。

（一）合法原则

水利工程项目电子档案利用应当严格遵守档案法律法规关于档案利用、开放工作的要求，同时还应注意遵守保密法、数据安全法、知识产权法、个人信息保护法等相关法律法规要求。水利工程项目电子档案具有较高的科技含量，关系国家安全，必须处理好档案利用与档案安全保密的关系，在保证档案信息安全保密的前提下，尽可能扩大档案信息资源的开发利用范围。在进行水利工程项目电子档案利用时，还需要处理好档案利用与隐私权、著作权和知情权之间的关系，保证电子档案利用工作顺利开展。

（二）易用原则

水利工程项目电子档案利用不仅要根据用户需求深化档案内容管理，还需要不断提升档案信息服务能力，通过用户画像等方式总结用户特征、要求和习惯等，通过档案智能服务保证水利工程项目电子档案的易用性，真正为用户提供利用便利。水利工程项目电子档案管理机构必须建立以用户为中心，科学、规范、易用的档案信息检索体系，提供多层次的、实用的档案信息产品或信息服务，并通过尽可能便利的方式提供档案利用服务，使用户获得良好的档案利用体验。

（三）效益原则

水利工程项目电子档案利用离不开人力、物力和财力等多种资源的支持，需要进行成本管理，可通过成本—效益的综合分析，选择最适宜的数字技术、最合理的开发模式、最科学的工作流程等，提升电子档案利用的投入产出比。与此同时，水利工程项目电子档案利用要处理好现实与长远、局部与整体、

经济与社会之间的关系，从整体着眼，把握全局，放眼未来，实现水利工程项目电子档案利用效益最大化。

（四）安全原则

水利工程项目电子档案利用应当综合采用各种有效的安全保护措施，确保档案信息内容安全、载体安全、信息系统安全和网络安全。要实现电子档案安全利用，不仅要通过建立健全各项规章制度，限定电子档案使用的范围和方式，使其免受不正当的访问和使用，并积极采用信息安全技术，避免失泄密问题发生，实现信息安全，还要加强在利用过程中对档案信息载体的保管保护。值得注意的是，安全原则不应影响正常的档案利用，不应借安全之名阻止用户对电子档案的合法使用。

第二节　水利工程项目电子档案的检索与著录

一、水利工程项目电子档案的检索

水利工程项目电子档案检索有广义和狭义之分，广义的检索既包括档案的描述、组织、存储，又包括档案查找；狭义的检索仅指档案查找过程。本书所介绍的为广义的检索。水利工程项目电子档案的描述、组织和存储是指在水利工程项目电子档案管理过程中，通过著录标引、建立索引、提取特征等方式对水利工程项目电子档案的内容信息、背景信息、结构信息、特征信息等进行标识，进而建设水利工程项目档案数据库、索引库、特征库，并以此为依托形成水利工程项目电子档案检索系统，为档案查找提供条件。水利工程项目电子档案的查找是指根据利用者的检索需求，利用水利工程项目电子档案检索系统将检索信息与水利工程项目数据库、索引库、特征库进行匹配，选择、定位所需要的电子档案及其信息内容。

从上述内容来看，水利工程项目电子档案检索主要包括水利工程项目电子档案著录标引、建立索引和提取特征，建设水利工程项目档案数据库、索引库和特征库，建设水利工程项目电子档案检索系统，进行水利工程项目电子档案检索等四项工作内容，其中著录标引、建设水利工程项目档案数据库、建设水利工程项目电子档案检索系统同时也是水利工程项目电子档案管理的重要内容，需要在水利工程项目电子档案管理过程中予以关注和处理。

二、水利工程项目电子档案的检索类型

水利工程项目电子档案检索是基于文本、图像、图形、音频、视频、数据、多媒体、超文本等各种形式的电子档案开展。不同形式的水利工程项目电子档案具有不同的检索方式，主要包括目录检索、全文检索、数据检索和特征检索。

（一）目录检索

目录检索是最基本的也是应用最为广泛的检索方式，适用于文本、图像、数据等所有类型电子档案的检索。水利工程项目电子档案目录检索是指通过著录标引建立水利工程项目电子档案的目录信息，并通过目录进行档案查找的检索方式。通过对水利工程项目电子档案进行著录标引，可形成水利工程项目档案目录数据库、元数据库、专题数据库等各种形式的数据库。用户查询时，检索程序会使用数据库查询方法进行查找，并将查找结果反馈给用户。

（二）全文检索

全文检索是指通过计算机索引程序对文本型水利工程项目电子档案建立索引，并通过索引信息进行档案查找的检索方式。全文检索将非结构化数据中的一部分信息提取出来并重新组织，形成具有一定结构的索引信息，然后通过对索引信息进行查找实现检索任务，创建索引时比较耗时，但索引一旦创建就可以多次使用，查找时速度比较快。全文检索主要适用于文本型电子档案的检索，音频、视频电子档案中的语音文本内容或图像、图形、音频、视频等电子档案说明性文本也可以使用全文检索方式。

（三）数据检索

数据检索是指将数据库中存储的数据根据用户的需求提取出来的检索方式，能够直接提供有关的数据或数值，还能进行运算推导功能和定量分析等，适用于各种运用数据库管理的数据型电子档案的检索。数据检索依托数据库管理系统进行，用户提出查询请求，用户接口程序根据查询请求构建SQL（指Structured Query Language，结构化查询语言，是操作关系型数据库的标准语言，其查询语句用于从数据库中检索数据）查询语句并提交数据库管理系统，数据库管理系统执行查询后，将查找结果反馈给用户。

（四）特征检索

特征检索又称作基于内容的检索，是指通过计算机程序提取图像、图形、音频、视频型电子档案的特征信息，并对图像、图形、音频、视频等多媒体对象的内容及上下文语义环境进行档案查找的检索方式，适用于图像、图形、

音频、视频类电子档案的检索。特征检索通过计算机系统对图像、图形、音频、视频内容进行分析，抽取特征和语义，利用这些内容建立特征库；用户查询时，检索程序将特征与电子档案进行匹配查找，并将查找的结果反馈给用户。

三、水利工程项目电子档案著录

水利工程项目电子档案著录是为检索和管理水利工程项目档案资源，对档案内容、结构、背景或管理活动进行分析、选择、组织和记录的过程。由于水利工程项目电子档案记录方式、形成环境等与传统载体档案不同，因而二者在著录目的、功能、项目、时间、方式、格式等方面均存在较大差异。

水利工程项目电子档案著录具有连续性和动态性，贯穿电子档案的整个生命周期。水利工程项目电子档案著录通常采用计算机自动著录为主、手工著录为辅的方式，大部分著录项与元数据项一致，可以由业务系统和电子档案管理系统通过预定义值域列表选择著录，少部分著录项需要在电子档案管理系统捕获阶段著录。

第三节 水利工程项目电子档案的利用方式与途径

传统水利工程项目档案的利用方式一般包括阅览服务、外借服务、制发复制本、出具证明和咨询服务等。水利工程项目电子档案利用继承传统档案利用方式的同时，根据电子档案利用的特点进行了扩展，主要包括网络查询、信息推送、通信传输、阅览服务、复制供应等方式。

一、网络查询

网络查询是指借助于互联网或局域网，通过水利工程项目档案信息检索系统为用户提供浏览、下载、打印相关档案的利用服务，是电子档案利用最为常见的方式。对于组织机构来说，由于水利工程项目电子档案利用活动主要面向内部，通常会通过电子档案管理系统、决策支持系统、知识管理系统、专门检索系统、内网门户等提供电子档案利用。

二、信息推送

信息推送是指通过掌握用户需求规律和特点以及用户动态需求，利用信息推送技术主动为用户提供档案利用服务的方式。随着信息技术进步以及用户对信息服务的接受程度越来越高，信息推送将成为今后电子档案利用的主要方式。水利工程项目电子档案信息推送主要分为基于用户（User-based）和基于项目（Item-based）两种方式。基于用户的推送服务以用户相似度为基础，基于项目的推送服务以项目相似度为基础，通过分析既有利用记录，寻找有相似行为的用户或项目，主动向用户推送信息和服务。信息推送一般借助水利工程项目电子档案检索系统进行，及时准确地将相关档案信息推送给用户，满足用户个性化需求。

三、通信传输

通信传输是指按照用户利用需求，通过网络将水利工程项目电子档案直接发送给用户的档案利用方式，一般借助电子邮件、专用网络等实现。通信传输比较适合馆际之间的信息资源互相交流及向相对固定的查档单位提供档案资料。由于通信传输一般会脱离现有电子档案管理系统、检索系统、网络门户等进行，无法全程记录档案利用行为，存在一定安全隐患，需要通过完善制度、细化操作指引等方式对档案利用行为进行跟踪审计，避免出现档案利用脱离监管的情况。

四、阅览服务

阅览服务是水利工程项目电子档案网络查询、信息推送方式的必要补充，一般适用于网络查询、信息推送方式无法满足要求或水利工程项目电子档案不宜通过网络传输来提供利用服务的情况，是一种由档案管理机构开辟阅览室供利用者直接查阅电子档案的服务方式。水利工程项目电子档案的阅览服务不仅能为利用者提供较好的阅览条件，还可以使利用者随时咨询档案工作人员，提高档案利用效率，有助于利用者获得更好的体验；但需要安排档案工作人员，准备检索工具、工具书、参考资料等。

五、复制供应

复制供应是指直接向用户提供水利工程项目电子档案及其信息加工产品的各种载体的复制件，需要根据用户需求，选择合适的载体形式。复制供应属于脱机服务形式，主要适用于不能通过网络查询、信息推送、通信传输和阅览服务获取水利工程项目电子档案的情况。复制供应一般只针对组织机构内部人员，需要履行严格的载体出借和归还手续，必要时还可以通过加盖水印、加密、应用文档掩膜技术对特定区域进行遮盖、限制复制或打印权限等方式等加强利用监管。

第四节 水利工程项目电子档案的资源开发

在大数据、人工智能等技术快速发展的背景下，水利工程项目电子档案资源管理呈现出动态、共享和协同等特性。[1]因此，必须深入认识和把握水利工程项目档案数字化的主要特点和内在规律，加快档案数字化建设，建设水利工程项目档案统一管理平台，确保水利工程项目档案业务规范、数据格式统一，水利工程项目档案信息资源能够得到安全的存储和充分的分享交流[2]，进而推动水利工程项目电子档案的资源开发。

一、水利工程项目电子档案资源开发的内涵

水利工程项目电子档案资源较为全面、真实、完整地记录了人类改造地貌、利用水资源、扬利避害的整个过程，为水利工程项目的维护、改造、管理提供重要参考。水利工程项目电子档案资源具有信息化程度高、专业性强、数据量大、精确度高等特点，对于项目信息的查考利用具有重要价值。根据水利工程项目档案的特点和档案资源开发的要求，水利工程项目电子档案信息资源开发可定义为：相关档案部门根据业务需要，采用专业方法和现代化技术，发掘、采集、加工、存储、传输水利工程项目电子档案中的有用信息，为利用者提供档案服务，以实现水利工程项目档案价值和作用的行为和过程。水利工程项目电子档案资源开发旨在实现水利工程项目电子档案信息的数字化、网络化、智能化管理，提高档案信息的查询、利用和共享效率，为水利工程项目的决策、规划、设计、施工和管理提供有力支持。

二、水利工程项目电子档案资源开发的原则

（一）服务性原则

水利工程项目电子档案资源开发应坚持服务性原则，始终以服务国家水利行业建设为核心目标，通过多样化的档案服务，充分满足水利工程项目建

[1] 参见张海妮：《信息化背景下工程档案信息化管理现状、问题及优化策略研究》，《兰台内外》2024 年第 12 期。

[2] 参见赵瑞雪、彭涛:《大数据背景下的水利工程档案数字化发展策略》,《四川水利》2024 年第 2 期。

设与管理业务对于档案信息内容的多元需求。这要求水利工程项目电子档案资源开发人员深入了解和掌握水利工程项目的业务需求，通过服务追踪和数据分析等方式明确水利工程项目电子档案用户画像，把握用户的偏好和习惯，优化水利工程项目电子档案资源的检索与利用方式，结合实际需求进行档案资源的开发与利用。

（二）战略性原则

水利工程项目电子档案资源的开发应坚持战略性原则，注重开发的系统性，遵循可持续发展的理念，明确开发的总体目标和阶段方案，保障水利工程项目电子档案资源的长期安全利用和档案价值的持续提升。一方面，开发人员需要通过建立统一的水利工程项目档案管理系统、完善水利工程项目档案管理流程、实现水利工程项目档案信息的集成与共享等方式从整体上对水利工程项目电子档案资源进行全局规划和管理部署。另一方面，开发人员需要在开发过程中充分考虑水利工程项目电子档案资源的可持续性和成本效益，采用科学合理的技术手段和管理方法，确保水利工程项目电子档案资源的长期保存和有效利用。

（三）安全性原则

水利工程项目电子档案的资源开发应坚持安全性原则，在保证水利工程项目电子档案信息完整、准确和安全的基础上，实现电子档案资源的高效开发。水利工程项目电子档案资源开发应采用防火墙、身份识别等多重有效的数字技术手段，完善水利工程项目电子档案资源开发的管理流程和制度，确保水利工程项目电子档案信息内容的完整性与准确性，避免信息的遗漏或丢失。通过建立水利工程项目电子档案资源安全保密制度、加强水利工程项目电子档案资源的网络安全防护、定期对水利工程项目电子档案进行备份和恢复等，可确保档案信息的安全存储和传输，提高水利工程项目电子档案资源开发的效率和效益。

三、水利工程项目电子档案资源开发的策略

（一）拓宽水利工程项目电子档案的资源服务场景

水利工程项目电子档案资源开发需要以用户为导向，为用户提供具有针对性的个性化智能服务，应关注用户需求，通过数据分析水利工程项目规划、设计、建设和管理等不同部门对电子档案信息的需求状况，确定水利工程项目电子档案资源开发的建设范围和重点内容，主动为不同用户推送水利工程项目电子档案资源。与此同时，档案管理部门应利用好水利工程项目电子档

案资源的信息化建设成果，充分发挥专题数据库、档案知识库的作用，探索“互联网+”背景下水利工程项目电子档案开发模式，研究在线电子档案全程管理模式，优化水利工程项目电子档案资源的检索服务，提供移动端查档和远程办理等在线档案利用服务。此外，水利工程项目电子档案资源开发需要持续拓展应用场景，深化水利工程项目电子档案资源在灾害防御、流域防洪、水利工程项目安全运行和监督管理等多层次业务领域的开发程度，关注水利工程项目电子档案在助力水资源治理保护和节约环保等方面所能起到的作用。

（二）强化水利工程项目电子档案的数据开发能力

水利工程项目电子档案资源开发要实现对非结构化水利工程项目档案内容的深度挖掘和价值释放，必须注重利用大数据及人工智能等技术强化档案资源的数据挖掘，细化电子档案资源的颗粒度，将“死材料”变成“活资源”。首先，水利工程项目电子档案开发需要加强各方合作，建立跨区域、跨部门、跨阶段的多元水利工程项目电子档案治理格局，加强水利工程项目电子档案的资源整合与共享。其次，借助大数据、云计算、物联网、人工智能、区块链等为代表的新一代信息技术，强化对水利工程项目数据资源中施工档案数据的实时采集和归档监管，确保水利工程项目数据归档的规范性，实现对质量异构、数据庞大的水利工程项目电子档案信息资源的全生命周期管理。再次，通过建立统一的水利工程项目电子档案管理平台、制定数据交换标准等方式打破信息孤岛，实现档案信息的互通互用。最后，借助档案知识图谱和知识库等方式，深入挖掘水利工程项目电子档案资源的内容价值，实现数据的深度关联，为个性化的智能服务奠定基础。

（三）提升水利工程项目电子档案资源的风险防范水平

水利工程项目电子档案资源开发面对日益复杂的安全风险威胁，从技术、制度、理念、人员等多方面出发来构建智能化的水利工程项目电子档案资源安全防御体系，成为实现水利工程项目电子档案资源深度开发的必要举措。首先，水利工程项目电子档案资源开发过程中应当深化密码、区块链和加密等技术的应用，设置用户使用权限，强化水利工程项目数据要素的个体可识别、用途可追溯和价值可衡量，防止未经授权访问和信息泄露等情况发生，推动水利工程项目电子档案资源的数据共享和安全监管等方面的发展。其次，水利工程项目电子档案资源开发过程应始终坚持“安全第一，预防为主”的理念，注重安全制度建设。同时要落实水利工程项目电子档案资源开发的安全责任，制定可操作的安全应急预案，并定期开展水利工程项目信息安全风险的常态化排查，及时发现和消除安全漏洞。最后，加强信息安全教育，注重开展关于档案数据安全管理、网络安全防范、突发事件应对等方面的档案信息安全业务指导培训，加强工作人员网络安全防范意识，提升工作人员信息技术水平和应急处置能力，为水利工程项目电子档案资源开发构筑坚强的安全屏障。

第五节　水利工程项目电子档案的信息服务

水利工程项目电子档案信息服务是档案利用、检索、开发等工作的深化和发展，是指水利工程项目档案管理部门以满足用户档案信息需求为目的，对水利工程项目档案进行收集、整理、存储、加工、处理和分析，并在服务理念支配下向用户提供档案信息，进行档案信息传播，以最大限度发挥档案信息社会价值和经济价值的活动与过程。

一、水利工程项目电子档案的信息服务要素

水利工程项目电子档案信息服务包括服务主体、服务对象、服务内容和服务策略四个要素。水利工程项目电子档案信息服务主体包括各类提供水利工程项目电子档案信息服务活动的档案管理部门及档案管理人员等，其需要在全面准确地了解和把握用户的需求、偏好和习惯的基础上，选取适当的服务策略，为服务对象提供服务内容。水利工程项目电子档案信息服务对象则是具有一定信息需求而选择、接受档案服务的档案用户，是水利工程项目电子档案信息服务的着眼点和导向。水利工程项目电子档案信息服务内容是信息服务主体提供给服务对象的主要内容或最终成果，是保障档案信息服务活动顺利开展的基础，由于服务对象的多样性和差异化，档案服务内容具有丰富性。水利工程项目电子档案信息服务策略连接档案信息服务主体和服务对象，由服务方式和手段、服务程序等组成，水利工程项目电子档案信息服务主体需要根据服务对象的特性为其选择合适的服务内容和服务方式等。水利工程项目电子档案信息的各要素有各自的独特作用，同时四者之间关系紧密、相互作用，共同构成水利工程项目电子档案信息服务活动，并促进信息服务活动的发展。

二、水利工程项目档案信息服务模式

水利工程项目档案信息服务模式是在水利工程项目档案信息服务活动过程中，为满足用户对信息的需求，调整服务主体、服务对象、服务内容和服务策略之间相互关系的一种工作模式。根据不同的分类方法，水利工程项目档案信息服务可以分为不同的模式。

（1）按照水利工程项目档案信息服务要素在信息服务中的重要程度，水利工程项目档案信息服务可分为馆员中心服务模式、资源中心服务模式、用户中心服务模式。

馆员中心服务模式是以档案信息服务主体为出发点和中心的服务模式，水利工程项目档案信息服务主体处于主动和中心的地位，用户只能被动接受特定的服务方式。资源中心服务模式的着眼点在水利工程项目档案资源，该模式关注水利工程项目档案信息资源的加工和服务产品的生产，强调通过对水利工程项目档案信息资源的加工实现档案信息资源的增值。用户中心服务模式是以用户档案信息需求为导向和目标的信息服务工作模式，该模式需要构建水利工程项目电子档案服务平台，并根据用户的需求提供信息服务。

在上述三种模式中，馆员中心服务模式、资源中心服务模式都曾在一定时期发挥过重要作用，但已经无法适应数字时代下水利工程项目档案信息服务的需要。用户中心服务模式从用户的信息需求出发进行档案信息服务，能够激发档案服务主体的主动性、提高服务内容的精准性，是适合水利工程项目电子档案信息服务的模式。

（2）按照水利工程项目各档案管理机构间在服务活动开展中的关联程度，水利工程项目档案信息服务分为分散式服务模式、集中式服务模式、分布式服务模式和集成式服务模式。

目前水利工程项目档案信息服务多采用分散式服务模式，这种模式下提供档案信息服务的组织机构之间协作关系较弱，通常由各组织机构独立提供档案信息服务。分散式服务模式亟须向集中式服务模式转型，应在水利行业内建设标准化的信息服务系统，通过统一的协议和制度建立提供档案信息服务的组织机构之间的联系，使各组织机构集中提供信息产品与服务。

分布式服务模式是通过信息资源、技术资源和人力资源的有机融合，实现提供水利工程项目档案信息服务的组织机构之间、馆员之间、用户与馆员之间、用户与用户之间在分布式网络环境下信息实时交互的档案信息服务模式。集成式服务模式是对具有差异性、分布性的水利工程项目电子档案信息资源、技术、人员、机构与服务功能等进行集成，使用户得到在时间和空间上一致的全方位、多层次、多元化的信息服务的模式。

分散式服务模式目前还是水利工程项目档案信息服务的主流方式，集中式服务模式、分布式服务模式、集成式服务模式更有利于满足用户的信息需求，应当根据实际情况积极应用。

（3）按照提供信息服务的方式，水利工程项目档案信息服务分为自助信息服务模式、个性化信息服务模式、知识服务模式等。

自助信息服务模式是以用户为主体的单向服务，用户借助水利工程项目档案信息服务平台，自助完成所需档案信息及知识的检索、查询、利用等环节。

个性化信息服务模式是水利工程项目档案服务方根据用户特定的信息需求或通过对用户习惯、偏好的分析，主动向用户提供其可能需要的信息和产品的双向服务模式。知识服务模式是运用信息技术对水利工程项目档案信息资源进行深度挖掘、开发和重组，进而满足用户获取知识的需求并为用户解决实际问题提供支持的服务模式。个性化信息服务模式和知识服务模式是水利工程项目档案信息服务模式的未来发展方向。

三、水利工程项目档案信息服务体系

在电子档案管理环境下，水利工程项目档案信息服务各要素发生重要变化。在服务主体方面，水利工程项目档案管理机构和人员的服务理念转向主动开放，注重档案知识更新和专业技能提升。在服务对象方面，用户信息需求转向多样性、多元性和综合性。在服务内容方面，由实体水利工程项目档案资源转向数字化和知识化水利工程项目档案资源。在服务策略方面，服务特征日益体现出全面、移动、智慧等趋势，服务方式向集成、智能和泛在等方向发展。

数智时代，传统档案信息服务体系面临诸多挑战，数字技术的发展为服务体系重构提供动力。因此，水利工程项目档案管理机构和部门需要从档案信息服务各要素出发，选择更加符合信息化发展要求、满足档案用户需求的档案信息服务模式，建立以用户态势感知、档案知识服务、先进服务策略等为特征的全新档案信息服务体系。

（一）用户态势感知

在档案信息服务体系构建中，全面、准确、实时地了解和掌握用户需求、偏好、意愿，能够帮助提供档案信息服务的组织机构和个人更好地把握现实状况和发展趋势，从而更好地对信息进行筛选、处理和提供更好的服务。用户画像是实现用户态势感知，构建以用户为中心，实现个性化信息服务、知识服务模式的重要手段。可通过收集大量的用户数据，并运用数据分析和建模等方法，将用户的行为模式、兴趣偏好等信息转化为可视化的用户画像，以更好地了解和满足用户的需求，即用户画像是刻画用户需求的模型。对水利工程项目档案信息服务来说，用户画像既能对用户需求进行统计分析，又能剖析预测用户潜在行为，为提供精准的服务内容奠定了基础。

（二）档案知识服务

档案知识服务是基于档案知识资源或知识产品，根据用户的需求和使用场景，有针对性地提炼知识和信息内容，构建知识体系，从而解决用户需求的过程。知识服务是面向用户需求的服务，最高体现和最高境界就是用户满意。水利工程项目档案知识服务的目标是获取并满足用户的需求，因而需要对用户的需求变化深入了解，提高知识服务的时效性和针对性，从而为用户提供专业、个性、准确、全面的知识服务。水利工程项目档案知识服务的实现过程就是知识工程和知识管理建设和实施过程。档案知识服务的实现目前存在两种比较可行的方式。一是通过构建和应用档案知识库的方式实现，二是通过构建和应用档案知识图谱的方式实现。档案知识库、档案知识图谱都是从关系数据库发展而来的新的信息组织形式，是实现档案知识服务的基本工具。

（三）先进服务策略

服务策略对于信息服务中为服务内容寻求合适的服务对象、为服务对象寻求合适的服务内容具有重要意义，对形成档案信息服务模式、构建档案信息服务体系也具有重要作用。水利工程项目电子档案服务策略主要包括共享服务、集成服务、个性服务、决策服务和智能服务等。

1. 共享服务

共享服务是指水利工程项目档案信息服务主体利用云计算技术对档案资源进行有效的组织、整合，按需提供给档案用户，实现各类信息系统间的互联互通和各类数据资源的信息共享的服务方式。该方式可以利用水利工程项目档案共享平台等实现档案数据的内容关联、事件关联、时序逻辑关联和因果关联，使档案用户更便捷地按需获取水利工程项目档案信息服务。

2. 集成服务

集成服务一方面是指通过云计算技术将档案服务功能整合在网站站点入口上，用户通过电脑、移动终端等便捷地享受档案服务功能；另一方面也指各档案服务主体通过整合服务终端，实现区域范围内用户的“一站式”入口服务。用户可以通过服务入口或界面，实现档案资源的并发检索，一次性获取自己需要的一系列相关档案信息。

3. 个性服务

个性服务旨在通过建立用户模型，并利用大数据技术对用户数据和相关水利工程项目档案数据进行分析，把握用户的档案信息需求特征和规律，进一步丰富水利工程项目档案信息资源的内容和形式，开发更具针对性和专业化的档案产品和服务，形成多样化和个性化的水利工程项目档案信息资源利用平台，从而更好地实现精准档案服务。

4. 决策服务

决策服务是档案信息服务的高级形式，主要包括三种情形：一是事前预测，即通过对海量档案资源进行分析，提前对决策的各个因素进行模拟，从而增强决策活动的预见性与准确性；二是事中感知，即通过海量数据模拟事件进展，复现细节和脉络，从而更好地做出决策；三是事后反馈，即实时监测事件发展进程，并结合档案资源数据实时调整决策。

5. 智能服务

智能服务包括水利工程项目档案服务方式和服务内容的智能化。档案服务方式的智能化主要体现在能够根据用户的需求特点自动选择最佳的服务方式，档案服务内容的智能化则是运用大数据技术，对水利工程项目档案资源内容进行深度挖掘，再结合语义分析和智能处理技术，并应用专家系统等实现水利工程项目档案中隐性信息、数据和知识的挖掘、转化和呈现，以最大限度地满足用户的水利工程项目档案知识需求，帮助用户解决实际问题。

第六节　数据要素背景下水利工程项目档案利用的前景

数据要素化是“万物皆数”的大数据时代的核心特征。中共十九届四中全会首次提出将数据作为生产要素参与分配，从生产要素高度明确数据要素价值地位。[1]《中华人民共和国数据安全法》规定“鼓励数据依法合理有效

[1] 参见《中共中央关于坚持和完善中国特色社会主义制度　推进国家治理体系和治理能力现代化若干重大问题的决定》，2019 年 11 月 5 日，https://www.gov.cn/zhengce/2019-11/05/content_5449023.htm。

利用，保障数据依法有序自由流动，促进以数据为关键要素的数字经济发展”，以法律形式明确了数据要素地位。此后，中共中央、国务院陆续出台《中共中央、国务院关于构建更加完善的要素市场化配置体制机制的意见》《中共中央、国务院关于构建数据基础制度更好发挥数据要素作用的意见》等文件，进一步明确夯实数据要素在各个领域和行业创新发展中的重要作用。数字时代，水利工程项目档案信息生成、记录、读取、存储和传播的方式发生重要变化，水利工程项目档案数据急剧产生、海量增长，为智慧水利建设和发展带来新的机遇和动力。数字孪生水利工程项目、水利感知网、智慧水务一体化大数据平台建设等为水利工程项目档案的智慧利用提供了新的可能性。

一、数字孪生水利工程项目

“十四五”以来，水利部将智慧水利作为新阶段水利高质量发展的六条实施路径之一，先后发布了《关于大力推进智慧水利建设的指导意见》《智慧水利建设顶层设计》《“十四五”智慧水利建设规划》等文件。数字孪生技术为水利高质量发展提供强有力支撑，契合水利工程项目建设和运行周期长、参建单位多、专业分工细、管理难度大等特点[1]。随着数字技术的进步和智慧水利应用场景的延伸，未来水利行业数字孪生标准体系将日趋完善，数据资源规模和质量将有效提升，将会产生更加强大、成熟、高效的技术和平台，打造出一批高水平数字化映射、智慧化模拟、精准化决策数字孪生工程、数字孪生流域、数字孪生水网产品。从信息领域看，数字孪生水利工程项目主要研究的是水利数字孪生平台。

（一）数字孪生水利工程项目档案

数字孪生水利工程项目是指利用实体水利工程项目与数字模型相结合的技术，用数字化方式创建与实体工程相同的数字水利工程项目。数字孪生水利工程项目与真实工程同步孪生虚拟动态仿真运行，通过历史数据、实时数据、算法模型等，模拟、验证、预测、控制水利工程项目的全生命周期，实现数字映射、实时监控、预测分析、故障诊断等功能。数字孪生水利工程项目档案是指整个数字孪生水利工程项目从酝酿、决策到建成使用全过程［包括从项目提出、可行性研究、评估、立项、决策、计划、勘测、设计、招（投）标、施工、监理、质量检测与监督、建设管理到竣工验收、运行（试）、维

[1] 参见张玮、薛野、唐振：《智慧水利阶段的水利水电工程信息化建设研究》，《水利信息化》2024 年第 2 期。

护等过程］中形成的，具有保存价值的文字、图表、声像、电子文件等不同形式的历史记录。数字孪生水利工程项目档案是工程建设全过程的真实记录，是水利工程项目建设管理工作的重要组成部分。

（二）数字孪生水利工程项目面临的主要挑战

数字孪生技术在水利行业应用主要面临以下几种挑战。第一，在服务模式方面，需要加强数据的共建共享，通过打通数据底板、模型平台和知识平台，实现算据、算法标准统一，提升水利工程项目的数据共享能力。第二，在服务能力方面，需要强化智能决策水平，通过大数据分析、智能模型、可视化模型等方法，推动“预报、预警、预演、预案”能力的智慧化发展。第三，水利工程项目档案数据的展示方式需要注重工程运行和业务信息的同步映射，加快实现三维数据底板的快速生成、融合和渲染。智慧水利工作模式需要构建水利“2+N”四预业务应用体系，通过完善体制机制建设实现工作方式的转变，并以“全国水利一张图”为依托，整合集成水利工程项目建设的基础数据库[1]，加强水利工程项目 BIM 应用和智能化建设，从而提升智慧水利的工作效率。[2]

（三）数字孪生水利工程项目的建设重点

通过水利信息化基础设施、数字孪生平台及智能业务应用体系整合与建设，可以有效建立物理实体工程与数字孪生工程的虚实交互映像，提升水利工程项目的综合管理能力。[3]数字孪生基础在“数”、核心在“算”、创新在“用”。[4]因此，数字孪生水利工程项目首先需要针对水利工程项目的独有特征，立足全流域、把握全要素、着眼全链条，聚焦水利工程项目安全管理的重点和难点，高质量推进数字孪生水利工程项目迭代升级，全面实现自动预报预警、全应用场景模拟和预案自动生成。其次，针对各家单位标准不统一、发展不均衡、数据无法统一等特点，需要制定统一标准规范，构建适合不同水利工程项目特点的水网一张图。再次，借助支持向量机、随机森林、深度学习、知识图谱等人工智能方法，打造“人工智能＋”的水利数字孪生平台，

---

[1] 参见吴昊、贾翔、贾方等：《基于数字孪生平台框架的天津市智慧水务一张图建设研究》，《水利技术监督》2024 年第 2 期。

[2] 参见范子武、刘国庆、杨光等：《数字孪生水网赋能多业务场景应用与实践》，《水利发展研究》2024 年第 9 期。

[3] 参见任骁军：《数字孪生三峡建设与展望》，《水利发展研究》2024 年第 9 期。

[4] 参见王威、张力、林莉等：《数字孪生丹江口工程建设》，《水利发展研究》2024 年第 9 期。

提升业务应用智能化水平和实现辅助决策支持的人性化、智能化和高效化。最后，以增强现实技术（AR）＋地理信息系统（GIS）＋建筑信息模型（BIM）为支撑，实现施工信息可视化展示，强化工程建设管理业务全覆盖、要素全管理、过程全记录，以水利工程项目档案数据助力工程项目提质增效。[1] 另外，数字孪生水利工程项目需要强化对业务工作流程、数据流程、信息共享需求、系统功能与性能等方面的需求分析，探索多元应用场景下数字孪生水利工程项目的工作机理及建设需求，为水利工程项目建设和管理提供支撑和指导。[2]

二、水利感知网

智慧水利是水利信息化的重要发展阶段和未来发展趋势，是智慧社会和数字中国的重要构成部分。水利感知网作为智慧水利的基础部分，通过动态监测、加工处理、汇集各类水利数据和信息，提供水利工程项目信息服务，推动水利业务快速发展。

（一）水利感知网的内涵

水利感知网主要通过感知终端、感知通信、感控平台，为水利业务应用提供精准、及时、可靠的感知数据（主要包括水利监测数据、地理空间数据、部分基础数据等）[3]，是重要的水利基础设施之一。水利感知对象包括各种需要采集或监测其状态、现状或动态属性的水利现象、事件、行为等，可利用通过感知获得的水利数据和信息准确描述和表达水利感知对象的当前状态（包括动态属性、特征和指标等）。水利感知网通过对监测信息的采集、传输、汇集、处理、存储等技术流程为水利业务提供数据支撑。随着水利业务数据和信息需求日趋复杂多样，强化水利系统档案数据汇集和管理、提升水利工程项目信息服务水平尤为重要。

（二）水利感知网的建设重点

目前，各级水行政管理机构依托水利业务系统平台，积累了大量的监测数据，并在数据利用方面取得了一定的进展和成果，但还主要面临以下挑战。第一，对水利感知资源的统筹整合能力有待提升，水利感知资源和监测数据的分散在一定程度上制约了信息利用和管理，难以实现深层次的信息挖掘和

[1] 参见孙永平、薛领：《典型工程数字孪生建设经验对数字孪生南水北调工程建设的启示》，《南水北调与水利科技（中英文）》2023 年第 6 期。

[2] 参见尚海龙、田苡菲、王志扬等:《数字孪生流域主要建设需求分析》,《中国水利》2023 年第 3 期。

[3] 参见张建新、蔡阳：《水利感知网顶层设计与思考》，《水利信息化》2019 年第 4 期。

利用数据进行决策辅助和预测等。第二，新型感知数据的汇集应用仍处于需要探索的初步建设阶段，如何互补、互证、融合从不同维度及利用不同手段获取的监测数据成为一大难点，还需要从技术、机制、流程、人员等方面进一步加以完善。第三，各种特大暴雨和洪水等突发事件均对水安全预警及应急响应提出了更高要求。[1] 水利监测信息需要保持数据采集的准确度和时效性，这样才能更好地为水利业务提供数据支撑，并提升数据服务能力和效率，从而保障国家水安全。

（三）水利感知数据服务能力的提升路径

经过长期的信息化建设，我国水利感知监测已成体系，但水利数据信息的准确性、时效性和利用率仍有待提升，仍需不断建立健全水利数据服务机制，从而提升我国水利数据服务能力。因此，需要通过运用新型感知手段、构建一体化水利感知数据汇集平台、提升感知数据服务能力等方式支撑水利业务智慧化、精准化决策。[2] 首先，应充分发挥新型感知手段的优势，在充分挖掘水利监测业务需求的基础上，对新型感知手段的应用进行统筹规划建设，建立成熟的新型感知数据应用机制。其次，应构建一体化水利感知数据汇集平台，整合或链接已建各级感知数据汇集系统，进一步建立具有强应用性和管理性的标准体系。最后，应构建强有力的水利感知体系，健全水利监测—预警—应急联动机制。

三、智慧水务一体化大数据平台

物联网、云计算、大数据等新技术的涌现，为城市水务管理以及智慧水务建设提供了变革的动力。智慧水务已成为各地助推水务工作高质量发展的有效手段。近年来，我国各区域从水情实际出发，构建了水务信息化系统和水务大数据综合管控平台体系等，在水务建设、管理和服务等方面取得一定成效。

（一）智慧水务一体化大数据平台建设的必然性

从水利工程项目档案的形成特点看，由于数据来源、形成时间和地区差异，水利工程项目档案在数据规范、标准、统一等方面存在问题。水利工程项目档案管理实践过程中经常面临管理碎片化和分散化的信息孤岛问题，大量的水利工程项目档案资料停留在“原单位”，无法进行跨区域、跨单位资

[1] 参见蔡阳：《数字赋能海河“23 · 7”流域性特大洪水防御》，《中国水利》2023 年第 18 期。

[2] 参见穆禹含、程雨春、张建新等：《水利感知网进展与思考》，《水利信息化》2024 年第 2 期。

源共享，需要重构水利工程项目档案管理模式。智慧水务一体化大数据平台是一个可对水利工程项目数据进行高效、智能、统一、全生命周期管理的数智档案管理平台[1]，可推动水利工程项目档案智慧化管理的发展。智慧水务一体化大数据平台建设契合智慧水利、数字中国和档案信息化发展的要求，成为水利工程项目档案管理的重要发展方向。

（二）智慧水务一体化大数据平台的建设目标

数字化和智慧化是水利工程项目档案管理的发展趋势，智慧水务一体化大数据平台可满足党中央、国务院决策部署的需要，适应我国基本水情特点、现代信息技术发展、水利高质量发展的要求。[2]智慧水务一体化大数据平台可以通过对各类水利工程项目的各环节进行数据的动态监测和管控，为各水务公司和水利工程项目的生产、运营、管控、决策提供数据支撑，强化水务一体化、集团化、精细化、数字化管理和服务，进而实现水利工程项目的业务高效运转和降本增效。[3]智慧水务一体化大数据平台的建设目标主要包括以下三点：第一，在全局战略的统筹引领下，系统规划智慧水务平台功能定位、建设过程与应用服务，逐步推进水务管理的数字化和智慧化，高质量下好水务管理“一盘棋”。第二，从技术、机制、制度等方面维护系统的稳定和高效运行。智慧水务平台涉及的数据资源和物联感知监测设备众多，需要借助数字技术，强化对数据库、应急设备、硬件网络、系统功能等方面的维护，保证平台的安全运行；同时应完善运维管理机制，健全水务一体化大数据平台管理制度，这样才能充分发挥水务数据的价值。第三，水利部门应顺应政府数字化改革趋势，与地理信息、气象、行政审批等部门在数据方面形成协作关系，打破部门壁垒，实现智慧水务平台的数据汇聚，挖掘公共数据的行业价值，从而提高水利行业治理能力。

（三）智慧水务一体化大数据平台的建设路径

智慧水务一体化大数据平台应向用户提供包括智慧运营、智慧调度、智慧监管、智慧服务等在内的水务管理信息服务，实现对各智能子系统访问界面、数据查询、资产设施和业务流程的集中统一管理，并提供电脑端、移动

[1] 参见田奕姗、高露雄、刘宝雄：《长江水文数智档案管理研究与实践》，《水利水电快报》2022 年第 S2 期。

[2] 参见杨青素、毕保力、亓茜萌：《论档案管理工作在智慧水利建设中的发展方向》，《水利技术监督》2023 年第 9 期。

[3] 参见赵旭婉婷：《“智慧水务”服务千万人口》，《人民长江报》2024 年 4 月 13 日。

端等多种利用渠道。[1]

智慧水务一体化大数据平台建设首先要构建数据底座，实现数字资产“一图总览”。通过水务设施数据调查，构建水务设施的“汇聚一张图”；同时通过物联感知技术构建水务设施的“一网感知”，并建立物联统一接入平台，提高海量数据存取效率，从而实现对水利设施的远程监视和自动控制。其次，应加强对水利工程项目数据的质量管控，结合水利工程项目档案更新周期，建立水利工程项目档案数据台账动态更新机制，定期更新水利工程项目相关数据，确保归档数据信息的真实性、准确性和时效性；同时注重强化水利工程项目数据的标准化和规范化管理，实现多维度的水利工程项目的数据汇集。再次，利用新一代信息技术，采用微服务架构模式，根据需求建立包括水质提升、养护监管、行业监督、防汛指挥等内容的水务管理体系，实现全周期智慧水务综合管控。在此基础上，优化水务业务管理服务，利用移动互联技术开发水务管理的移动端应用，扩展信息服务范围。最后，加强对水利工程项目档案中诸如历史场景、专家经验、水利对象关联关系、业务规则和预报调度方案等知识的挖掘，建立内涝与积水分析模型、排水调度辅助决策模型等，为暴雨、洪水等事件的决策提供知识化依据，实现智能实时管控和辅助决策。[2]

[1] 参见王思文:《智慧水务大数据综合管控平台建设——以南京市鼓楼区为例》，《地理空间信息》2024 年第 5 期。

[2] 参见杨青素、毕保力、亓茜萌：《提升水利档案管理水平，服务数字孪生水利建设》，《浙江水利科技》2023 年第 6 期。

第九章
水利工程项目电子档案鉴定与销毁

第一节 水利工程项目电子档案鉴定概述

一、水利工程项目档案鉴定的概念与意义

“鉴”字，最早为铜镜之意，后引申为仔细查看、鉴别。广义上的鉴定是运用专门知识或技能对某事物进行鉴别与判断的活动，在不同行业，有不同含义。[1]

关于档案鉴定的概念，国内外档案学界有多种表述。国际档案理事会在1984年出版的《档案术语词典》中关于档案鉴定的词条是“根据文件的档案价值来决定如何对其进行最后处置的档案工作基本职能，也称为Evaluation（评估），Review（审查），Selection（选择），Selectionrtention（选留）”[2]。《中国大百科全书》（档案学分册）中对档案价值鉴定的解释是“甄别档案文件的现实价值和历史价值，进行存毁处置的一项档案业务工作”[3]。陈兆祦、和宝荣主编的《档案管理学基础》中提到，“档案的鉴定一般是指对档案真伪和档案价值的鉴定，而经常的业务工作则是指后者”[4]。《档案工作基本术语》（DA/T 1—2000）对“档案鉴定”（Appraisal）词条的表述是“判断

[1] 参见邓绍兴、陈智为主编：《档案管理学》，中国人民大学出版社1996年版，第27页。

[2] 参见何秀清：《电子文件鉴定研究述评及展望》，《皖西学院学报》2015年第4期。

[3] 参见中国大百科全书总编辑委员会《本卷》编辑委员会、中国大百科全书出版社编辑部编：《中国大百科全书 图书馆学 情报学 档案学》，中国大百科全书出版社1993年版，第56页。

[4] 参见陈兆祦、和宝荣主编：《档案管理学基础》，中国人民大学出版社1996年版，第27页。

档案真伪和价值的过程”。其中，前两种定义属于狭义的档案鉴定，仅仅是指档案价值鉴定，即对档案的价值进行判定与评价；而后两种定义则属于广义的档案鉴定，既包括价值鉴定，又包括真伪鉴定。随着数字时代的到来，电子文件的普及对狭义的档案鉴定造成了巨大冲击，而广义的档案鉴定则适应了电子文件的某些特征，有利于对各种档案鉴定现象作出解释。[1]

对于国家水利工程项目档案来说，一个项目从立项、设计、施工、监理到验收等各个环节都会形成大量的文件材料。水利工程项目档案鉴定工作一般不涉及档案真伪问题，主要是甄别和判定水利工程项目档案的现实使用价值和历史保存价值，确定其保管期限，并对失去保存价值的档案予以销毁。它不仅直接决定项目档案的存毁及去向，还直接关系到档案收集、整理、保管等各个业务环节的质量，关系到档案信息能否得到有效的开发利用，对水利工程项目建设、改造、运行、维护、管理、改扩建和科研成果应用、推广有重要影响。因此，鉴定工作是水利工程项目档案管理中一项必不可少的工作。

二、水利工程项目电子档案鉴定的定义

同传统载体档案管理内容一样，电子档案鉴定是水利工程电子档案管理工作的一个重要流程，也是贯穿水利工程电子档案管理全生命周期的一项专业性工作。

关于水利工程项目电子档案鉴定的定义，本书参考国家档案行业标准《电子档案管理基本术语》（DA/T 58—2014）的表述，即水利工程项目电子档案鉴定是指对水利工程项目电子文件、电子档案的内容和技术状况进行评估的过程，确认其真实性、完整性、可用性、安全性及其价值等，判断其是否属于归档范围并确定其保管期限。本质上来说，水利工程项目电子档案鉴定是对电子档案价值和技术的双重判定。

三、水利工程项目电子档案鉴定的特点

水利工程项目电子档案鉴定工作，既要遵循传统载体档案鉴定工作的规律和要求，又要顺应新的发展趋势和特点。

（一）鉴定主体的多元化

水利工程项目电子档案本身的形成特点和鉴定内容的复杂性，决定了电

[1] 参见王云庆、何思源:《新世纪以来电子文件鉴定理论研究综述》,《办公自动化》2017年第3期。

子档案的鉴定责任无法单独由档案工作者承担，需要档案形成者、档案工作者、信息技术人员和相关领域专家及学者通过不同方式参与鉴定，进而实现多元协同鉴定。同时，水利工程项目电子档案网络化管理也为多元协同鉴定提供了条件。电子档案鉴定主体的多元化能充分体现不同主体在资源管理与利用等方面的需求，实现多元利益主体参与鉴定，从不同角度体现电子档案的价值，使电子档案管理发挥更大的社会价值。但鉴定主体的多元化，往往会导致各方因利益需求的不同、视角的不同而难以形成相对统一的鉴定标准，在目标实现上存在较大难度。

（二）鉴定内容的多维化

相较于传统载体档案鉴定工作，水利工程项目电子档案的鉴定内容得到了极大的拓展。一是鉴定对象从以纸质为主的传统载体档案扩展到文本、图像、图形、音频、视频、数据、多媒体、超文本等各种形式的电子档案。鉴定工作既要考虑不同形式电子档案共同鉴定要求，也需要根据电子档案自身特点考虑其个性鉴定需求。二是水利工程项目电子档案鉴定不仅要鉴定其内容上的有用性，还要对其档案属性、技术状况进行鉴定，从单纯价值鉴定拓展到价值鉴定和技术鉴定。三是电子档案鉴定扩展到保密与安全领域，既要确保档案价值，又要兼顾档案保密与安全。

（三）鉴定方法的多样化

传统载体档案鉴定一般采用直接鉴定法或职能鉴定法等定性分析方式进行，水利工程项目电子档案在价值鉴定方面与传统载体档案并无明显差别，因而沿用了这些鉴定方法。当前，随着计算机信息技术、数字技术、人工智能等现代科技的发展和融入，电子档案鉴定开始借助多元知识模型探索更加智能高效的鉴定机制。比如以信息流鉴定方法赋予电子档案鉴定可量化、可操作的指标以实现定量分析，运用文本挖掘、语义分析、智能分析等实现高效智能鉴定等，为水利工程项目电子档案鉴定构建起新的鉴定方法和发展框架。

（四）鉴定工作的智能化

水利工程项目电子档案鉴定工作依托工程项目业务系统和电子档案管理系统进行，自动化、智能化程度不断提高。比如归档鉴定时，在工程项目业务系统中嵌入电子档案保管期限与处置表，电子数据（文件）形成后即与电子档案保管期限与处置表确定的内容或规则对照匹配，判断其是否纳入归档范围，对纳入归档范围的电子档案提出保管期限建议或直接赋予保管期限；对于保管期限届满或已到进馆时间的电子档案，系统自动提示用户进行鉴定，启动期满或进馆鉴定程序。此外，在水利工程项目电子档案鉴定工作中，还可以借助机器学习、自然语言处理等技术不断提升鉴定工作的智能化水平。

四、水利工程项目电子档案鉴定的分类

（一）按鉴定工作内容划分

按照鉴定工作内容，水利工程项目电子档案鉴定包括价值鉴定和技术鉴定。

1. 价值鉴定

价值鉴定又称内容鉴定、内容价值鉴定或内容分析，是指根据电子档案自身状况和信息内容来确定电子档案的价值和保管期限。即根据电子档案所含信息的有用性和社会需求鉴定电子档案的实用价值和历史意义，并在此基础上确定其保管期限。[1]

具体来说，水利工程项目电子档案的价值鉴定，是指以科学的档案价值鉴定理论为指导，合理运用档案价值鉴定的原则、法律规范、标准、程序和方法，判定在水利工程项目建设前期、实施、竣工验收等各阶段过程和相关活动中形成的电子档案的使用价值和保存价值，并确定保存期限的过程。

2. 技术鉴定

技术鉴定是指对水利工程项目电子档案的真实性、可靠性、完整性和安全性等各方面状况进行全面检查，确保工程项目电子档案技术状况能够支持其被获取并实现档案价值。技术鉴定内容包括检查评估水利工程项目电子档案是否符合真实性的内涵要点，电子档案及其元数据是否符合完整性要求，电子档案、载体、应用软件是否符合可用性要求，电子档案是否存在安全性缺陷等。

价值鉴定和技术鉴定是水利工程项目电子档案鉴定的两个重要因素。其中，价值鉴定的作用是确定水利工程项目电子档案保存价值的“必要性”，本质上是选择性鉴定；技术鉴定的作用是确定水利工程项目电子档案保存价值的“可行性”，本质上是确认性鉴定。水利工程项目电子档案的鉴定要将价值鉴定和技术鉴定结果联系起来，综合判定保存价值，二者缺一不可。

（二）按鉴定工作阶段划分

按照鉴定工作阶段，水利工程项目电子档案鉴定可分为归档鉴定、期满

[1] 参见丁德胜：《电子档案管理理论与实务》，中国文史出版社 2023 年版，第 260~261 页。

鉴定和进馆鉴定。

1. 归档鉴定

归档鉴定是在水利工程项目电子数据（文件）形成后，鉴别判定其是否纳入收集归档范围、确定保管期限，并确认其真实性、完整性、可用性、安全性的过程。归档鉴定由水利工程项目电子文件形成部门按照职责分工完成，要求完整系统地保存反映水利工程项目从前期、实施、竣工验收等全过程各环节的电子档案，满足本单位各项管理和利用工作需要，并为档案机构积累和提供对国家和社会有保存价值的水利工程项目电子档案奠定基础。

2. 期满鉴定

期满鉴定又称作存毁鉴定，是对保管期限届满的水利工程项目电子档案根据其来源、反映的职能作用、利用价值等进行鉴别，判定仍有继续保存价值的部分予以保存[1]，并确认其真实性、完整性、可用性、安全性，不具有继续保存价值的部分予以销毁的过程。期满鉴定要求本着审慎负责的态度，兼顾考虑水利工程项目电子档案的保存价值与利用价值、社会效益与经济效益，科学判定其去留，不断优化、提升水利工程项目电子档案资源质量。

3. 进馆鉴定

进馆鉴定是鉴别判定水利工程项目电子档案是否属于进馆范围，并确认其真实性、完整性、可用性、安全性的过程。进馆鉴定要求以积累和保存国家宝贵的历史文化财富为出发点，以水利工程项目电子档案本身所具有的价值和立档单位职能活动的影响为主要依据，参考同类档案存世数量、馆藏原有结构、社会利用需求等因素，统筹兼顾档案收藏的精简性与完整性，妥善处理内部利用与社会利用之间的关系等。

第二节　水利工程项目电子档案鉴定与审查

本节所述鉴定特指水利工程项目电子档案的价值鉴定，以便做出水利工程项目电子档案移交、续存或销毁的处置意见。

档案价值鉴定理论自 20 世纪以来蓬勃发展，先后出现年龄鉴定论、行政官员决定论、职能鉴定论、双重价值论、利用决定论和宏观鉴定论等多种

[1] 参见丁德胜：《机关档案的鉴定与销毁——〈机关档案管理规定〉解读之十》，《中国档案》2019 年第 9 期。

具有代表性的档案鉴定理论或方法。电子档案出现后，各国结合传统档案鉴定理论积极开展电子档案鉴定工作实践，逐渐形成了内容鉴定法、职能鉴定法两种比较典型的方法。近年来，随着信息技术在鉴定工作中的深入应用，还出现了通过在系统中建立业务规则或运用人工智能新技术进行鉴定的方法，丁德胜在《电子档案管理理论与实务》一书中将其称为规则鉴定法和智慧鉴定法。[1] 这是从实践层面提出的具体的电子档案鉴定方法，对于指导开展各类电子档案鉴定工作具有重要意义。

一、水利工程项目电子档案价值鉴定方法

由于水利工程项目档案价值鉴定工作本身的复杂性与多维性，以下列举几种常用方法，各单位需要结合自身需求和实践经验选择符合各自实际的鉴定方法。

（一）内容鉴定法

内容鉴定法又称作直接鉴定法，是实际业务操作中最常用的方法，是指通过逐件逐页审查档案内容的重要性、独特性和时效性来判断档案价值的电子档案鉴定方法，其特点是直接性、具体性和微观性。[2] 内容鉴定法基于以双重价值论为代表的传统鉴定理论，要求从档案的内容、责任者、题名、可靠程度等方面全面考察分析来确定其价值，适用于鉴定人员力量充足或者一些特殊、重要电子档案的鉴定工作。内容鉴定法鉴定工作质量高，但工作效率低，尤其是在电子档案形成数量繁多、形式多样的情形下，逐件逐页审查全部档案内容难以实现。

内容鉴定法需要通过合理的鉴定程序设计来实现，其关键是业务系统或电子档案管理系统在鉴定处置流程上能够支持开展内容鉴定工作。例如，归档时系统除了能够根据职能鉴定法、规则鉴定法进行自动或半自动鉴定，还应支持业务人员、档案工作者对自动或半自动结果进行调整；期满鉴定应当支持由档案部门、业务部门组成的鉴定小组开展鉴定工作；进馆鉴定应当支持由机构、档案馆共同开展鉴定工作。

（二）职能鉴定法

职能鉴定法是通过考察档案形成机构职能活动的重要性来间接判断档案

[1] 参见丁德胜：《电子档案管理理论与实务》，中国文史出版社 2023 年版，第 263 页。

[2] 参见徐拥军：《馆藏档案价值鉴定原则与方法》，《兰台世界》2002 年第 6 期。

价值的电子档案鉴定方法，其特点是间接性、抽象性和宏观性。[1] 电子档案的职能鉴定法以被赋予全新意义的职能鉴定论为指导，关注的不是单件档案自身，而是档案形成者的职能、活动以及活动中的有机联系和业务的重要性，是一种根据档案来源进行的“批处理”式的鉴定法。职能鉴定法在水利工程项目电子档案鉴定方面具有显著优势：一是可以进行批量鉴定，显著提高鉴定效率；二是职能鉴定法与电子档案整理时采用的职能分类法一致，档案鉴定更加符合管理工作实际，更具有可操作性；三是职能鉴定法是在档案形成之前进行的“前控式”鉴定方法，更加符合电子档案全程管理要求。

职能鉴定法主要通过制定、实施电子档案保管期限与处置表（见表 9.1）的形式开展，包括制定电子档案保管期限与处置表并将其植入系统，依托系统开展自动或半自动鉴定处置工作。

表 9.1 电子档案保管期限与处置表示例

档案门类	归档范围	保管期限	关键词	处置触发条件或事件	处置行为
文书	本机关党委年度工作总结、工作计划安排	永久	某某局，党委，年度，总结，计划	保管满 20 年	向综合档案馆移交
文书	本机关党委年度工作总结、工作计划安排	10 年	某某局，党委，年度，总结，计划，月，季度，半年	保管期满	销毁

（三）规则鉴定法

规则鉴定法是指通过建立并应用档案鉴定业务规则判断档案价值的电子档案鉴定方法。规则鉴定法可以应用的规则包括各种鉴定理论确定的理论规则、档案鉴定标准规范确定的制度规则、各项业务工作确定的业务规则等。

[1] 参见徐拥军：《馆藏档案价值鉴定原则与方法》，《兰台世界》2002 年第 6 期。

其中，理论规则有年龄鉴定论、行政官员决定论确定的高龄档案应当受到尊重、档案形成者参与鉴定等鉴定规则，制度规则有《水利工程建设项目档案管理规定》（水办〔2021〕200号）规定的水利工程项目文件归档范围等，业务规则有《水利水电工程移民档案管理办法》（档发〔2012〕4号）等某一类型业务工作确定的归档范围等。规则鉴定法能够最大限度兼容档案鉴定理论、制度和实践，是实践层面较为理想的一种鉴定方法。

规则鉴定法的实施与职能鉴定法类似，包括建立水利工程项目电子档案鉴定规则库、将鉴定规则植入系统、依托系统开展自动或半自动鉴定处置工作等步骤。其中，建立水利工程项目电子档案鉴定规则库是关键，要按照规则鉴定法的要求，着重从鉴定理论方法中的通用鉴定规则、档案制度规范中是否归档的制度规则、专业制度中确定的业务办理规则等三个方面梳理鉴定规则，建立鉴定规则库。尤其注意当鉴定规则发生变化时，应当及时进行相应调整。

（四）智慧鉴定法

随着现代信息技术和人工智能技术的发展，以此为依托的智慧鉴定法或将成为电子档案价值鉴定的方法之一。智慧鉴定法是指综合运用数据挖掘、自然语言处理技术、机器学习等人工智能技术智慧化判断档案价值的电子档案鉴定方法。智慧鉴定法的具体形式很多，比如基于信息科学的信息流分析法，即在鉴定中建立客观标准及参数如相关性、密度、频率等，消除传统鉴定方法的模糊性和主观性；建立多元知识模型判断电子档案价值、属性等。[1]

智慧鉴定法的优势在于智能、高效，适于应对数量庞大的电子档案的基础性鉴定工作，但这种方法需要强有力的技术和人员支撑，在应用场景和鉴定效果上还存在一定局限性和瑕疵，社会认可度还不高。

上述电子档案价值鉴定方法中，职能鉴定法是基本方法，内容鉴定法是衔接传统档案鉴定工作、配合职能鉴定法的必要补充，规则鉴定法是鉴定工作合法合规的重要保证，智慧鉴定法是鉴定工作的发展方向，它们都有着重要的意义和价值。在实际工作中，一般以职能鉴定法为主体，综合运用内容鉴定法、规则鉴定法和智慧鉴定法开展水利工程项目电子档案价值鉴定工作。

[1] 参见丁德胜：《电子档案管理理论与实务》，中国文史出版社 2023 年版，第 264~265 页。

二、水利工程项目电子档案价值鉴定的组织实施

（一）水利工程项目电子档案价值鉴定工作的基本程序

（1）建立水利工程项目电子档案价值鉴定工作领导小组。按照法律法规的要求，成立水利工程项目电子档案价值鉴定工作小组，由单位分管领导统一组织，工程建设管理部门、办公室等多部门参与，工程建设管理技术人员、档案管理人员等共同参加，有序开展电子档案价值鉴定工作。

（2）形成水利工程项目电子档案价值鉴定工作机制。主要应完善四种机制：一是畅通的沟通机制，确保遇到的难点问题得到合理解决；二是有效的管控机制，确保国家有关法律法规和标准得到切实落实；三是经验记录机制，使电子档案价值鉴定工作中取得的经验得到记录；四是风险防范机制，确保列入销毁范围内的电子档案得到合法合规的处置，杜绝擅自销毁具有保存价值的电子档案和处置过程中的泄密等风险[1]。

（3）制定科学合理的水利工程项目电子档案价值鉴定工作规章制度和工作程序、标准。要明确水利工程项目电子档案价值鉴定工作的主要目的和目标，分清承担工作任务的各部门和人员的职责，提出工作重点、难点问题的应对措施，做好开展鉴定工作的人、财、物的保障工作，根据鉴定项目档案实际情况和有关法律法规，制定水利工程项目电子档案价值鉴定工作制度和流程，确定档案保管期限表。

（4）具体判定水利工程项目电子档案的使用价值和保存价值，划定电子档案的具体保管期限。水利工程项目电子档案价值鉴定人员根据前期制定好的电子文件归档范围和保管期限表，对项目档案保存价值进行判断和评估，确定列入保管范围的水利工程项目档案及其保管期限。

（5）处置列入销毁范围的水利工程项目电子档案。在保证内容安全的前提下，水利工程项目电子档案价值鉴定工作小组可以根据电子档案销毁制度和安全保密制度要求，选择合理的方式方法，销毁经过鉴定已确认失去保存价值的电子档案，并做好有关处理工作。

通常来说，移交鉴定相对简单，电子文件形成部门只需将拟移交电子档案纳入移交审批流程，通过审批后即可依法向档案机构移交需要永久保存的电子档案。而定期保管的电子档案保存期满后，其销毁鉴定难度稍大，必须

---

[1] 参见刘圣桥主编：《水利工程项目档案规范管理实务》，山东科学技术出版社 2022 年版，第 89 页。

基于准确的价值鉴定方能给出销毁或续存意见。

（二）保存期满的水利工程项目电子档案鉴定流程

《电子文件归档与电子档案管理规范》（GB/T 18894—2016）对电子档案的鉴定与审查做出明确规定，即“应定期对电子档案进行销毁鉴定和解密审查，鉴定、审查程序应符合国家有关规定”。例如，根据电子档案管理系统的消息提醒或检索核查，确定有一批保管期限为10年的水利工程项目电子档案保存期满或即将到期，则可安排在第二年开展鉴定与处置工作。《机关档案管理规定》（国家档案局令第13号，2018年发布）规定“机关应当定期对已达到保管期限的档案进行鉴定处置。鉴定工作应当在档案工作协调机制下进行，由办公厅（室）负责人主持，档案部门会同相关业务部门有关人员组成鉴定小组共同开展，必要时可邀请相关领域专家参与。鉴定结束后，应当形成鉴定工作报告。对仍需继续保存的档案，应当重新划定保管期限并作出标注；对确无保存价值的档案，应当按规定予以销毁”。参考上述要求，保存期满的水利工程项目电子档案的鉴定应主要包括四个环节：组成档案鉴定小组，对保存到期的电子档案逐条鉴定并给出续存或销毁意见，上报审批，档案鉴定小组形成鉴定报告。

（三）水利工程项目电子档案销毁鉴定的流程

《电子文件归档与电子档案管理规范》（GB/T 18894—2016）规定“档案部门应根据本单位档案保管期限表进行电子档案销毁鉴定，提出被鉴定对象的续存或销毁意见，必要时可协商相关职能部门。销毁鉴定意见经上级领导或主管部门审核、批准后方可实施”。结合《机关档案管理规定》（国家档案局令第13号，2018年发布）提出的要求，可由档案部门在水利工程项目电子档案管理系统销毁鉴定模块中发起一批保管到期电子档案的销毁鉴定流程，由档案管理人员结合当前和今后一段时间的工作需要，审阅电子档案内容，对照保管期限表和电子档案保管期限，分析是否可以销毁，并根据判断先行给出销毁或续存意见，再发给相关职能部门（即业务部门）的鉴定小组成员，形成鉴定小组一致认同的鉴定意见。鉴定意见包括销毁或续存结论、续存的具体年限。之后，以书面形式报上级领导或主管部门审批，鉴定小组必须依据审批意见在电子档案管理系统确认、提交销毁鉴定结果，形成的书面鉴定报告应归档保存。经鉴定为续存的，应更新保管期限、保管期限代码、档号等与保管期限有关的元数据值，新的保管期限宜采用原保管期限与延长保管的年限之和，便于下一次销毁鉴定的实施。

例如，某份电子档案首次鉴定的保管期限为10年，经销毁鉴定确定再保存5年，则新的保管期限为15年。

三、水利工程项目电子档案的审查

水利工程项目电子档案的审查是指对保密期满的水利工程项目电子档案所做的解密审查，以便给出解密、变更密级或延长保密期的意见。电子档案的解密审查并不属于日常业务工作，一般情况下可结合本单位实际制定年度电子档案解密审查计划并定期实施。

（一）水利工程项目电子档案解密审查的实施

《电子文件归档与电子档案管理规范》（GB/T 18894—2016）规定“电子档案的解密审查应由档案部门、保密部门共同实施，必要时可协商相关职能部门。解密审查意见经上级领导或主管部门审核、批准后方可实施”。可见，应由档案部门和保密部门共同提出并牵头实施水利工程项目电子档案解密审查工作。应成立水利工程项目电子档案解密审查小组，档案部门和保密部门为解密审查小组固定成员，遵循《中华人民共和国保守国家秘密法》等法律法规，涉密电子档案拟制、办理部门应成为解密审查小组成员。解密审查小组按照组织机构制定的解密程序，在涉密电子档案管理系统中对涉密电子档案进行逐条审查，并形成解密审查小组一致认定的审查报告，以电子或书面形式报上级领导或主管部门审核、审批，通过审批后再将解密审查结果在水利工程项目电子档案管理系统中予以确认，更新密级元数据的值，通过日志记录解密全过程。书面电子档案解密意见应归档保存。如果使用的是非涉密水利工程项目电子档案管理系统，且其中存储了涉密电子档案的档号等不涉密元数据条目，也可在电子档案管理系统中针对这些元数据条目发起解密审查流程，同时需配置一台涉密单机，同步查阅相应的涉密电子档案原文，完成解密审查流程，根据审查结果更新电子档案管理系统中相应的元数据、电子档案原文。

（二）水利工程项目电子档案的密级审查

组织机构必须根据水利工程项目电子档案原有密级，以及与国家安全、社会热点等有关政策、要求，实施涉密水利工程项目电子档案的解密、延长保密期限或提升密级等活动。《中华人民共和国保守国家秘密法》等法规规定国家秘密的保密期限，绝密级不超过三十年，机密级不超过二十年，秘密级不超过十年。《文献保密等级代码与标识》（GB/T 7156—2003）明确了公开、限制、秘密、机密、绝密等五个级别的含义，以及五个级别的等级代码与标识（见表 9.2），可用于在密级元数据中标识水利工程项目电子档案的密级。

表 9.2　文献保密等级代码表

数字代码	汉语拼音代码	汉字代码	名　称
1	GK	公开	公开级
2	XZ	限制	限制级
3	MM	秘密	秘密级
4	JM	机密	机密级
5	UM	绝密	绝密级

一般情况下，当涉密水利工程项目电子档案保密期满后或即将期满即可启动解密审查工作，2024 年修订的《中华人民共和国保守国家秘密法》第十六条、二十条、二十三条和二十四条对国家秘密的确定、变更和解除等给出了基本要求，应根据这些条款规定执行涉密电子档案的解密审查。

（三）到期水利工程项目电子档案进馆前的解密审查

向档案管理机构移交水利工程项目电子档案时，应首先对其中的涉密电子档案进行解密审查，并根据解密审核意见实施解密或延长保密期限等处置活动。根据《电子档案移交与接收办法》（档发〔2012〕7 号），一般自电子档案形成之日起 5 年内向同级国家综合档案馆移交，因此，移交前的解密审查对象通常为秘密级电子档案，重点是保密期限为 5 年及以下的电子档案。

第三节　水利工程项目电子档案技术鉴定

水利工程项目电子档案技术鉴定要在水利工程项目电子档案管理目标指引下，按照真实性、完整性、可用性和安全性内容，针对归档、移交等不同阶段特点，确定不同的鉴定操作要求。

一、水利工程项目电子档案真实性鉴定

水利工程项目电子档案真实性鉴定即鉴别确认水利工程项目电子档案的内容、逻辑结构和背景信息与形成时的原始状况是否一致。真实性鉴定主要包括以下内容：

（1）来源是否可信。检查水利工程项目电子档案是否来自特定机构安全可靠的系统或设备，是否符合预先设定的格式标准和模板标准，是否能够证明电子档案用意、生成者或发送者、生成或发送时间与预先设定的相符。

（2）程序是否规范。检查水利工程项目电子档案形成与管理的全过程是否遵循一定的制度规范，是否存在可能影响电子档案真实性的非法操作。

（3）内容是否可靠。检查水利工程项目电子档案内容是否与制文目的相符，是否符合预期并具有逻辑上的连贯性，能否完全和正确地表达其所反映的事务、活动或事实的性质并作为后续事务或活动的依据。

（4）固化信息是否有效。检查水利工程项目电子档案是否包含合法有效的数字摘要、电子签名、电子印章、时间戳等信息并通过验证，不存在篡改情况。

（5）元数据是否与主题和内容相关。检查水利工程项目电子档案元数据是否完备有效，能否通过元数据来记录、追溯和审计水利工程项目电子档案管理工作，并且不存在修改、删除元数据等可能影响电子档案真实性的要素。

二、水利工程项目电子档案完整性鉴定

水利工程项目电子档案完整性鉴定即鉴别确认水利工程项目电子档案内容、结构和背景信息是否齐全完整，无破坏、变异或丢失等情况。完整性鉴定主要包括以下内容：

（1）构成要素是否完备。检查水利工程项目电子档案是否具备完整的内容要素、背景要素和结构要素，构成电子档案的各个组件是否齐全完整。

（2）元数据是否完备。按照元数据实体概念模型和收集范围要求，检查水利工程项目电子档案是否存在档案实体、主体实体、业务实体、授权实体等各类元数据实体，检查每个实体下元数据项及其内容是否齐全完整。

（3）组成内容是否完备。按照水利工程项目电子档案分类，检查同一项业务往来电子档案是否齐全完整，同一机构或问题、同一保管期限、同一年度下电子档案是否齐全完整。

（4）构成要素、组成内容之间相互联系是否得以保持。检查水利工程

项目电子档案构成要素之间、电子档案之间、电子档案与元数据之间的联系是否得以保持。

三、水利工程项目电子档案可用性鉴定

水利工程项目电子档案可用性鉴定即鉴别确认水利工程项目电子档案是否可以被检索、呈现或理解。可用性鉴定主要包括以下内容：

（1）格式是否符合标准。检查水利工程项目电子档案是否选用广泛应用且有开放规范的文件格式，是否存在使用专有格式或已经过时格式的情况。

（2）是否被正确识读。检查水利工程项目电子档案是否能够从指定的环境平台获得、是否易于获得，获得的文件是否可以被理解和识别。

（3）管理系统是否稳定可靠。检查水利工程项目电子档案管理系统是否满足长期保存需求。

（4）必要的关联性电子档案是否同时收集。检查特殊格式水利工程项目电子档案配套的软件、数据复杂的关系型数据库的相关数据库、相关的文字材料等是否同时收集，是否存在电子档案无法读取的情况等。加密电子档案读取密码是否一同保存。

四、水利工程项目电子档案安全性鉴定

水利工程项目电子档案安全性鉴定即鉴别确认水利工程项目电子档案是否管理过程可控、数据存储可靠、未被破坏、未被非法访问。安全性鉴定主要包括以下内容：

（1）管理环境是否安全可靠。检查支撑水利工程项目电子档案的计算机软硬件环境是否安全可靠，电子档案和载体介质是否携带病毒。

（2）安全措施是否有效。检查是否存在加密、访问控制、防火墙等技术手段，水利工程项目电子档案在存储、传输和处理过程中是否受到非法访问、恶意软件、病毒攻击等威胁。

（3）管理维护是否及时。检查是否对水利工程项目电子档案进行定期检查和维护，电子档案存在问题是否及时修复或替换。

（4）备份是否稳妥。检查水利工程项目电子档案是否按照备份策略定期进行备份，是否按照要求散布备份数据到不同位置，以防止因单点故障导致数据丢失。检查是否采取适当的管理措施来确保存储设备本身的可靠性和稳定性。

（5）存储设备是否可靠。检查水利工程项目电子档案存储设备是否稳

定可靠，存储介质是否符合标准且物理、化学性能稳定，载体介质运转是否正常等。

第四节 水利工程项目电子档案保管期限表的制定

档案保管期限表就是用表册的形式列举档案的名称、种类、来源、形式并指明其保管期限的指导性、标准性文件，是档案机构鉴定档案价值、确定档案保管期限的依据性文件。[1]

一、档案保管期限表的作用

编制档案保管期限表，可为鉴定人员提供统一的、具体的标准，在一定程度上避免个人认识的局限性和片面性，提高鉴定工作的质量和效率，防止错误地销毁档案，造成无法挽回的损失。组织机构可依据档案保管期限表将具有不同保存价值的文件组成不同的案卷，并初步确定其保管期限；亦可依据档案保管期限表对归档、移交和保管期满的案卷展开复审工作。《电子文件归档与电子档案管理规范》（GB/T 18894—2016）指出“档案部门应根据本单位档案保管期限表进行电子档案销毁鉴定，提出被鉴定对象的存续或销毁意见，必要时可协商相关职能部门”。可见，档案保管期限表是决定档案存续销毁的重要依据。因此，在实际工作中，从长远利用和工作实际情况出发，根据行业特点科学制定档案保管期限表，对于档案得到妥善处置具有重要意义。

二、档案保管期限表的结构

档案保管期限表一般由顺序号、条款、保管期限、附注及说明等部分组成。其中，条款和保管期限是其最基本的内容。[2]

（一）顺序号

档案保管期限表中各条款系统排列后，必须在前面统一编制顺序号，其作用有二：一是固定条款位置，便于查找；二是可作为开展档案鉴定工作时引用条款的代号，便于表述。

---

[1] 参见邓绍兴、陈智为主编：《档案管理学》，中国人民大学出版社 1996 年版，第 40~41 页。

[2] 参见邓绍兴、陈智为主编：《档案管理学》，中国人民大学出版社 1996 年版，第 42 页。

（二）条款

条款是一组类型相同的文件的名称或标题。拟制条款一般要求反映出同一组文件的来源、内容和形式，可以指出具体的出处、问题和文种，也可以概括出文件类型。来源、内容和形式三者并不要求一应俱全，而应当根据档案保管期限表的适用范围、文件特点及价值来决定。[1]

档案保管期限表的条款有分类排列和不分类排列两种。条款的分类就是将条款按照一定的原则或方法归纳起来，分成不同的类别，使条款更加条理清晰，便于鉴定工作查找使用。档案保管期限表的条款可按文件内容来分类，也可按文件来源或形式等分类。例如水利部制定的《水利工程建设项目文件归档范围和档案保管期限表》并未体现档案分类，而是以水利工程项目进展和文件材料的形成阶段为依据排列的。

（三）保管期限

保管期限是根据各类文件的保存价值所确定的保存年限，列于每一条款之后。水利部印发的《水利工程建设项目档案管理规定》（水办〔2021〕200号）中，要求水利工程项目档案保管期限分为永久、30年和10年。项目法人档案管理机构应依据保管期限表对项目档案进行价值鉴定，确定其保管期限，同一卷内有不同保管期限的文件时，该卷保管期限应按最长的保管期限执行。

（四）附注

附注是在条款之后对条款及其保管期限所作的必要的注解或说明。

（五）说明

说明用于指出档案保管期限表的适用范围、编制依据和原则、条款分类或排列方法、保管期限表的计算方法及其他应当说明的事项等。

在实际工作中，由于保管期限表内的条款内容与文件归档范围一致，为简化编制工作，一般将文件材料归档范围和档案保管期限表合二为一。2021年，中共中央办公厅、国务院办公厅印发《“十四五”全国档案事业发展规划》，提出“全面推行档案分类方案、文件材料归档范围、档案保管期限表三合一制度，规范建档工作，提高归档文件质量”。随着三合一制度的全面落实，未来档案保管期限表的内容也将更加全面、科学、规范。

[1] 参见邓绍兴、陈智为主编：《档案管理学》，中国人民大学出版社1996年版，第42页。

三、水利工程项目档案保管期限表

2021 年 6 月，水利部印发《水利工程建设项目档案管理规定》（水办〔2021〕200 号），其中《水利工程建设项目文件归档范围和档案保管期限表》（见附录）明确了水利工程项目各阶段应归档的文件范围、保管期限和归档单位，应当作为确定水利工程项目有关电子文件归档范围和档案保管期限的基本依据。

第五节 水利工程项目电子档案的销毁

水利工程项目电子档案销毁是指消除或删除失去价值的水利工程项目电子档案并使之无法恢复的过程。与纸质档案销毁不同的是，电子档案销毁活动需在数据库管理系统、多种存储设备中进行，包括在线存储系统、备份系统、离线存储介质。

一、水利工程项目电子档案销毁的程序

水利工程项目电子档案销毁是电子档案期满鉴定的后置程序。总体而言，水利工程项目电子档案销毁可参照国家档案局有关传统载体档案销毁的规定和程序执行，即完成电子档案销毁鉴定后，成立销毁小组并负责实施，销毁完成后形成销毁报告、登记表等台账并归档保存。销毁小组应包括销毁操作责任人、销毁监督人与审核责任人。

二、水利工程项目电子档案销毁的实施

水利工程项目电子档案销毁可分为数据销毁和载体销毁。数据销毁又称软销毁，是指将失去利用和保存价值的水利工程项目电子档案载体记录的数据内容，通过某种科学的方式删除，使其无法恢复的过程。载体销毁又称破坏性销毁，是指将水利工程项目电子档案存储载体或介质连同其上的记录数据通过某种方式销毁的过程。

（一）数据销毁（软销毁）

数据销毁要基于水利工程项目电子档案管理系统销毁功能、备份系统的删除功能对在线存储设备中应销毁电子档案进行永久删除。《电子文件归档与电子档案管理规范》（GB/T 18894—2016）规定“应从在线存储设备、异

地容灾备份系统中彻底删除应销毁电子档案，电子档案管理系统应在管理过程元数据、日志中自动记录鉴定、销毁活动，将被销毁电子档案的元数据移入销毁数据库”。通常，水利工程项目电子档案管理系统都具备电子档案销毁功能，可以根据销毁鉴定结果自动挑选出应销毁电子档案元数据及其链接的电子档案，经过必要的询问、确认等流程后即可自动彻底删除存储于在线存储设备中的应销毁电子档案，并在相应的管理过程元数据、系统日志中记录销毁责任信息，包括销毁的操作人、销毁行为和销毁时间，最后将已销毁电子档案的全部元数据（含管理过程元数据）移到电子档案销毁数据库中，以便将其移出水利工程项目电子档案检索利用范围。

数据销毁是由操作系统将相应的文件存储空间标记为可用，之后，该部分存储空间即被释放并成为可用空间，水利工程项目电子档案管理系统或操作系统仍可将其他数据写入其中。这种软销毁方式既可以达到销毁电子档案的目的，又可以最大限度地保护磁盘阵列设备资产和存储其中的其他数据，降低管理难度和管理成本。尽管这种方式保留了通过专用工具恢复数据的可能，但相关单位通常不会在没有正当理由和需求的情况下恢复已经永久删除的电子档案。

要通过彻底删除或用其他数据覆盖等数据销毁方式对近线备份系统、远程备份系统甚至是异地容灾备份系统中的应销毁电子档案及其元数据进行永久删除，包括虚拟带库、物理带库、磁盘阵列等。对于近线备份用的光盘库，则应按相关要求对存储了应销毁电子档案及其元数据的一次性写入光盘进行破坏性销毁。

（二）载体销毁（破坏性销毁）

《电子文件归档与电子档案管理规范》（GB/T 18894—2016）规定“应销毁电子档案的离线存储介质，应对其实施破坏性销毁。实施销毁前，应对备份其中的其他电子档案进行离线存储介质的转换”。应销毁电子档案的离线存储介质主要指一次性写入光盘、移动硬盘。载体销毁是采用硬盘消磁机、折弯机或其他物理破坏工具对存储介质进行破坏，达到存储介质消磁、折弯、粉碎等破坏效果，不仅数据不能再还原，介质也无法再使用，可以真正做到水利工程项目电子档案及其元数据的彻底、永久性销毁。各省国家保密行政管理部门一般设有或指定了第三方专门的国家秘密载体销毁机构，涉密和非涉密水利工程项目电子档案及其元数据离线存储介质的破坏性销毁都应送交该类机构执行，按照规定的程序履行手续，形成的销毁报告、交接数据等应当归档保存。

如果被销毁的水利工程项目电子档案及其元数据离线存储介质中还存储了不得销毁的电子档案及其元数据，在实施离线存储介质销毁前应当首先使用新的介质完成这部分电子档案及其元数据的离线备份。

（三）涉密水利工程项目电子档案的销毁

对于水利工程项目电子档案管理系统在线存储设备、近线或远程备份设备中存储的应销毁涉密电子档案及其元数据，其销毁程序、销毁操作应符合国家保密法规和标准的要求。涉密水利工程项目电子档案及其元数据的离线存储介质属于国家秘密载体，不得私自销毁。《中华人民共和国保守国家秘密法实施条例》规定：“销毁国家秘密载体，应当符合国家保密规定和标准，确保销毁的国家秘密信息无法还原。销毁国家秘密载体，应当履行清点、登记、审批手续，并送交保密行政管理部门设立的工作机构或者指定的单位销毁。机关、单位确因工作需要，自行销毁少量国家秘密载体的，应当使用符合国家保密标准的销毁设备和方法。”国家秘密载体销毁机构会根据离线存储介质中电子档案最高密级施以相应等级要求的载体销毁破坏活动。例如，一块或一批待销毁的离线存储介质中存储有秘密级和机密级水利工程项目电子档案及其元数据的，则应按照机密级国家秘密载体要求进行破坏性销毁活动。

三、水利工程项目电子档案销毁登记

一个批次水利工程项目电子档案及其元数据销毁活动完成后，要按批次填写“水利工程项目电子档案销毁登记表”（见表 9.3）并归档保存。水利工程项目电子档案管理系统应在管理过程元数据、日志中自动记录销毁活动。

表 9.3　水利工程项目电子档案销毁登记表

单位名称		
销毁授权		
被销毁电子档案情况 （范围、数量、大小等）		
在线存储内容销毁说明		
异地容灾备份内容销毁说明		
离线存储介质销毁说明		
销毁起止时间		
操作者		
填表人（签名） 年　月　日	审核人（签名） 年　月　日	单位（签章） 年　月　日

《水利工程项目电子档案销毁登记表》各栏目填写要求如下：

（1）单位名称：已销毁水利工程项目电子档案形成单位的名称。

（2）销毁授权：单位或上级部门批准销毁水利工程项目电子档案的文件名、批准时间及简要说明等。

（3）被销毁电子档案情况：已销毁水利工程项目电子档案的门类、形成年度、保管期限、件数、卷数及其件数，档号范围，元数据数量，计算机文件格式，总的大小等。

（4）在线存储内容销毁说明：对在线存储设备（如磁盘阵列）中应销毁水利工程项目电子档案及其元数据销毁情况的说明，包括在线存储设备类型与型号，电子档案存储的相对位置，以及销毁方法、销毁时间、销毁责任人、销毁成功与否，元数据移入销毁数据库情况等。

（5）异地容灾备份内容销毁说明：对远程备份系统（含容灾备份系统）中应销毁水利工程项目电子档案及其元数据销毁情况的说明，包括备份设备类型与生产商、型号等，销毁方法，销毁时间，销毁责任人，销毁成功与否等。如果未实施远程备份，则无需填写说明内容。

（6）离线存储介质销毁说明：被销毁的离线存储介质的类型、生产厂商、型号、数量，销毁机构情况，销毁程序与手续，销毁方法，销毁成功与否等。

（7）销毁起止时间：水利工程项目电子档案及其元数据销毁活动的开始与结束的年、月、日。

（8）操作者：实施销毁的操作人姓名、工作部门等。

第十章
水利工程项目电子档案移交与统计

第一节　水利工程项目电子档案移交

水利工程项目电子档案移交是指按照国家规定将电子档案的保管权交给档案馆的过程。电子档案移交是电子档案管理的重要环节，意味着机构内档案管理阶段的结束和档案馆管理阶段的开始。与电子文件归档相比，虽然两者都涉及电子文件或档案管理权限的传递，但归档作为文件档案化管理的开端，决定了管理对象是否具有档案属性；而电子档案移交是在确认管理对象是档案的情况下，将其中需要永久或长期保存的部分交给档案馆。在此过程中，电子档案的内容、形式和背景信息已基本完整，实体和信息形态完全固化，节点本身不再像归档中那样具有重要的关口意义，而针对全流程的规范控制和细节明晰成为了重点。[1]

2012年，国家档案局印发《电子档案移交与接收办法》（档发〔2012〕7号），它是国家行政管理部门制定的规范性文件，规定了电子档案移交接收的总则、移交要求和接收要求以及移交接收载体标准、移交接收存储结构和《电子档案移交与接收登记表》等内容，有效地指导和规范了电子档案移交与接收工作，确保电子档案的真实、完整、可用和安全，《电子档案移交与接收办法》（档发〔2012〕7号）的提出标志着档案信息化发展取得了阶段性成果。2020年修订通过的《中华人民共和国档案法》中明确规定：具有法律效力的电子档案必须达到“来源可靠、程序规范、要素合规”的基本要求。为适应新修订

---

[1]　参见詹逸珂、陈阳：《电子文件归档与电子档案移交进馆规范路径——基于流程设计与技术模式的探讨》，《北京档案》2022年第3期。

的《中华人民共和国档案法》对电子档案的基本要求，2022 年，国家档案局制定了电子档案移交接收的首个国家标准《电子档案移交接收操作规程》（DA/T 93—2022），它明确了电子档案移交接收的工作流程，规定了电子档案移交接收准备工作和电子档案移交接收操作的要求，设计了交接过程相关表单样式和移交信息包结构，适用于档案移交单位与档案馆之间的电子档案移交接收操作。《电子档案移交接收操作规程》（DA/T 93—2022）的正式实施，为档案移交单位和档案馆提供了电子档案移交接收操作的遵循依据，能够很好地促进电子档案移交接收工作的进行。该标准也是指导各档案机构电子档案移交接收工作的依据，对于规范电子档案移交接收的操作规程、提高电子档案移交接收的程序规范性、提升档案机构电子档案管理综合能力起到重要作用，对加快推进档案信息化建设、引领档案管理现代化、建立健全电子档案移交相关制度、全面开展电子档案移交接收工作、实现电子档案应收尽收目标具有示范作用和推动应用价值。[1]

一、水利工程项目电子档案移交流程

相比较于传统纸质档案，水利工程项目电子档案具有鲜明的计算机软硬件依赖性、信息与载体之间易分离性、信息易变性、信息存储高密度性等技术特点，同时具有电子档案种类多态性、电子档案间有机联系性等形成特性。[2] 因此，水利工程项目电子档案在移交时需要严格遵守工作流程标准，制定适宜的信息包结构，整理并组织好电子档案移交接收信息包，并在移交前对其进行检测，保证电子档案的真实性、完整性、可用性、安全性。[3] 根据《电子档案移交接收操作规程》（DA/T 93—2022）要求，水利工程项目电子档案移交流程可分为移交工作准备阶段、移交信息包阶段、办理移交手续阶段等。

（一）移交工作准备

移交工作准备是移交工作流程的首要环节，由档案室负责准备符合进馆条件、具有永久或长期保存价值的数据信息包，包括目录数据、内容数据、

---

[1] 参见褚英东：《〈电子档案移交接收操作规程〉的解读及相关问题的思考》，《北京档案》2022 年第 9 期。

[2] 参见冯惠玲、刘越男：《电子文件管理教程》，中国人民大学出版社 2017 年版，第 16 页。

[3] 参见褚英东：《〈电子档案移交接收操作规程〉的解读及相关问题的思考》，《北京档案》2022 年第 9 期。

元数据等。移交工作准备有以下几个步骤。

一是确定移交范围。移交单位应按照水利工程项目电子档案移交范围和时间要求，确定待移交电子档案，对待移交档案进行内容鉴定，确保待移交的是具有永久或长期保存价值的档案，生成“电子档案移交清单”，编制相关说明文件。说明文件主要包括电子档案的移交单位、内容描述、起止档号、档案数量、读取电子档案所需要的软硬件环境和其他有助于说明移交电子档案情况的信息。元数据必须连同电子档案一起移交进馆，因此在这一阶段还需根据相关标准规范对元数据进行抽取和组织。

二是对待移交对象及其技术环境进行检验，以确保其符合进馆规定，可以实现长期保存和无障碍利用。检验项目主要有以下内容：①载体有无划痕，是否清洁；②有无病毒；③核实电子档案的真实性、完整性、有效性及审核手续；④核实登记表、软件、说明材料等是否齐全，对特殊格式的电子档案，应核实其相关的软件、版本、操作手册等是否可用和完整。检验结果分别由移交单位、接收单位的工作人员填入“电子档案移交、接收检验登记表”的相应栏目。档案保管部门应按照要求及检验项目对电子档案逐一验收。对检验不合格的，应退回形成部门重新制作整理后再次移交。

三是将待移交文件进行打包。档案移交单位对“电子档案移交清单”与待移交电子档案的一致性再次进行检查，确认无误后，导出待移交的电子档案目录数据、内容数据和元数据，形成电子档案移交信息包并进行真实性、完整性、可用性和安全性检测，检测合格后方可打包，在此过程中，电子档案的格式、便携式存储设备的选用及动态管理数据的处置均须符合相关规定，同时要完成病毒扫描，并确保在信息包传输过程中能够生成电子档案及其元数据的校验记录。信息包构成如图 10.1 所示。

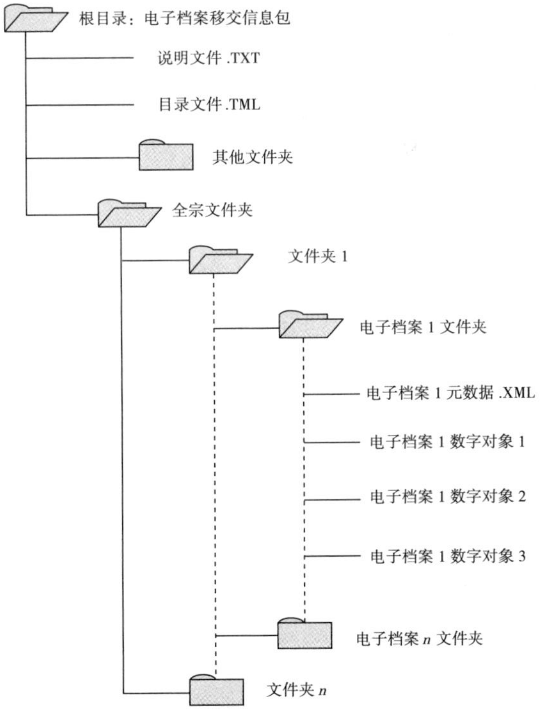

图 10.1 信息包构成

（二）移交信息包

电子档案满足移交要求后，档案移交单位宜通过符合安全管理要求的网络，使用相关应用系统向档案馆提交电子档案移交信息包。电子档案的移交有以下几种方式。

1. 离线移交

离线移交需要将电子档案输出到特定介质上传递给档案馆，并从业务系统和档案管理系统中导出动态管理数据，集中起来存储到脱机存储介质上之后统一交给档案馆。[1] 这是信息化过程中电子文件归档和电子档案移交较为早期的工作手段，在不断变化的数字环境中，离线对接方式不仅耗费的人力物力较大，工作效率较低，还会提高损害电子文件真实性、完整性、可读性的风险，因此现在已经不是非涉密电子档案主流的移交手段。

2. 在线移交

在线移交是指通过网络直接将需要移交的电子档案及相关数据传输到档案部门指定的服务器中，不再受到时间和空间限制，因此在线方式能够实现管理对象的实时对接。[2] 在线移交需要实现管理系统的合理搭桥，并需要妥善设计和部署相关接口，以满足前端的呈交、传输需求和后端的接收、转移需求。在线移交是现在较为常用的移交方式。在线对接方式提高了流程的灵活性，使对文件版本的判断和回溯、对元数据项的调整、对内容完整性的鉴别和对数据关联关系的管理均可以实时完成。但它连接的两端在多数情况下是异构的系统模块，理论上仍可能存在系统兼容性不够、移交接口设计不理想、流程执行不顺畅等问题。

3. “云”移交

随着技术发展，越来越多的机构和行业业务系统搭建了云环境，大量文件和动态数据在云端生成、存储。与之相适应，越来越多的电子档案管理系统和数字档案馆也迁入云端，云平台逐渐成为电子档案管理的重要技术环境。基于云环境的水利工程项目电子档案移交不再需要系统的前后衔接，而是通过将跨机构、跨部门的档案云内嵌于政务云、业务云或与之实现互联，在一定程度上模糊前端和后端的固有定位，进一步实现流程对接的自动化和提高

[1] 参见詹逸珂、陈阳：《电子文件归档与电子档案移交进馆规范路径——基于流程设计与技术模式的探讨》，《北京档案》2022 年第 3 期。

[2] 参见詹逸珂、陈阳：《电子文件归档与电子档案移交进馆规范路径——基于流程设计与技术模式的探讨》，《北京档案》2022 年第 3 期。

整个过程的实时性，破除静态、线性模式的局限性，在更大范围内实现流程再造与优化。[1] 数据管理技术的变革与发展为拓展和深化基于云环境的档案移交工作提供了必要条件，有望在根本上保障电子档案管理的数字连续性，“云”移交成为未来档案工作发展的应然方向。

（三）办理交接手续

在提交电子档案移交信息包之前，档案室应该形成“电子档案移交接受登记表”（见表 10.1），明确移交单位名称或全宗号、移交档案的年度、批次等本次交接工作内容描述；明确移交电子档案内容、门类、数量，移交载体类型、规格、数量，移交数据格式、数据量，交接方式，四性检测情况等，由移交方与接收方对以上登记内容共同确认并正式签章。

办理交接手续能够对电子档案再一次进行检查梳理，全过程责权分明，消除管理风险，保障电子档案的可靠可信，是电子档案移交过程中不可或缺的流程。

表 10.1　电子档案移交接收登记表[2]

<table>
<tr><td>移交接收事项</td><td colspan="3"></td></tr>
<tr><td>内容描述</td><td colspan="3"></td></tr>
<tr><td>移交电子档案数量</td><td></td><td>移交数据量</td><td></td></tr>
<tr><td>载体起止顺序号（或起止档号）</td><td></td><td>移交载体类型、规格、数量</td><td></td></tr>
<tr><td rowspan="2">检测内容</td><td colspan="3">单位名称</td></tr>
<tr><td>移交单位：</td><td colspan="2">接收单位：</td></tr>
<tr><td>真实性检测</td><td></td><td colspan="2"></td></tr>
<tr><td>完整性检测</td><td></td><td colspan="2"></td></tr>
</table>

[1] 参见詹逸珂、陈阳：《电子文件归档与电子档案移交进馆规范路径——基于流程设计与技术模式的探讨》，《北京档案》2022 年第 3 期。

[2] 国家档案局：《电子档案移交接收操作规程》（DA/T 93—2022），2022 年 4 月 7 日。

续表

可用性检测		
安全性检测		
填表人（签名）	年　月　日	年　月　日
审核人（签名）	年　月　日	年　月　日
单位（印章）	年　月　日	年　月　日
填写说明：1. 移交接收事项：按移交单位或全宗号、移交档案的年度、批次等内容描述本次交接工作。2. 内容描述：交接档案内容、档案门类、数据类型、格式、交接方式、过程等说明事项。3. 移交电子档案数量：交接档案的文件总数和案卷总数。4. 移交数据量：一般以 GB 为单位，精确到小数点后 3 位。5. 载体起止顺序号：在线移交时，按载体内电子档案的存储结构组织数据，并标明其起止档号。6. 移交载体类型、规格：在线移交时，填写“在线”。7. 真实性检测：对电子档案来源、内容及移交信息包的真实性，元数据准确性，元数据与内容关联一致性进行检测。8. 完整性检测：对电子档案及其元数据的完整性进行检测。9. 可用性检测：对电子档案内容、移交信息包的内容可读性和格式规范性进行检测。10. 安全性检测：对移交信息包计算机病毒、移交载体和移交过程的安全性进行检测。		

二、水利工程项目电子档案移交基本要求

第一，元数据应当与电子档案一起移交，一般采用基于 XML 的封装方式组织归档数据结构。

第二，电子档案的移交格式按照国家有关规定执行。

第三，电子档案有相应纸质、缩微制品等载体的，应当在元数据中著录相关信息。

第四，采用技术手段加密的电子档案应当解密后移交，压缩的电子档案应当解压缩后移交。特殊格式的电子档案应当与其读取平台一起移交。

第二节　水利工程项目电子档案统计

档案统计就是运用一系列的统计技术和方法，通过表册和数字的形式描述和分析档案工作的各种现象、状态和趋势的工作过程[1]，是关于水利工程档案数据资料的获取、整理、分析、描述和推断方法的总称。水利工程项目电子档案统计是指运用统计技术和方法，以图表、数字等形式来记录、描述、分析和研究水利工程项目电子档案管理业务活动中的各种现象、状态、趋势，从而揭示其发展过程、现状及一般规律的活动。

一、水利工程项目电子档案统计工作的意义

科学的水利工程项目电子档案统计工作的意义有以下几点：

（1）是保证各项电子档案管理工作顺利进行的必要条件。统计工作贯穿电子档案收集、整理、鉴定、保管、检索、利用、移交等各个业务环节，是及时、准确地了解和掌握各项业务工作开展现状及存在问题的重要信息来源；通过对水利工程项目电子档案统计调查中所获得的相关数据的系统整理和分析，档案部门可以有效掌握电子档案管理的发展趋势和主要特点，找到现存问题和矛盾的产生原因，从而为相关电子档案管理政策的制定、法律法规及标准制度的内容调整等各项工作的开展提供科学的依据。因此，水利工程项目电子档案统计是保证各项电子档案管理工作顺利进行的必要条件。

（2）为水利工程项目电子档案管理水平的整体提升创造有利条件。通过开展科学的档案统计，利用定量与定性分析相结合的方式，可以有效地揭示和认识水利工程项目电子档案中和电子档案管理活动中存在的问题、矛盾及电子档案管理的发展规律和主要特点，以此为依据，档案管理部门可以更加有效地开展精细化管理，并为电子档案管理水平的提升创造有利条件。

（3）为水利工程项目电子档案管理的科学决策提供信息依据。通过科学的档案统计工作，档案部门能够系统地了解和掌握水利工程项目电子档案管理与利用的情况，掌握档案管理的发展趋势和特点、档案部门的工作量以及档案部门对人力、财力、物力的需求量，全面系统地认识电子档案管理在整个社会和经济发展中的地位和作用，从而为电子档案相关决策提供真实、准确、系统、完整、科学的信息依据。

（4）为衡量和评价水利工程项目电子档案管理系统的质量提供客观依据。水利工程项目电子档案统计工作主要依托档案管理系统进行，成果多数是通过数字的形式表现出来的，这是直接衡量档案管理系统质量的客观尺度。

[1] 参见周杰、李笃、张淼主编：《文书工作与档案管理》，延边大学出版社 2021 年版，第 138 页。

同时，通过开展电子档案统计分析，档案管理部门可以获得相关的对比分析数据、综合情况数据、变化情况数据，从而为客观地评价电子档案管理质量提供真实、准确的数据支撑。

二、水利工程项目电子档案统计的主要内容

水利工程项目电子档案的统计既包括电子档案自身情况的统计，又包括电子档案管理情况的统计，主要内容包括以下几个方面：

（1）水利工程项目电子档案数量与存储容量统计：需要按照电子档案的全宗、门类、年度、保管期限、密级、卷数、件数大小、格式等要素，对电子档案进行数量统计。同时，还需要对电子档案的存储容量进行统计，以了解电子档案所占据的存储空间情况。

（2）水利工程项目电子档案利用情况统计：这包括按照年度、门类、保管期限、卷数、件数、利用人次、利用目的等因素，对电子档案的查阅、复制、下载等利用情况进行统计。这些统计数据有助于了解电子档案的使用频率和目的，为档案管理和利用提供参考。

（3）水利工程项目电子档案数据库存储容量统计：需要对电子档案数据库存储容量的分库、分类进行统计，以掌握数据库的使用情况，为数据库的优化和扩展提供依据。

（4）水利工程项目电子档案目录数据与元数据统计：需要对电子档案目录数据、元数据进行分类统计，以了解电子档案的基本信息和属性。

此外，水利工程项目电子档案的统计还可以结合具体的业务需求，制定更为详细的统计指标和报表。例如，可以按照电子档案类型分布进行统计，如电子图纸、电子发票等；或者按照音频、视频、图片、文档等不同形式进行统计。同时，也可以利用年度分布统计，了解不同年度电子档案的数量和类型分布情况。

在进行水利工程项目电子档案统计时，还应注重数据的准确性和完整性，确保统计结果能够真实反映电子档案的状况。同时，还需要定期对统计数据进行更新和分析，以便及时发现问题并采取相应的管理措施。

三、水利工程项目电子档案统计的工作步骤

水利工程项目电子档案统计工作通常采用定量的方法，运用质和量的联系将统计工作中出现的现象进行仔细的观察和分析，从而得出电子档案工作发展中很多现象产生的一般规律。水利工程项目电子档案统计工作的基本阶

段包括三个步骤，即档案统计调查、档案统计整理和档案统计分析。

（1）档案统计调查。档案统计调查主要是根据统计目的和研究对象特点，设计统计工作整体方案，确定统计工作的基本形式，协调统计指标的编制和统计数据的汇总与整理。统计调查是顺利有序推进统计工作的第一步，对整个统计工作具有引领和指导作用。

（2）档案统计整理。档案统计整理是档案统计工作的第二阶段，它是在调查的基础上进行数据收集，并按照约定好的整理体系对获取的原始数据进行加工汇总等综合处理，使之规范化、系统化的工作。档案统计整理的具体方法有两种：统计分组和统计表。统计分组是档案统计整理中的一个重要方法，是对统计对象和有关数据按某种特征或标准进行分类，然后将各组内的统计对象和数据进行排列、汇总，从而说明各类现象的特征与发展规律。统计表就是把档案统计调查得来的原始数据进行汇总时的一种工具和表述方式。

（3）档案统计分析。档案统计分析是档案统计工作的最后阶段，是通过对各级档案部门的工作进行分析和比较，从而得出统计结论的工作，是统计工作的成果展现。

第三节 水利工程项目电子档案统计方法

根据水利工程项目电子档案的系统依赖性和数据可检索的特点，常用以下几种方法对电子档案进行统计。

一、目录统计法

目录统计法是通过水利工程项目电子档案目录数据库进行统计，这种方法可以快速获取电子档案的数量、类型、形成时间、利用情况等基本信息，适用于目录信息丰富且准确的档案，如文本、图像、音视频档案等，是电子档案统计的基础方法。

目录统计法作为电子档案统计的常用方法之一，具有其独特的优点：

（1）高效便捷。目录统计法通过电子档案目录数据库进行统计，可以快速获取电子档案的数量、类型、形成时间、利用情况等基本信息，无需逐一打开或浏览电子档案内容，大大提高了统计效率。

（2）数据准确。目录统计法所依赖的目录数据库通常经过严格的数据录入和审核，因此所得到的统计数据相对准确可靠，能够真实反映电子档案的状况。

（3）易于操作。目录统计法通常通过特定的统计软件或工具进行，操作简单，无需复杂的编程或技术知识，使得统计工作更加易于进行。

但同时目录统计法也存在一些缺点：

（1）信息有限。目录统计法主要依赖于电子档案的目录信息进行统计，因此所能获取的信息相对有限，无法深入了解电子档案的具体内容和特点。

（2）可能存在数据滞后。由于目录统计法依赖于已有的目录数据库，如果目录数据未能及时更新，那么统计结果可能会存在滞后性，无法反映最新的电子档案情况。

（3）受目录数据质量影响。目录统计法的准确性在很大程度上取决于目录数据的质量。如果目录数据存在错误或遗漏，那么统计结果也会受到影响，导致数据不准确或失真。

在使用目录统计法进行电子档案统计时，需要注意其局限性，并结合其他统计方法进行综合分析和判断。

二、元数据统计法

元数据统计法是指利用电子档案的元数据进行统计。元数据描述了电子档案的基本属性、内容摘要、关联信息等，通过对元数据的分析，可以深入了解电子档案的特点和规律。元数据统计法能够提供更为细致和深入的统计结果。

元数据统计法作为一种分析和管理元数据的方法，具有一些明显的优点：

（1）加强数据的可读性。通过元数据统计，可以清晰地描述数据的类型、长度、范围等属性，使数据更易于理解和处理。这有助于用户更好地把握数据的整体结构和特征，提高数据使用的效率。

（2）提升数据处理效率与准确性。元数据统计法能够根据元数据的信息自动化地处理和使用数据，减少人工干预的需要。这不仅提高了数据处理的效率，还减少了因人为因素导致的错误，提高了数据的准确性。

（3）便于数据管理。采用元数据统计法无需对数据仓库中的数据进行物理分离，降低了管理成本。同时，它可以在数据集市中定义或存储数据目录和抽取规则，减少了数据存储所需空间和设备占用，有利于节约资源。

（4）提供决策支持。通过对元数据的统计分析，可以揭示数据之间的关系和模式，为决策制定提供有力支持。这有助于企业更好地把握市场趋势，优化资源配置，提升竞争力。

但同时元数据统计法也存在一些潜在的缺点：

（1）技术实施难度高。元数据统计法的实施需要一定的技术基础，包括数据处理、统计分析等方面的技术。对于一些技术实力较弱的企业或组织来说，可能存在一定的实施难度。

（2）可能出现数据质量问题。元数据的质量直接影响统计结果的准确性和可靠性。如果元数据存在错误或不完整的情况，那么统计结果可能也会产生错误，甚至导致错误的决策。

（3）存在信息损失风险。在某些情况下，如主成分分析等方法中，可能存在信息损失的风险。这是因为在数据降维或综合过程中，一些细微的信息可能会被忽略或遗漏。

（4）更新与维护较复杂。元数据需要定期更新和维护以保持其准确性和有效性。然而，随着数据的不断增长和变化，元数据的更新与维护工作可能会变得非常繁重和复杂。

三、全文检索统计法

可利用全文检索技术对电子档案的内容进行关键词搜索和统计。这种方法可以挖掘电子档案中的隐含信息，揭示电子档案内容的分布规律和主题特点。全文检索统计法作为一种处理和分析文本数据的方法，适用于对电子档案内容进行深入分析和挖掘的场景，其优点主要体现在：

（1）搜索效率高。全文检索统计法通过特定的算法和技术，能够快速地从大量文本数据中检索出相关信息，提高了搜索效率。

（2）结果准确。全文检索统计法能够综合考虑文本中的多个因素，如关键词、词频、位置等，从而更准确地匹配用户查询意图，返回更精确的搜索结果。

（3）支持复杂查询。全文检索统计法不仅支持简单的关键词搜索，还支持更复杂的查询语句，如布尔查询、短语查询等，满足了用户多样化的查询需求。

（4）适应性强。全文检索统计法可以应用于各种类型的文本数据，包括结构化数据和非结构化数据，具有广泛的适用性。

但同时全文检索统计法也存在以下缺点：

（1）资源消耗大。全文检索统计法需要对文本数据进行复杂的处理和分析，因此需要消耗较多的计算资源和存储资源。在处理大规模文本数据时，可能会面临性能瓶颈。

（2）对文本质量要求高。全文检索统计法的效果很大程度上取决于文本数据的质量。如果文本数据存在拼写错误、语法错误或语义模糊等问题，可能会影响检索结果的准确性和可靠性。

（3）需要定期维护。全文检索系统需要定期更新和维护，以确保其准确性，这包括更新索引、优化查询算法、处理新出现的词汇等，需要投入一定的时间和人力成本。

（4）技术实施难度高。全文检索统计法的实施需要一定的技术基础，包括自然语言处理、信息检索等方面的技术。

四、分类统计法

分类统计法是指根据电子档案的分类方案，对不同类别的电子档案进行统计。这种方法有助于了解各类电子档案的数量、比例和分布情况，为档案管理和利用提供参考依据。分类统计法需要结合具体的分类方案实施。

在实际应用中，可以根据具体的统计需求和电子档案的特点，选择合适的统计方法进行组合使用。同时，还需要注意统计数据的准确性和完整性，确保统计结果能够真实反映电子档案的状况。此外，随着技术的不断发展，新的统计方法和技术也会不断涌现，需要保持关注和学习，以便更好地将它们应用于电子档案统计工作。

第四节　水利工程项目电子档案分析与评估

档案分析与评估是指对反映档案工作现象的大量统计数据进行综合分析和评价，从中发现问题，为科学管理档案提供依据的业务活动，是整个档案统计工作的最后阶段。通过档案分析与评估可以透过现象看到本质，揭示档案工作发展的规律。因此，档案分析与评估阶段是提供统计研究成果的阶段，也是发挥档案统计工作作用的阶段。

一、分析与评估的作用

水利工程项目电子档案分析与评估的意义主要体现在以下几个方面：

（1）提升电子档案管理的质量和可信度。通过对电子档案进行深入的分析和评估，可以及时发现并解决管理中存在的问题和风险，从而确保档案信息的完整性、准确性和可信度。这不仅能提升电子档案管理的质量，还能增强公众对电子档案及其管理系统的信任。

（2）优化资源配置和提高工作效率。评估电子档案可以了解其在存储、检索、使用等方面的效率和效益，从而根据实际情况优化资源配置，如调整存储空间、改进检索工具等。此外，评估还可以帮助发现流程中存在的问题，通过改进这些环节，可以提高电子档案管理工作的效率。

（3）促进档案管理水平的整体提高。电子档案的分析与评估需要遵循一定的标准和规范，这有助于推动档案管理流程的规范化和标准化。同时，评估结果可以为制定更合理的电子档案管理制度和策略提供依据，进而促进档案管理水平的整体提高。

（4）适应信息化时代的发展需求。随着信息化程度的提高，电子档案已成为信息社会的重要资源。对其进行分析与评估，可以更好地满足信息化时代的发展需求，推动电子档案在各个领域的广泛应用和深度开发。

（5）为决策提供有力支持。通过对电子档案的分析与评估，可以获得关于档案内容、使用情况等方面的统计数据和信息，为相关决策提供有力支持。例如，可以根据评估结果调整档案收集、整理、存储等方面的策略，以满足不同用户的需求。

综上所述，水利工程项目电子档案分析与评估对于提升电子档案管理的质量和效率、优化资源配置、推动档案管理水平的提高以及适应信息化时代的发展需求都具有重要意义。

二、水利工程项目电子档案分析

水利工程项目电子档案分析是指运用数据统计和挖掘方法对电子档案本身及管理业务活动进行分析、评价，以实现预防风险、支持决策的业务活动。电子档案分析是对电子档案统计的扩展和深化，是提升电子档案的有效性和安全性、为决策提供可靠信息支持、发挥电子档案价值的重要管理流程。

（一）水利工程项目电子档案分析的原则

（1）以全面、联系、辩证的观点来观察问题，反对形而上学的分析方法。

（2）以大量、充分的统计资料为依据，切忌主观随意性。

（3）切忌就数字论数字，要从大量的原始数据中分析档案工作的发展水平和变化趋势，研究各项业务之间的相互联系和平衡关系。

（二）水利工程项目电子档案分析的步骤

（1）明确统计分析的目的。应根据具体的工作需要选定需要分析的问题。

选题要有现实意义和针对性，不能脱离实际，例如是为了了解历史背景、评估价值、发展规律还是有其他目的。这将有助于确定分析的重点和方向。

（2）收集与整理统计资料。应根据分析目的，收集相关的资料，并进行整理。要对资料的完整性、可靠度和适用性加以鉴定，对有错误的资料进行重新调查或加以调整。

（3）选用适当的统计分析方法进行具体分析。要根据分析的目的，灵活运用各种分析方法，从内容上、价值上、结构上等进行系统、深入、细致的分析。

（4）编制分析报告。应将分析结果以报告的形式呈现出来，包括分析过程、结论和建议等。报告应简明扼要、重点突出，便于他人理解和使用。

需要注意的是，水利工程档案分析是一个复杂而细致的过程，需要专业的知识和技能。同时，在分析过程中应严格遵守相关法律法规和保密要求。

（三）常用的水利工程档案统计分析方法

档案统计分析是指对档案统计资料进行分析、研究，以认识档案工作的状况和发展规律，并找出解决问题的方法。档案统计分析的方法比较多，一般常用的有对比分析法、动态分析法、指数分析法、分组分析法、综合分析法、对比分析法、因果分析法与相关分析法等。

（四）水利工程档案分析的表现形式

档案分析的结果须用特定的形式明确表现出来。采用何种形式，要根据分析的对象、内容和解决的问题而定。分析结果的表现形式主要有分析报告、文字说明和统计图三种。

1. 分析报告

分析报告是一种常用的、重要的表达分析结果的形式，包括以下几种：

（1）定期分析报告。它主要是对计划执行过程进行检查分析，一般按月、季、年定期检查分析计划执行情况，并写出报告。报告内容包括计划完成程度，计划完成与否及原因，计划执行中存在的问题和发展趋势、有哪些薄弱环节，改进的建议和措施等。

（2）专题分析报告。这是根据某一时期的中心工作，针对某一专门问题，进行深入细致的分析后提出的报告。它的特点是重点突出、内容专一。

（3）综合分析报告。这是对研究对象进行综合分析后所做的报告。它的内容丰富完整，能充分说明档案工作现象的内在联系和发展规律。综合分析报告必须具有准确性、鲜明性、生动性。

2. 文字说明

文字说明是指使用简短的文字表达分析的结果，一般是结合分析报告内容所做的说明，指出数字所反映的问题，揭示隐藏在现象后面的本质，说明规律性，指出亟待解决的问题。

3. 统计图

根据分析结果绘制的图形，用以说明档案工作现象的规模、水平、结构、发展趋势等。统计图能以具体的形象说明档案工作的现象和过程，从而使阅读者直观地获得明确而深刻的印象。常用的统计图有下面几种：

（1）条形图。即以相同宽度的条形框的长短来比较指标数值大小的统计图。

（2）象形图。即以直观、形象的图形来比较指标数值大小的统计图。

（3）动态曲线图。即以曲线的升降来表现统计对象在实践中发展变化情况的统计图。

（4）饼状结构图。即以全圆面积表现统计对象总体，以所分成的扇形面积表现各组成部分所占比例大小的统计图。

三、水利工程项目电子档案评估

水利工程项目电子档案评估是一个全面且系统的过程，旨在确定电子档案的安全性、完整性、合规性以及潜在风险。评估的主要内容包括对水利工程项目电子档案的安全风险、信息价值、保护措施以及管理策略等进行深入分析和评估。在评估过程中，需要注意确保评估的全面性，评估应涵盖电子档案的所有方面，包括内容、格式、存储方式、访问权限等；要强调数据的真实性和完整性，防止数据被篡改或损坏；要遵循国家和行业的相关法规和标准，确保电子档案的安全性和合规性。

综合评估水利工程项目电子档案，可以为电子档案的管理和利用提供有力的支持和保障。这不仅有助于提升水利工程项目电子档案的有效性和安全性，还能为水利工程业务相关部门的决策和运营提供可靠的信息支持。

（一）风险评估

风险评估是水利工程项目电子档案评估的核心环节，涉及对电子档案可能面临的各种风险进行识别、分析和评价。这些风险可能包括水利工程相关数据泄露、篡改、丢失或损坏等。通过风险评估，可以确定电子档案的安全等级，并制定相应的风险应对策略，如加密、备份、访问控制等。

根据《信息与文献　文件过程和文件系统中的风险评估》（ISO/TR

18128：2014），组织机构应建立通用风险标准，并确定风险评估活动的对象和范围，建立风险评估的制度。风险评估应当包括对风险性质和类型的测定、风险概率的表达、风险等级的确定、风险是应该处理还是可以忍受的量度和多风险的组合评估等。

1. 风险识别

风险识别是采用适合于其目标、能力及其所处环境的风险识别工具和技术，通过识别风险源、影响范围、事件及其原因和潜在的后果等要素，生成全面的风险列表。全面表现在不仅要识别可能发生的风险事件，还要考虑其可能的原因和可能导致的后果，包括所有重要的原因和后果。因此风险识别时要掌握最新的信息，必要时，需包括适用的背景信息。风险识别是为了识别那些可能发生或存在的会使文件不能满足组织机构要求的情况。风险识别的过程包括识别可能对组织机构的目标和性质有实质性影响的风险因素，明确风险事件或环境变化的成因与来源。该标准要求对环境（内外部因素）、文件系统以及组织创建和管理文件的过程之中的不确定性领域进行识别。[1]

2. 风险分析

风险分析是根据风险类型、获得的信息和风险评估结果的使用目的，对识别出的风险进行定性和定量的分析，为风险评价和风险应对提供支持。根据风险分析的目的、获得的信息数据和资源，风险分析可以是定性的、半定量的、定量的或以上形式的组合。一般情况下，首先采用定性分析，初步了解风险等级和揭示主要风险，在此基础上适当进行更具体和定量的风险分析。风险分析旨在确定已识别风险的潜在影响，并评估其发生的可能性，具体包括可能性评估与概率分析。其中，对风险发生可能性的研判需基于两方面：一是分析不确定性因素的本质特征，二是依托长期积累的有效数据支撑可靠估算。而概率可以用不同的方式来表达，但通常都与风险等级有关。

3. 风险评价

风险评价是根据风险分析的结果，来协助确定哪些风险需要处理和处理实施的优先级，以便做出风险应对的决策。风险评价要综合考虑用户、组织、信息等多方面的因素，分析潜在影响，根据事件发生概率和影响程度来评定

---

[1] 参见刘磊、安小米：《〈ISO/TR 18128：2014 信息与文献文件过程和文件系统中的风险评估〉及其借鉴》，《北京档案》2014 年第 9 期。

判断应采取何种对策。[1]

（二）信息价值评估

信息价值评估也是水利工程项目电子档案评估的重要部分。它是指根据档案的内容、来源、时间等因素，对电子档案中的信息进行分类和评估，确定哪些信息是关键的、敏感的，以及这些信息的价值和风险等级。这有助于档案管理部门了解自身的信息资产，从而制定更有效的保护措施，为后续的决策提供依据。

（三）保护措施评估

保护措施评估旨在评估现有保护措施的有效性和适用性，如防火墙、入侵检测系统、安全审计等。

（四）管理策略评估

管理策略评估则是对水利工程项目电子档案的管理策略、流程、规范等进行评估，确保其符合法律法规和达到最佳实践效果。

[1] 参见刘磊、安小米：《〈ISO/TR 18128：2014 信息与文献文件过程和文件系统中的风险评估〉及其借鉴》，《北京档案》2014 年第 9 期。

第十一章 电子档案管理的法规、制度与标准

第一节 电子档案管理法规

电子档案的独特性意味着其管理具有特殊性，一般档案管理方法不能完全适应电子档案管理的需求，因而需要相应的法律和标准作为规范电子档案管理的依据。为了确保电子档案的真实、完整、可用与安全，以及电子档案管理的高效与科学，近年来许多国家逐渐将电子档案管理纳入法治领域。由于各国社会制度、科技发展水平、机构设置、社会习惯以及档案管理方式的差异，出台的电子档案管理方面的规定不尽相同，但也有很多共通之处。需要特别说明的是，电子档案是具有保存价值的电子文件，因此，适用于电子文件管理的法律规范对电子档案管理也有参考价值。

我国涉及电子档案管理的法律法规主要包括《中华人民共和国档案法》《中华人民共和国档案法实施条例》《中华人民共和国电子签名法》《中华人民共和国网络安全法》等。

一、《中华人民共和国档案法》

《中华人民共和国档案法》由 1987 年 9 月 5 日第六届全国人民代表大会常务委员会第二十二次会议通过，经过 1996 年和 2016 年的修正及 2020 年的修订，现行的《中华人民共和国档案法》于 2021 年 1 月 1 日正式实施，为相关法律法规、标准规范的修订提出了新要求、带来了新契机。最新版《中华人民共和国档案法》新增“档案信息化建设”方面的内容。前文提到具有保存价值的电子文件可以转化为电子档案，对于“保存价值”这一抽象的定义，在《中华人民共和国档案法》中给出了明确的答案，即“来源可靠、程序规范、

要素合规”，电子档案具有这三个特点，即可与传统载体档案具有同等效力，肯定了电子档案的证据地位和法律效力。《中华人民共和国档案法》对电子档案全生命周期管理提出了总体要求，其中，“保障电子档案、传统载体档案数字化成果等档案数字资源的安全保存和有效利用”是对电子档案资源的保管提出的要求，“应当积极推进电子档案管理信息系统建设，与办公自动化系统、业务系统等相互衔接”是对电子档案管理系统的建设提出的规划，“电子档案应当来源可靠、程序规范、要素合规。电子档案与传统载体档案具有同等效力，可以以电子形式作为凭证使用”肯定了电子档案的证据地位和法律效力，“电子档案应当通过符合安全管理要求的网络或者存储介质向档案馆移交”是对电子档案传输网络和存储介质提出的要求，“档案馆应当对接收的电子档案进行检测，确保电子档案的真实性、完整性、可用性和安全性。档案馆可以对重要电子档案进行异地备份保管”强调了“四性”检测的必要性和异地备份的可行性。

二、《中华人民共和国档案法实施条例》

2023 年 12 月 29 日，《中华人民共和国档案法实施条例》经国务院常务会议审议通过，并于 2024 年 3 月 1 日起正式实施，这是《中华人民共和国档案法》之下最重要的档案行政法规，核心是落实或解决档案、档案管理及制度中操作层面的问题与细节，旨在使《中华人民共和国档案法》的实施有依据。《中华人民共和国档案法实施条例》在细化《中华人民共和国档案法》、修改原《中华人民共和国档案法实施办法》的基础上，坚持守正创新、稳中求进，在继承现行档案方面法律法规核心成果的基础上，适当创新了制度层面和技术层面的内容，为档案信息化建设提供法律基础与制度保障。针对《中华人民共和国档案法》信息化方面的内容，《中华人民共和国档案法实施条例》在第五章“档案信息化建设”中进一步明确了数字档案管理框架，规定了电子档案管理和传统载体档案数字化工作要求，提出了数字档案管理的整体思路，即规范电子档案管理、加快档案数字化工作、开展数字档案馆（室）建设、加强电子档案资源共享利用。关于电子档案管理，《中华人民共和国档案法实施条例》主要强调四方面：一是积极推进电子档案管理信息系统建设，加强办公自动化系统、业务系统归档功能建设，实现办公自动化系统、业务系统与电子档案管理信息系统相互衔接，以此实现对电子档案的全过程管理，以及系统要符合国家相关规定。二是确保电子档案规范管理，提出应采取管理措施和技术手段等保证电子档案来源可靠、程序规范、要素合规。三是保证电子档案保存安全，要求接收电子档案的网络以及系统环境符合相关要求，在后续保存过程中也要保证电子档案的“四性”。四是对重要电子档案进行异地备份保管，应采用磁介质、光介质、缩微胶片等符合安全管理要求的存储介质，定期检测载体的完好程序和数据的可读性；根据实际工作内容需要，建设灾难备份系统，以实现重要电子档案及其管理系统的备份与灾难恢复。有学者提出，《中华人民共和国档案法实施条例》对于电子档案管理提出的这四项要求中，虽然每一要求的实施主体有所侧重，但具体实施时，机关、团体、企业事业单位和其他组织以及档案馆应当统筹兼顾、相互协调。[1]

三、《中华人民共和国电子签名法》

在电子档案管理相关法律法规中，2004 年 8 月 28 日通过、2015 年和 2019 年两次修正的《中华人民共和国电子签名法》被认为是中国首部真正电子商务法意义上的立法，是实现电子文件管理法制化和认可电子文件法律效力最基本的依据和最重要的法律保障。它承认使用电子签名的电子文件具有法律效力，对满足法律法规规定的电子文件的保存要求、对作为证据使用的电子文件的真实性和可靠性审查要求、电子签名应符合的要求、提供电子认证服务需具备的条件等做出了规定。

四、《中华人民共和国网络安全法》

关于信息安全，2016 年 11 月 7 日，第十二届全国人大常委会第二十四次会议通过了《中华人民共和国网络安全法》，对网络运营以及网络信息安全管理做出了法律规范。此外，在《中华人民共和国刑法》《中华人民共和国国家安全法》《中华人民共和国保守国家秘密法》《中华人民共和国标准化法》《中华人民共和国治安管理处罚条例》等法律法规中也有涉及包括电子文件在内的互联网信息安全管理的条款。关于知识产权，在我国，把包括电子文件在内的数字信息作为一种财产来保护的问题已经引起关注，有关知识产权的立法也逐步完善，目前，我国已经出台的有关法律法规有《中华人民共和国著作权法》《中华人民共和国专利法》《中华人民共和国商标法》等。此外，在其他法律法规中，也有涉及电子档案的内容，2017 年 11 月 5 日施行、2024 年修正的《中华人民共和国会计法》第十三条规定：使用电子计算机进

[1] 参见丁德胜：《〈中华人民共和国档案法实施条例〉十大亮点》，《中国档案》2024 年第 3 期。

行会计核算的，其软件及其生成的会计凭证、会计账簿、财务会计报告和其他会计资料，也必须符合国家统一的会计制度的规定。《中华人民共和国刑事诉讼法》《中华人民共和国民事诉讼法》也都将电子证据纳入法定证据种类。

第二节　电子档案管理制度

电子档案管理制度是指国家和各级各类组织为管理电子档案和电子档案工作所制定、批准并实施的，人们在电子档案管理工作中所应遵守的指南、规定、程序、方法等的总称，既对电子档案管理工作提出原则性的要求，也有具体的操作性规定，对于规范电子档案管理工作具有重要作用。

一、综合电子档案管理制度

1992年，第12届国际档案大会在加拿大召开，此次大会成立了专门的电子文件委员会，该组织从事有关电子文件产生和处理的研究，并负责促进经验交流以及起草相关标准和准则。该委员会在第13届国际档案大会召开之前，共发布三篇报告，包括《电子文件规划：1994/1995调查报告》《电子文件：文献评述》和《电子文件管理指南》。其中《电子文件管理指南》提出应允许档案馆在电子文件领域中起干预作用，档案馆管理电子文件应视为管理文件一体化的一个组成部分。此后，许多国家根据本国实际情况，制定了各种形式的电子文件管理制度，并且随着技术的进步和认知的深入，不断进行制度的完善。在此背景下，我国的电子档案管理制度体系也日趋完善。

1996年，我国成立了电子文件归档与电子档案管理研究领导小组，该小组研究编写的《电子文件归档与电子档案管理概论》对电子文件管理提出了一些规范性要求。此后，我国一些地区和单位也制定并发布了电子文件管理规范。2003年7月，国家档案局颁布《电子公文归档管理暂行办法》（国家档案局令第6号），对各地区、各部门通过由国务院办公厅统一配置的电子公文传输系统处理后形成的具有规范格式的公文的归档要求进行了明确规定。2009年，中共中央办公厅、国务院办公厅联合发布了《电子文件管理暂行办法》（厅字〔2009〕39号），首次对电子文件管理的全过程予以规范，为我国电子文件的全程规范化管理提供了重要的依据。2009年12月，我国建立了国家电子文件管理部际联席会议制度，“联席会议”由中共中央办公厅牵头，国务院办公厅、国家发展和改革委员会、工业和信息化部、财政部、国有资产监督管理委员会、国家档案局、国家保密局、国家密码管理局、国家标准化管理委员会等相关单位为成员单位，负责组织协调全国电子文件管理工作。2012 年，经过国家电子文件管理部际联席会议第二次会议和国家档案局局务会议审议通过，国家档案局印发了《电子档案移交与接收办法》（档发〔2012〕7 号），首次启用“电子档案”的概念，对电子档案移交与接收工作中涉及的单位职责、移交范围、移交时间、移交的基本要求、移交与接收的方式、移交与接收的流程、接收及其保存管理的基本要求等进行了明确规定。2013 年，联席会议办公室牵头研制了由 3 个层次、8 个维度组成的电子文件管理制度体系框架，即宏观层（包括电子文件属性、管理权利义务和组织责任 3 个维度）、中观层（主要规范管理系统 1 个维度）和微观层（包括机构类型、文件类别、管理流程、安全要求 4 个维度），明确了我国电子文件管理制度体系的结构和基本内容。2019 年，《国家档案局关于修改〈电子公文归档管理暂行办法〉的决定》（国家档案局令第 14 号，2018 年发布）经审议通过，提出电子公文可以仅以电子形式归档，肯定了电子文件单套归档、保存和利用这种形式，提出电子公文形成单位应在电子公文归档时按照国家有关要求对其真实性、完整性、可用性和安全性进行检查。

此外，我国各地区、各行业电子文件管理的制度性文件陆续出台，主要涉及管理程序、方法、技术以及电子证据等方面，内容一般比较具体、详细，具有可操作性，这些文件对于提高电子文件管理规范化程度十分重要，如国资委发布的《关于推进中央企业电子文件管理工作的指导意见》（国资发〔2013〕219 号），北京、福建、广东、海南、江苏等省（市）制定的本地区电子文件管理办法或实施细则，部分部委和央企建立的电子文件管理制度等。2010 年以来，国家档案局发布了一批电子文件归档与档案管理的制度性文件，如《数字档案馆建设指南》（档办〔2010〕116 号）、《电子档案移交与接收办法》（档发〔2012〕7 号）、《数字档案馆系统测试办法》（档办发〔2014〕6 号）、《企业电子文件归档和电子档案管理指南》（档办发〔2015〕4 号）、《建设项目电子文件归档和电子档案管理暂行办法》（档发〔2016〕11 号）等。档案学者基于“十五”至“十四五”的“全国档案事业发展规划”研究了近二十年中国档案事业发展重点变迁情况，从“十二五”时期开始，“电子文件”成为高频词，《“十四五”全国档案事业发展规划》中，“电子档案”“档案信息化”等是高频词，由此可见，“档案信息化”

一直是我国档案事业重点。[1]2021 年中共中央办公厅、国务院办公厅印发的《“十四五”全国档案事业发展规划》中提到“十三五”时期，我国档案信息化建设加快发展，建成一批高水平的数字档案馆（室），电子文件归档和电子档案管理工作取得重要成果，电子会计档案单套制管理取得良好效果；并进一步提出要完善档案信息化发展保障机制，加强电子文件归档和电子档案移交接收，重点推动电子文件归档和电子档案管理实现突破，加速数字档案馆（室）建设，加大档案资源共享力度，推进共享平台一体化建设，实施档案信息化强基工程。

二、水利工程电子档案管理制度

为进一步加强水利工程档案管理工作，规范水利工程电子文件归档和电子档案管理，使电子档案管理工作更好地服务国家水利项目的建设、运营和管理，水利系统相关制度也在不断完善。2020 年 9 月，水利部和国家档案局联合印发了《水利档案工作规定》（水办〔2020〕195 号），该规定在“档案信息化建设”章节，提出电子档案应当来源可靠、程序规范、要素合规，应采用多种方式对电子档案进行备份并采取有效措施确保档案信息安全，强调推进电子档案管理系统建设，电子档案管理系统要满足电子档案真实性、可靠性、完整性、可用性管理要求，并与单位办公系统、业务系统等相互衔接。2021 年 6 月，水利部根据《中华人民共和国档案法》《水利档案工作规定》（水办〔2020〕195 号）及有关业务建设规范，结合水利工程的特点，发布了《水利工程建设项目档案管理规定》（水办〔2021〕200 号），要求项目法人应按照国家有关规定及《电子文件归档与电子档案管理规范》（GB/T 18894—2016）等标准规范开展电子文件归档与电子档案管理工作，包括完善管理制度、配备软硬件设施、建立电子档案管理系统等。2023 年 4 月，水利部和国家档案局联合印发《水利工程建设项目档案验收办法》（水办〔2023〕132 号），提出水利工程建设项目验收时需检查档案信息化管理情况，强调重点检查档案数字化成果的情况，将电子文件归档和电子档案管理情况纳入评分选项，关注电子档案管理系统的功能以及电子档案的“四性”要求。该文件提出的系列要求为后续电子档案的长期管理保存奠定了基础。

[1] 参见连志英、陈怡、王锦文等：《近二十年中国档案事业发展注意力变迁研究——基于“十五”至“十四五”全国档案事业发展规划文本的分析》，《档案学研究》2024 年第 2 期。

三、落实制度要求，推动电子档案规范管理

水利部门为贯彻《“十四五”全国档案事业发展规划》，及时跟上信息化发展和数字化改革的步伐，落实电子档案管理制度要求，进一步加强了对电子文件归档、电子档案管理、档案信息系统安全保护中重点难点问题的研究，取得了一系列理论和实践成果，档案信息化建设成效显著。

2017 年，峡江水利枢纽工程顺利通过江西省档案专项验收。[1] 峡江水利枢纽工程建立了可自定义功能模块，具有模拟库房、自动生成档案分类目录等特色功能的档案信息化管理系统，实现了工程档案信息化管理。系统可完成大规模的数据录入和管理工作，提高了档案的立卷效率和利用效率。对全部纸质档案进行了数字化加工，且利用 OCR 技术，使扫描后的档案成为了可以进行检索以及复制的双层 PDF 文件。在档案工作开展中，需查阅档案时便无需查阅原始的纸质档案，而是可以完全通过系统查阅档案，也可进行档案下载或复制所需的档案内容，在高效查阅档案的同时，实现了对原始档案的保护。

2021 年 7 月，湖州市水利局办公自动化系统及水利业务系统电子文件单套归档管理试点工作顺利通过国家档案局、国务院办公厅电子政务办公室、国家电子文件管理部际联席会议办公室的联合验收。[2] 在试点工作过程中，湖州市水利局与湖州市档案局，在全国示范数字档案馆的基础上迭代升级，构建了水利工程电子文件接收、归档、移交、利用各环节贯通的全流程归档模式，同时研发了全市电子文件统一管理平台，实现电子文件“统一入口”，并按照归档要求接收各类水利工程电子文件，包含政务服务事项、电子公文、业务电子文件等。此外，为确保电子文件安全可信，湖州市水利局探索应用“保真＋区块链”技术，通过对电子文件原始信息保真存证和对电子文件流程信息上链，实现电子文件双重安全保障。在电子文件归档管理中运用“电子签章”，有效助力了无纸化办公、单套归档。在试点工作过程中，湖州市档案局还联合湖州市水利局制定了《湖州市水利局办公自动化系统电子公文归档和电子档案管理办法》《湖州市水利局业务系统电子文件归档和电子档

[1] 参见江西省档案局：《峡江水利枢纽工程顺利通过档案专项验收》，2017 年 10 月 23 日，https://www.jxdag.gov.cn/id_2c9081985efeb2a6015f4873d187087f/news.shtml。

[2] 参见顾杰菲：《浙江湖州：电子文件单套归档试点工作交出高分答卷》，《中国档案报》2021 年 7 月 19 日。

案管理办法》等15个与水利工程电子文件的单套归档相适应的标准规范文件；建立了档案异地协查机制，开通了档案协查直通车，实现了与湖州市档案馆、其他机关单位跨区域、跨部门档案协查，真正将试点实践上升为理论成果和便民举措。

2022年，水利部海河水利委员会（简称“海委”）按照数字孪生海河建设要求和“需求牵引、应用至上、数字赋能、提升能力”的原则，搭建了一套服务器、数据库、中间件等基础设施设备均自主可控的档案信息化管理平台。[1]该平台采用云架构部署、大数据管理模式，支持工作流引擎和多全宗多级权限管理，融合“卷、件结合”管理思路，遵循“全宗、树形结构并行”管理框架，能够充分满足海委系统档案业务管理需求。平台在采用多层级加密措施来充分保障电子档案安全的前提下，能够实现各类档案的全要素分级管理，便捷开展各项业务环节信息化管理。同时，平台秉承档案信息资源互联互通建设思路，采用“1+N+N+N”多层级部署和管理的技术路线，按照严格的权限划控，实现了各使用单位对各自电子档案自上而下、分级负责、题录共享、数据独立、安全可控的档案全生命周期管理目标。

2023年12月，金沙江白鹤滩水电站建设项目电子文件归档和电子档案管理试点通过国家档案局专家验收组验收。[2]在试点工作开展过程中，金沙江白鹤滩水电站建设项目成立了领导小组，建立了涵盖建设单位和参建单位的工作组，编制了详细的实施方案，制定了较为完善的管理制度和业务规范；采用电子签名、人像拍照、人员定位、时间戳等技术，在白鹤滩水电站施工管理系统中实现了质量验评文件签证特定人员、指定地点、规定时间“三位一体”管理，实现了单元工程现场完工、计量结算、验收评定、文件归档“四同时”管理；综合运用元数据采集、“四性”检测、电子文件封装等技术，有效保障电子档案符合“来源可靠、程序规范、要素合规”的要求，实现了电子档案“单套制”管理，有效助力工程管理效率和水平提升。

---

[1] 参见海河水利委员会：《强化平台功能 突出多级应用 海委系统档案信息化管理平台初步建成》，2022年2月17日，http://www.hwcc.gov.cn/wwgj/haiweiyw/202202/t20220217_99325.html。

[2] 参见中华人民共和国国家档案局：《金沙江白鹤滩水电站通过建设项目电子文件归档和电子档案管理试点验收》，2023年12月22日，https://www.saac.gov.cn/daj/jsxm/202312/4cdbaf1f14c44143b9691ee285d3cca7.shtml。

第三节　电子档案管理标准

电子档案管理标准是按照规定的工作程序制定的、经公认的权威机构批准的电子档案制发和管理的规则、方法、技术要求等方面的规定，是电子档案管理人员应该遵守的业务技术规范。[1] 电子档案具有许多与纸质文件不同的特点，文件本身的形式、特征及其管理方式均随着信息技术的发展而发展，传统文件管理标准无法适应现实工作的要求，需要制定和推行一系列专门的标准，进而形成完善的电子档案标准体系。法律法规具有强制性，制度具有权威性，标准则大多属于推荐性的，并具有较强的操作性。

一、国家标准

为加强我国电子文件归档与电子档案管理，国家档案局适时组织专门工作组对国际电子文件管理实践与研究成果，以及我国电子文件的形成、归档和管理实际需求进行深入调研和研究，同时着手相关标准的立项和编制工作，最终于 2002 年发布了《电子文件归档与管理规范》（GB/T 18894—2002）。该标准代表了那个时期我国电子文件归档与电子档案管理理论研究和应用实践的先进水平，其最大贡献是将理论与实践相结合，明确了电子文件归档与电子档案管理的主要内容和基本要求，推动各级各类档案部门将该项工作提上议事日程并逐步实施，对我国电子文件归档与电子档案管理具有重要意义。此后，我国档案界对电子文件归档与电子档案管理进行了更加深入的研究、实践，逐渐形成了一大批高质量的标准规范，如《中国档案机读目录格式》（GB/T 20163—2006）、《信息与文献　文件管理过程　文件元数据　第 1 部分：原则》（GB/T 26163.1—2010）、《信息与文献　电子办公环境中文件管理原则与功能要求　第 3 部分：业务系统中文件管理指南与功能要求》（GB/T 34840.3—2017）、《信息与文献　电子办公环境中文件管理原则与功能要求　第 2 部分：数字文件管理系统指南与功能要求》（GB/T 34840.2—2017）、《信息与文献　电子办公环境中文件管理原则与功能要求　第 1 部分：概述和原则》（GB/T 34840.1—2017）、《党政机关电子公文归档规范》（GB/T 39362—2020）、《电子档案管理系统通用功能要求》

[1]　参见冯惠玲、刘越男：《电子文件管理教程》，中国人民大学出版社 2017 年版，第 85 页。

（GB/T 39784—2021）等。

《电子文件归档与管理规范》（GB/T 18894—2002）实施七年后，为适应电子政务对电子文件、电子档案管理提出的新要求，解决电子文件归档与电子档案管理工作中遇到的新问题，经国家标准化管理委员会批准，国家档案局于2010年开始组织GB/T 18894—2002的修订工作，并于2016年正式发布《电子文件归档与电子档案管理规范》（GB/T 18894—2016），下面针对此国家标准进行详细介绍。

《电子文件归档与电子档案管理规范》（GB/T 18894—2016）共分为十章，其中包括范围、规范性引用文件、术语和定义、总则、业务系统与电子档案管理系统、电子文件归档范围、电子文件的收集与整理、电子文件归档与电子档案编目、电子档案的管理、电子档案的处置等。

第一章“范围”，指本标准的适用范围。即“本标准规定了在公务活动中产生的，具有保存价值的电子文件的收集、整理、归档与电子档案的编目、管理与处置的一般方法。本标准适用于机关、团体、企事业单位和其他组织在处理公务过程中产生的电子文件归档与电子档案管理，其他活动中产生的电子文件归档与电子档案管理可参照执行”。这一章从公务活动角度对适用的电子文件进行了限定，仅各类组织机构处理公务时形成的电子文件才适用于本标准，公务活动是组织机构工作人员在职务许可范围内履行职责并处理某项公务的一个或系列事务的行为总和。此外，标准根据《组织机构类型》（GB/T 20091—2006）将组织机构分为五类，其中，仅能够依法履行职责、处理公务的组织机构才适用于本标准。标准明确了电子文件归档与电子档案管理活动及一般要求、实施方法，主要包括电子文件的收集、整理、归档和电子档案的编目、存储、备份、利用、统计和处置等。

第二章“规范性引用文件”指出本标准引用的其他标准，用于指导、明确相应事项应遵循的规范，而无需自行提出相关要求。标准明确规定“凡是注日期的引用文件，仅注日期的版本适用于本文件。凡是不注日期的引用文件，其最新版本（包括所有的修改单）适用于本文件”。

第三章“术语和定义”定义或引用了已经标准化的16个术语，覆盖了标准所涉及的重要概念，包括电子文件、电子档案、元数据、组件、真实性、可靠性、完整性、可用性、业务系统 、电子档案管理系统、采集、归档、移交、登记、转换、迁移等。

第四章“总则”共包括六条，提出电子文件归档与电子档案管理应遵循的原则和基本要求，以便为该项工作提供组织保障、制度保障、人才保障、技术保障和安全保障。一是“电子文件归档与电子档案管理应遵循纳入单位信息化建设规划、技术与管理并重、便于利用和安全可靠的原则”。“纳入单位信息化建设规划”原则强调电子文件的形成、整理、归档以及电子档案管理必须基于网络基础设施和应用系统来完成，网络基础设施和应用系统是各单位信息化建设的重要组成部分，二者密切关联、融为一体。“技术与管理并重”原则强调要在提供足够的信息技术支撑的同时强化管理，制定并贯彻相应的管理制度，明确职责分工等。“便于利用”原则强调在保障安全的基础上，要充分发挥电子档案可共享、可多途径检索、可多用户并发利用等显著优势，为各类用户提供方便、快捷的电子档案利用服务。“安全可靠”原则强调在电子文件归档与电子档案管理的全过程中，要确保电子文件、电子档案及其元数据的安全以及内容信息的保密。二是“应对电子文件、电子档案实施全程和集中管理，确保电子档案的真实性、可靠性、完整性与可用性”。“全程管理”强调要兼顾所有管理活动和管理要素，建立电子文件和电子档案管理体系，包括管理体制、管理目标、管理制度和技术手段与方法等。“集中管理”即按照电子档案管理要求实行统一管理，防止应归未归的电子文件散存于个人电脑，从而脱离全程管理体系的管控，无法对其实施规范的、档案视角的专业管理。三是“应建立严格的管理制度，明确相关部门电子文件归档和电子档案管理的职责与分工”。与纸质等传统载体文件材料归档管理相比较，电子文件归档与电子档案管理全程都需要信息技术和一系列标准规范的支撑，难度更高、专业性更强、工作任务更加繁重，仅靠档案部门难以完成。因此，建立严格的管理制度和协同工作机制，增强单位全员档案意识，是有效推进电子文件归档与电子档案管理的重要保障。电子文件归档与电子档案管理主要涉及档案部门、电子文件形成或办理部门、信息化部门等。四是“应明确各门类电子文件及其元数据的归档范围、时间、程序、接口和格式等要求”。各级各类档案部门要结合实际，通过制定地方性标准、本单位管理制度等措施，确定各门类电子文件及其元数据的归档范围、分类方案与保管期限表，明确归档的时间、程序以及计算机文件格式等内容。五是“应执行规范的工作程序，采取必要的技术手段，对电子文件归档和电子档案管理全过程实行监控”。对电子文件归档和电子档案管理全过程实行监控是电子文件和电子档案全程管理最基本的工作内容和要求。六是“应基于安全的网络和离线存储介质实施电子文件归档和电子档案管理”。其所表述的是最基本的安全管控要求。在安全的网络环境中才有条件开展业务系统、电子档案管理系统的部署、应用和安全管控工作，才能有效、稳妥地实施电子文件归档与电子档案管理活动。

第五章“业务系统与电子档案管理系统”共包括四部分。一是业务系统电子文件归档功能。本部分专门明确业务系统电子文件归档功能的基本要求，为业务系统电子文件归档与电子档案管理工作的顺利推进提供指引。标准指出，业务系统电子文件归档功能主要包括电子文件及其元数据的形成、收集、整理、归档等四方面功能。二是电子档案管理系统基本功能。建设和应用电子档案管理系统，是开展电子文件归档与电子档案管理的必要条件，是保证电子档案真实、可靠、完整、可用和安全的重要保障。本部分主要基于《电子文件管理系统通用功能要求》（GB/T 29194—2012）等标准化成果，结合我国实际情况，简要说明了电子档案管理系统应用软件功能的总体要求。三是档案信息化基础设施。电子文件归档与电子档案管理是组织机构一项长期的基础性工作，也是档案数字资源建设和数字档案室建设的重要组成部分。为统筹兼顾这些工作对信息化基础设施建设提出的要求，标准使用“档案信息化基础设施”这个上位概念加以表述，并基于档案信息化建设基本需求提出各项要求。四是电子档案管理系统安全管理。电子档案管理系统的安全管理是一项复杂且责任重大的工作，包括管理与技术两个方面，涉及档案、信息化、保密领域和各个相关业务部门，需要长期坚持、推进。标准从电子档案管理系统应参照的有关指南、建立安全管理制度、专用网络以及存储介质、制定应急处置预案等方面提出要求。

第六章“电子文件归档范围”就电子文件及其元数据的归档范围做出规定，对于不同类别电子文件，标准指明其应参照的规定，以引起重视、方便操作。

标准从第七章开始，各个章节的内容分别明确了电子文件归档与电子档案管理各项基础业务的基本要求。

第七章、第八章分别明确“电子文件的收集与整理”“电子文件归档与电子档案编目”的要求。根据全程管理原则和文书处理部门立卷制度等要求，在电子文件形成、收集和整理过程中形成的一系列管理成果，包括保管期限鉴定和整理、计算机文件格式、计算机文件名以及相关元数据赋值等成果，都将通过归档程序进入到电子档案管理阶段，归档后无需重新为电子文件组件命名，也无需为计算机文件名、保管期限、机构或问题等元数据赋值，维护了管理过程中电子文件及其元数据的可靠和稳定的关联关系，为虚拟化环境中自电子文件形成到电子档案移交全程均处于受控状态提供了重要保障

第九章“电子档案的管理”主要对电子档案的存储、备份、利用、统计

和元数据维护等管理活动提出要求。电子档案的存储是保存活动的一种，电子档案备份属于安全防护的范畴，电子档案的利用、统计与纸质等传统载体档案的利用、统计没有本质差别，而元数据维护则贯穿于所有管理活动之中。本章共分为五部分。一是电子档案的存储。电子档案的存储活动是档案管理部门选择适配存储系统，将存储系统与管理系统相连，按照一定规则将电子档案及其元数据等写入存储系统，并定期检测、校验存储系统及其记录媒介完好性的过程。据此，本部分从存储系统配置、电子档案存储规则和存储安全等三个方面，对电子档案存储提出最基本的要求。二是电子档案的备份。电子档案备份是电子档案安全防护不可缺少的重要内容，也是一项较为专业的工作，必须按规范要求持续开展，直到电子档案移交到国家综合档案馆或保存到期、需要销毁之时。标准强调，电子档案的备份应“结合单位电子档案管理和信息化建设实际，在确保电子档案的真实、完整、可用和安全基础上，统筹制定电子档案备份方案和策略，实施电子档案及其元数据、电子档案管理系统及其配置数据、日志数据等备份管理”，并对电子档案近线备份与离线备份等要求进行明确。三是电子档案的利用。《电子档案管理基本术语》（DA/T 58—2014）对利用的定义是“查找、使用或检索电子档案的权利、机会和方法”。它除了明确电子档案利用是一种方法外，还强调是组织机构和个人的权利、机会。本部分提出：电子档案的提供利用应严格遵守国家相关保密规定；应根据工作岗位、职责等要求在电子档案管理系统为利用者设置相应的电子档案利用权限；利用者应在权限允许范围内检索、浏览、复制、下载电子档案、电子档案组件及其元数据；电子档案及其元数据的离线存储介质不得外借，其使用应在档案部门的监控范围内；对电子档案采用在线方式提供利用时，应遵守国家有关信息安全的相关规定，从技术和管理两方面采取严格的管理措施。四是电子档案的统计。档案统计是一项专业性较强的工作，通过对收集、汇聚的各种数据进行整理、分析后形成的统计成果，可以揭示档案工作现状、发展情况和存在的问题等，对提升档案管理的科学性有着重要作用。本部分重点给出了明确的统计指标要求，如应按照档案统计年报要求及本单位实际需要对各门类电子档案情况进行统计等。五是电子档案元数据的维护。应对电子档案元数据进行维护、管理，支持管理过程元数据的持续更新，防止元数据丢失、损毁、被恶意篡改，从而为电子档案真实性、可靠性、完整性和可用性提供保障。在电子档案室藏阶段，元数据维护要与电子档案管理活动同时进行，要通过可靠存储、备份等措施保证已经形成的电子档案元数据的可用和安全，在电子档案管理过程中需采集、保存新生成的管理过程元数据和结构元数据。

第十章“电子档案的处置”。与传统载体档案管理一样，处置是重要的电子档案管理活动。根据《电子档案管理基本术语》(DA/T 58—2014)的定义，处置是对室藏到期电子档案进行鉴定，并根据鉴定意见实施电子档案留存、移交或销毁等管理活动，鉴定是开展处置活动的前提和基础。转换和迁移是电子档案特有的管理活动，实施转换或迁移的目的是继续留存电子档案，并同时保证其真实性、可靠性、完整性和可用性，因此，转换和迁移也可以视为电子档案处置活动，另外，标准将解密活动也纳入电子档案处置活动之中。本章共包括三条内容，通过第一条“电子档案的鉴定与审查”、第二条“电子档案的转换与迁移”、第三条“电子档案的移交与销毁”对电子档案处置的流程提出明确要求。

二、行业标准

我国电子档案管理行业标准的制订工作始于2002年，最先发布的是《兵器工业CAD电子档案的建档要求》（WJ 2577—2002），2008年之后行业标准数量呈明显增长态势。总体来看，我国对于电子档案管理行业标准的重视程度逐步加深，电子档案管理行业标准体系渐趋完善。

我国电子档案管理行业标准可分为档案行业标准与其他行业标准。有学者认为在我国电子档案管理相关的档案行业标准中，以对象类、过程类和应用领域类为主。[1]基于此，对象类的标准主要涉及电子档案元数据管理，如《文书类电子文件元数据方案》(DA/T 46—2009)、《照片类电子档案元数据方案》（DA/T 54—2014）、《录音录像类电子档案元数据方案》（DA/T 63—2017）对3种类型的电子档案元数据实体及其元数据构成做出规定，并涉及电子文件形成、归档和电子档案移交、接收、保存、利用、销毁等全程管理；《基于XML的电子文件封装规范》（DA/T 48—2009）对文本文件和静态图像文件的文件级封装格式与要求进行了规定，对于档案部门维护电子文件元数据与内容数据之间的可靠联系具有重要指导意义。过程类的标准主要涉及缩微胶片、纸质档案、录音录像、实物类档案等的数字化，如《纸质档案数字化规范》（DA/T 31—2017）对纸质档案数字化前处理、建立目录数据库、档案扫描、图像处理、数据挂接、数据库成果验收与移交等环节进行了明确，

[1] 参见徐拥军、王兴广、郭若涵：《我国电子档案管理标准建设现状与推进策略》，《图书情报工作》2022年第13期。

《产品数据管理（PDM）系统电子文件归档与电子档案管理规范》（DA/T 88—2021）对实物档案数字化的组织与管理进行了规定，确定了实物档案数字化前处理、数字化采集、影像处理工作与实物档案验收、移交和入库等要求；其他标准涉及电子档案长期保存格式、电子档案数据存储载体等，如《版式电子文件长期保存格式需求》（DA/T 47—2009）、《档案数据硬磁盘离线存储管理规范》（DA/T 75—2019）、《档案数据存储用LTO磁带应用规范》（DA/T 83—2019）等。应用领域类的标准主要涉及产品数据管理（PDM）系统电子文件归档和电子档案管理规范、公务电子邮件归档管理规范，如《产品数据管理（PDM）系统电子文件归档与电子档案管理规范》（DA/T 88—2021）、《公务电子邮件归档管理规则》（DA/T 32—2021）等。除此之外，基础类标准亦是我国电子档案管理行业标准的重要组成部分，如《电子档案管理基本术语》（DA/T 58—2014）对电子档案的一般概念、收集与整理、鉴定与处置、保存与利用、安全等术语进行了科学界定。

在与电子档案管理相关的其他行业标准中，以系统类和应用领域类为主。前者包括国家密码局对电子文件密码算法、操作、服务接口制定的规范，对于电子档案管理信息系统建设具有一定指导意义，如《电子文件密码应用技术规范》（GM / T 0055—2018）、《电子文件密码应用指南》（GM / T 0071—2019）；后者主要涉及建设、航空工业、核电、公证等专业领域的电子档案管理规范，如《建设电子文件与电子档案管理规范》（CJJ/T 117—2017）、《核电电子文件元数据》（EJ/T 1224—2008）、《航空工业电子公文文档一体化管理要求》（HB 7836—2008）、《核电电子文件元数据》（NB/T 20418—2017）、《公证档案数字化规范》（SF/T 0037—2019）等。

三、地方标准

除国家标准和行业标准外，我国现行电子档案管理标准还包括地方标准、企业标准。其中，地方标准主要涉及北京、天津、江苏、湖北、山东等地，所涉内容包括数字档案馆（室）建设、档案数字化规范、政务服务电子档案归档与移交、电子档案元数据管理规范等，如《档案数字化规范　第4部分：照片档案数字化加工》（DB11/T 765.4—2010）、《文书档案目录数据采集规范》（DB37/T 536—2019）等；企业标准主要聚焦于电子文件的存储与归档、电子档案管理与服务、信息系统建设等方面，重点对电子政务、电子商务等领域的专门档案管理加以规范，如《国家电网电子文件管理系统集成实施规范》《中国石化电子文件管理流程规范》等。

水利工程电子档案管理无专门标准，但在其他相关标准中多有体现，如《水土保持信息管理技术规程》（SL/T 341—2021）“信息安全与维护”中强调应建立完善的信息备份及恢复机制、信息档案可有纸介质形式和电子形式两种、档案的管理和维护按照相关文件执行等。2023 年 5 月，山东省地方标准《水利工程建设项目档案管理规范》（DB37/T 4574—2023）发布，它并不是单独针对电子档案管理的标准，但内容包含项目电子文件归档与电子档案管理。

《水利工程建设项目档案管理规范》（DB37/T 4574—2023）对项目电子文件（digital project record）的定义为：“在水利工程项目建设过程中通过数字设备及环境生成，以数码形式存储于磁带、磁盘、光盘等载体，依赖计算机等数字设备阅读、处理、记录和反映项目建设和管理各项活动的文件。”项目电子文件包括文本电子文件、图像电子文件、图形电子文件、视频电子文件、音频电子文件等。项目电子档案是“具有参考和利用价值并作为档案保存的建设项目电子文件及相应的支持软件、参数和其他相关数据”。

《水利工程建设项目档案管理规范》（DB37/T 4574—2023）第九部分为“项目电子文件与电子档案管理”，包括一般要求、电子文件过程管理、电子文件归档、项目档案数字化、项目电子档案管理、档案信息化系统、档案信息安全等内容。对于项目电子档案管理，《水利工程建设项目档案管理规范》（DB37/T 4574—2023）强调：建设单位应根据相应的要求，结合项目的实际情况，确定项目电子文件归档范围和保管期限，确定项目电子档案分类体系。项目电子档案的保管、有效性保证、鉴定和利用应符合《电子文件归档与电子档案管理规范》（GB/T 18894—2016）的规定。项目电子档案的保存应采用备份制度，将重要的电子档案进行异地异质备份。在计算机软、硬件系统更新前或数据格式淘汰前，档案管理机构应将项目电子档案迁移到新的系统或进行格式转换，保证其真实、完整和在新环境中完全兼容。项目电子档案载体（磁性载体、光盘载体等）应按要求进行管理和存放。接入内部网的项目档案信息管理系统，应配备防火墙、入侵检测设备等相应技术设备，建立操作日志，通过身份认证、访问控制、信息加密、信息完整性校验、入侵检测等技术手段和管理方法确保档案数据得到有效保护，防止因偶然或恶意的原因使网络数据遭到破坏、更改、泄露，杜绝网络系统上的信息丢失、篡改、失泄密和系统破坏等事故发生。

附　录

水利工程建设项目文件归档范围和档案保管期限表如附表 1 所示，其中所列内容为项目文件归档范围，不作为项目档案分类方案。

附 表 1　水利工程建设项目文件归档范围和档案保管期限表[1]

序号	归档文件范围	保管期限	归档单位
一、前期工作			
1	项目策划、筹备文件	永久	项目法人
2	项目建议书及审批相关文件	永久	项目法人
3	项目评估、论证、咨询文件	永久	项目法人
4	项目审批、核准及补充文件	永久	项目法人
5	各阶段环境影响、水土保持、水资源、地震安全、文物保护、地质灾害、林地、消防等专项评估报告及批复文件	永久	项目法人
6	压覆矿产资源、劳动安全与工业卫生、职业健康、防洪等专项评价文件	永久	项目法人
7	停建令、社会稳定风险评估报告及批复文件	永久	项目法人
8	取水（砂）、林木采伐及电网接入许可文件	永久	项目法人
9	可行性研究报告及设计图纸、可研阶段审批所需各类专题报告及图件、各类报批文件、技术审查意见	永久	项目法人 设计单位

[1]　参见水利部：《水利部关于印发水利工程建设项目档案管理规定的通知》（水办〔2021〕200 号），2021 年 6 月 25 日，https://www.dajs.gov.cn/art/2021/8/17/art_53_9020.html。

续表

序号	归档文件范围	保管期限	归档单位
10	地形、地貌、控制点、建筑物、构筑物及重要设备安装测量定位、观测监测记录	永久	项目法人 设计单位
11	气象、地震等其他设计基础资料	永久	项目法人 设计单位
12	规划报告书、补充报告及审批文件	永久	项目法人 设计单位
13	方案论证、设计及审批文件	永久	项目法人 设计单位
14	招标文件及主管部门审核意见	永久	项目法人 设计单位
15	初步设计报告及设计图纸、初设阶段审批所需各类专题报告及图件、各类报批文件、技术审查意见、概算核定意见及审批文件	永久	项目法人 设计单位
16	供图计划、施工图纸及各类技术文件、技术报告及审批文件	永久	项目法人 设计单位
二、征地补偿与移民安置			
1	建设用地预审材料及审查意见	永久	项目法人
2	建设用地组卷报批材料及审批文件	永久	项目法人
3	征迁协议、土地移交、临时用地复垦及返还等资料	永久	项目法人
4	建设用地规划许可证、国有土地使用证、林权证、不动产权证等	永久	项目法人
5	实物调查成果、勘测定界成果图	永久	项目法人
6	建设前原始地貌、征地拆迁、移民安置的音像资料	永久	项目法人
7	企事业单位资产评估资料	永久	项目法人

续表

序号	归档文件范围	保管期限	归档单位
8	移民安置规划及审批文件	永久	项目法人
9	移民安置协议、移民安置年度计划	永久	项目法人
10	移民安置监督评估合同、报告	永久	项目法人
11	移民村、城（集）镇拆迁实施相关资料	永久	项目法人
12	征地补偿与移民安置项目建设的招投标、合同、安置实施、验收等文件	永久	项目法人
13	征地补偿与移民安置资金合同、决算、审计、稽查等管理文件	永久	项目法人
14	征地补偿与移民安置各阶段验收文件	永久	项目法人
三、建设实施			
（一）工程建设管理文件			
1	项目建设管理组织机构成立、调整文件	永久	项目法人
2	项目管理人员任免文件	永久	项目法人
3	项目管理的各项管理制度、业务规范、工作程序，质保体系文件	30 年	项目法人
4	项目施工前涉及水通、电通、道路通和场地平整的文件	永久	项目法人
5	开工报告文件	永久	项目法人
6	有关工程建设计划、实施计划和调整计划	永久	项目法人
7	工程建设年度工作总结	30 年	项目法人
8	工程管理相关会议文件	永久	项目法人
9	工程建设管理大事记	永久	项目法人
10	重大设计变更申请、审核及批复文件	永久	项目法人

续表

序号	归档文件范围	保管期限	归档单位
11	关键技术设计、试验文件	永久	项目法人
12	工程预算、差价管理、合同价结算等文件	永久	项目法人
13	索赔与反索赔文件	永久	项目法人
14	投资、质量、进度、安全、环保等计划、实施和调整、总结	30 年	项目法人
15	通知、通报等日常管理性文件，一般性来往函件	30 年	项目法人
16	质量、安全、环保、文明施工等专项检查考核、监督、履约评价文件	30 年	项目法人
17	第三方检测文件（资质及检测报告等）	永久	项目法人
18	有关质量及安全生产事故处理文件	永久	项目法人
19	重要领导视察、重要活动及宣传报道文件	永久	项目法人
20	监管部门制发的重要工作依据性文件，涉及法律事务文件	永久	项目法人
21	组织法律法规、标准规范、制度程序宣贯培训文件，信息化工作文件	10 年	项目法人
22	出国考察报告及外国技术人员提供的有关文件	永久	项目法人
23	工程建设不同阶段产生的有关工程启用、移交的各种文件	30 年	项目法人
24	获得奖项、荣誉、先进人物等文件	永久	项目法人
25	工程原始地形、地貌，开工仪式、重要会议、重要领导视察，质量及安全生产事故处理，专项检查、质量监督活动，新技术、新工艺、新材料等应用，竣工后新貌等建设管理音像文件	永久	项目法人

续表

序号	归档文件范围	保管期限	归档单位
（二）招标投标、合同协议文件			
1	招标计划及审批文件，招标公告、招标书、招标修改文件、答疑文件、招标委托合同、资格预审文件	30 年	项目法人
2	中标的投标书、澄清、修正补充文件	永久	项目法人
3	未中标的投标文件（或作资料保存）	项目审计完成	项目法人
4	开标记录、评标人员签字表、评标纪律、评标办法、评标细则、打分表、汇总表、评审意见	30 年	项目法人
5	评标报告、定标文件，中标通知书	永久	项目法人
6	市场调研、技术经济论证采购活动记录、谈判文件、询价通知书、响应文件	30 年	项目法人
7	供应商的推荐、评审、确定文件，政府采购、竞争性谈判、单一来源采购协商记录、质疑答复文件	30 年	项目法人
8	合同准备及谈判、审批文件，合同书、协议书，合同执行、合同变更、合同索赔、合同了结文件、合同台账文件	永久	项目法人
（三）施工文件			
1	施工项目部组建、印章启用、人员任命文件	永久	施工单位
2	进场人员资质报审文件	永久	施工单位
3	施工设备、仪器进场报审及设备仪器校验、率定文件	永久	施工单位
4	工程技术要求、技术（安全）交底、图纸会审纪要	永久	施工单位
5	施工组织设计、施工方案及报审文件	永久	施工单位

续表

序号	归档文件范围	保管期限	归档单位
6	施工计划、施工技术及安全措施、施工工艺及报审文件	永久	施工单位
7	工地实验室成立、资质、授权及外委试验协议、资质文件	30 年	施工单位
8	原材料及构配件进场报验文件（出厂合格证、质量保证书、进场试验检验台账等）	永久	施工单位
9	原材料、半成品、终产品与构配件的见证取样记录及各种试验检验报告、试验检验台账等文件	永久	施工单位
10	工程项目划分报审文件	永久	施工单位
11	合同标段开工报审文件	永久	施工单位
12	设计技术（安全）交底、作业指导书、图纸会审及回复文件，强制性条文实施文件	永久	施工单位
13	交桩记录及复测记录文件	永久	施工单位
14	施工定位、施工放样、控制测量及报审文件	永久	施工单位
15	配合比设计（含砂石骨料实验室）及商混质量保证文件	永久	施工单位
16	混凝土浇筑（开仓）报审文件	永久	施工单位
17	单元工程（含隐蔽工程、关键部位）质量验收、评定报审文件（工序、三检、试验、测量、施工记录等）及验收评定台账	永久	施工单位
18	设备及管线焊接工艺评定报告，焊接试验记录、报告，施工检验记录、报告，探伤检测、测试记录、报告，管道单线图（管段图）	永久	施工单位
19	设备及管线强度、密闭性等试验检测记录、报告，联动试车方案、记录、报告、安装记录	永久	施工单位
20	分部工程验收申请及批复、质量评定表、工作报告、验收鉴定书	永久	施工单位

续表

序号	归档文件范围	保管期限	归档单位
21	单位工程验收申请及批复、外观及单位工程质量评定表、各方工作报告、验收鉴定书	永久	施工单位
22	工程或设备变化状态（测试、沉降、位移、变形等）的各种监测记录及分析文件	永久	施工单位
23	缺陷处理方案、记录及验收、备案文件	永久	施工单位
24	设计（变更）通知、设代函，有关工程变更的洽商单、联系单、报告单、申请、指示及批复文件	永久	施工单位
25	原材料、零部件、设备、代用变材变价的审批、技术核定单及工程变更台账文件	永久	施工单位
26	合同变更索赔文件	永久	施工单位
27	水土保持、环境保护实施与监测文件	永久	施工单位
28	施工期间的有关投资、质量、进度、安全、环保、相关事件的各类报告单、请示等文件	永久	施工单位
29	施工日志、月报、年报、大事记	30 年	施工单位
30	竣工图及竣工图编制说明	永久	施工单位
31	合同项目验收申请及批复、各方工作报告、验收鉴定书	永久	施工单位
32	施工音像文件（进场时的初始地形、地貌，各阶段节点，隐蔽、重要部位缺陷处理，会议及完工新貌等）	永久	施工单位
（四）设备制造、采购文件			
1	设备制造单位质量管理体系，设备制造计划、方案及报审文件	永久	设备制造单位
2	原材料、外购件等质量证明及报审文件	永久	设备制造单位

续表

序号	归档文件范围	保管期限	归档单位
3	设备设计、出厂验收文件	永久	设备制造单位
4	设备防腐、保护措施等文件材料	永久	设备制造单位
5	设备制造技术核定单、联系单、会议纪要，强制性条文实施文件	永久	设备采购单位
6	设备、材料装箱单，开箱记录，工具单，备品备件单	永久	设备采购单位
7	工艺设计、说明、规程、试验、技术报告	永久	设备采购单位
8	设备制造探伤、检测、测试、鉴定的记录、报告	永久	设备采购单位
9	设备变更、索赔文件	永久	设备采购单位
10	设备台账、图纸、出厂试验报告、产品质量合格证明、安装及使用说明、维护保养手册	永久	设备采购单位
11	自制专用设备任务书，设计、检测、鉴定文件	永久	设备采购单位
12	进口设备报关（商检、海关等）文件	永久	设备采购单位
13	特种设备生产安装使用维修许可、监督检验证明、安全监察文件	永久	设备制造单位
14	设备设计图、竣工图	永久	设备制造单位
15	设备制造音像文件（设备制造过程各关键节点、重要部位及完工面貌等）	永久	设备制造单位

续表

序号	归档文件范围	保管期限	归档单位
（五）信息系统开发文件			
1	需求调研计划、需求分析、需求规格说明书、需求评审	30年	系统开发单位
2	设计开发方案、概要设计及评审文件、详细设计及评审文件	30年	系统开发单位
3	数据库结构设计文件、编码计划、代码编写规范、模块开发文件	30年	系统开发单位
4	信息资源规划文件、数据库设计文件、应用支撑平台及应用系统设计文件、网络设计文件、处理和存储系统设计文件、安全系统设计文件、终端备份系统设计文件、运维系统设计文件	30年	系统开发单位
5	信息系统标准规范文件	10年	系统开发单位
6	实施计划、方案及批复文件	30年	系统开发单位
7	源代码及说明、代码修改文件、二次开发支持文件、接口设计说明书	30年	系统开发单位
8	程序员开发手册、用户使用手册、系统维护手册	30年	系统开发单位
9	安装文件、系统上线保障方案，测试方案及评审意见、测试记录、报告，试运行方案、报告	30年	系统开发单位
10	信息安全评估、系统开发总结、验收交接清单、验收证书	30年	系统开发单位
（六）监理（监造）文件			
1	监理（监造）项目部组建文件，印章启用文件，监理人员资质证书，总监任命、监理人员变更文件	永久	监理（监造）单位

续表

序号	归档文件范围	保管期限	归档单位
2	监理（监造）规划、大纲及报审文件、监理（监造）实施细则	永久	监理（监造）单位
3	开工通知、暂停施工指示、复工通知等文件，图纸会审、图纸签发单	永久	监理（监造）单位
4	监理平行检验、试验记录及抽检文件	30年	监理（监造）单位
5	监理检查记录、复检记录、旁站记录、见证取样记录	永久	监理（监造）单位
6	质量缺陷报告、事故处理报告、安全事故报告	永久	监理（监造）单位
7	监理（监造）通知单、回复单、工作联系单、来往函件	永久	监理（监造）单位
8	监理（监造）例会、专题会等会议纪要、备忘录	永久	监理（监造）单位
9	监理（监造）日志、月报、年报	30年	监理（监造）单位
10	监理工作总结、质量评估报告、专题报告	永久	监理（监造）单位
11	工程计量支付文件	永久	监理（监造）单位
12	联合测量或复测文件	永久	监理（监造）单位
13	监理组织的重要会议、培训文件	永久	监理（监造）单位
14	监理音像文件	永久	监理（监造）单位

续表

序号	归档文件范围	保管期限	归档单位
（七）科研项目文件			
1	科研项目（技术咨询服务）立项文件，科研项目计划、批准文件	永久	项目法人
2	科研项目（技术咨询服务）合同、协议、任务书	永久	项目法人
3	研究大纲、研究方案、研究计划、调查研究报告、开题报告	永久	项目承担单位
4	试验方案、记录（包括图表、数据、照片、音像）	永久	项目承担单位
5	实验计算、分析报告及阶段报告	永久	项目承担单位
6	实验装置及特殊设备图纸、工艺技术规范说明书	永久	项目承担单位
7	实验操作规程、事故分析报告	永久	项目承担单位
8	技术评审报告、考察报告、研究报告、结题验收报告及相关会议文件	永久	项目承担单位
9	成果申报文件、鉴定文件、获奖文件及推广应用材料	永久	项目承担单位
10	获得的专利、著作权等知识产权文件	永久	项目承担单位
四、生产准备 / 试运行			
1	技术准备计划、方案及审批文件	永久	项目法人
2	试生产、试运行管理、技术规程、规范	30 年	项目法人
3	试生产、试运行方案、操作规程、作业指导书、运行手册、应急预案	30 年	项目法人

续表

序号	归档文件范围	保管期限	归档单位
4	试车、验收、运行、维护记录	30 年	项目法人
5	试生产产品质量鉴定报告	30 年	项目法人
6	试运行发现的缺陷台账及处理记录，事故分析记录、报告	永久	项目法人
7	试生产工作总结、试运行考核报告	永久	项目法人
8	技术培训文件	10 年	项目法人
9	产品技术参数、性能、图纸	永久	项目法人
10	环保、水保、消防、职业安全卫生等运行检测、监测记录、报告	30 年	项目法人
五、竣工验收			
1	项目各项管理工作总结	永久	项目法人
2	工程建设管理报告、设计工作报告、施工管理工作报告、监理工作报告、采购工作报告、总承包管理报告、运行管理工作报告等	永久	项目法人
3	项目安全鉴定报告、质量检测评审鉴定文件、质量监督报告	永久	项目法人
4	评估报告、阶段验收文件	永久	项目法人
5	工程决算、审计报告	永久	项目法人
6	环境保护、水土保持、移民安置、消防、档案等专项验收申请及批复文件	永久	项目法人
7	竣工验收大纲、验收申请、验收报告及批复	永久	项目法人
8	验收组织机构信息，验收会议文件、签字表，验收意见，备忘录，验收证书等	永久	项目法人
9	工程竣工验收后相关交接、备案文件	永久	项目法人

续表

序号	归档文件范围	保管期限	归档单位
10	运行申请及批复文件、运行许可证书	永久	项目法人
11	项目评优报奖申报材料、批准文件及证书	永久	项目法人
12	项目后评价文件	永久	项目法人
13	项目专题片、验收工作音像材料	永久	项目法人